Babys weinen. Zum Leidwesen ihrer Eltern häufig und lange. Und sogleich unternehmen diese alles, um die Ursache des Unmuts rasch aus der Welt zu schaffen. Die amerikanische Entwicklungspsychologin Aletha J. Solter macht dagegen einen provozierend anderen Vorschlag: »Hindert die Babys nicht am Weinen durch Schnuller, Stillen, Spielzeug, Ablenkung etc., aber gebt ihnen dabei Nähe und Aufmerksamkeit! Haltet sie fest!« Denn Weinen entspannt, tut gut. Und nicht immer sind es Hunger, Bauchschmerzen oder nasse Windeln, weswegen Babys weinen. Auch emotionale Spannungen, etwa Gefühle der Verwirrung, Angst oder Frustration, müssen »heraus«. Babys, die am Weinen nicht gehindert werden, können sich auf diese Weise entlasten und werden deshalb seelisch gesünder aufwachsen. Und mit der Zeit lernen auch die Eltern, diese »Sprache« ihres Kindes besser zu deuten.

Aletha J. Solter ist Entwicklungspsychologin, Beraterin im Re-Evaluation Counseling und Mutter von zwei Kindern. Sie arbeitete mehrere Jahre zusammen mit Jean Piaget in Genf und leitet heute Seminare und Workshops für Eltern. Sie lebt in Santa Barbara, Kalifornien.

»Im Säugling liegt die Zukunft der Welt . . .«
(aus einem Maya Sprichwort)

Inhaltsverzeichnis

Einleitung

Vorbemerkung 13
Vier Grundannahmen 14
Zum Aufbau dieses Buches 16
Genaue Hinweise für die Übungen 18
Erklärung bestimmter verwendeter Begriffe 19

1 Das Baby soll eure Liebe spüren

Ist die Geburt eine traumatische Erfahrung? 21
Wie kann ich mein Baby nach der Geburt am besten
   versorgen? 24
Was bedeutet die Mutter-Kind-Bindung? 26
Gibt es eine Vater-Kind-Bindung? 27
Wie kann ich eine unnötige Trennung von meinem Baby
   direkt nach der Geburt vermeiden? 29
Wie soll ich mich verhalten, wenn ich keinen frühen
   Kontakt zu meinem Baby haben kann? 30
Warum sind Babys im Vergleich zu neugeborenen Tieren
   so hilflos? 32
Was braucht mein Baby nach der Geburt? 33
Wie kann ich die Haut meines Babys stimulieren? 34
Soll ich mein Baby in Tücher wickeln? 36
Wie wichtig ist es für mein Baby, geschaukelt zu werden
   und die Herztöne zu hören? 36
Was bedeutet das Saugen für mein Baby? 38
Wie bekomme ich Kontakt zu meinem Baby? 39
Verwöhne ich mein Baby, wenn ich es zu häufig in den
   Arm nehme? 40
Wo bleiben meine Bedürfnisse? 41
Übungen 43

2 Weinen: Das Baby muß sich von seinen Spannungen befreien

Wenn mein Baby weint, und ich gehe jedesmal zu ihm und gebe ihm, was es braucht, verwöhne ich es dann? 46
Bedeutet jedes Weinen, daß mein Baby etwas braucht? . . . 48
Welche Verletzungen lösen ein Bedürfnis zu weinen aus? . . 51
Wie soll ich mich verhalten, wenn mein Baby weint? 56
Welche Folgen hat es, wenn ich mein Baby vom Weinen abhalte? 59
Wie lernt ein Baby, sein Weinen zu unterdrücken? 63
Wie kann ich mich verhalten, wenn mein Baby schon gelernt hat, sein Weinen zu unterdrücken? 69
Wie kann ich feststellen, ob mein Baby weinen möchte, oder ob es etwas anderes braucht? 71
Wieviel weint ein Baby? 73
Was kann ich machen, wenn ich das Weinen meines Babys nicht ertragen kann? 75
Übungen 78

3 Schlaf: Dein Baby braucht Ruhe!

Soll mein Baby bei mir schlafen? 80
Besteht nicht die Gefahr, daß mein Baby erstickt oder aus dem Bett fällt? 82
Was ist mit meinem Sexualleben? 83
Besteht eine Inzestgefahr? 86
Mein Baby und ich schlafen besser, wenn wir nicht in einem Bett liegen 88
Was kann ich tun, wenn mein Baby nicht einschlafen will? 90
Wie kann ich Müdigkeit von dem Bedürfnis zu weinen unterscheiden? 94
Mein Kind wacht häufig nachts auf. Warum? Was kann ich dagegen unternehmen? 95
Soll ich meinem Baby Tabletten geben, damit es einschläft? 99

Was ist mit meinem eigenen Schlafbedürfnis? 101
Übungen 103

4 Nahrung: Dein Baby ernährt sich selbst

Welche Vorteile hat das Stillen? 105
Was passiert, wenn ich mein Baby nicht stillen kann oder es
    nicht stillen möchte? 106
Wann soll ich mein Baby stillen? 107
Ist es möglich, ein Baby zu überfüttern? 107
Welche Konsequenzen hat Überernährung? 108
Wie kann ich unterscheiden, ob mein Baby hungrig ist oder
    weinen möchte? 110
Für mich ist es schwierig, mein Baby nicht zu füttern, wenn
    ich weiß, daß es dann aufhören würde zu weinen 112
Wann und wie soll ich mein Baby entwöhnen? 114
Wann soll ich damit beginnen, meinem Baby feste Nahrung
    zu geben? 114
Welche Nahrung soll ich meinem Baby anbieten? 116
Wie soll ich mich verhalten, wenn ich mich schon in die
    Eßgewohnheiten meines Babys eingemischt habe? 119
Wie kann ich mich verhalten, wenn mein Baby während der
    Mahlzeiten übertrieben unruhig ist? 120
Für mich ist es schwierig, den natürlichen Nahrungsvorlie-
    ben meines Babys zu vertrauen 121
Übungen 123

5 Spiel: Laß dein Baby lernen

Wie wichtig sind die ersten Jahre für die Ausbildung der
    Intelligenz? 126
Muß ich mein Baby dazu bringen, etwas zu lernen? 128
Welches Spielzeug gibt meinem Baby genügend Anre-
    gung? 130
Woran kann ich erkennen, ob mein Baby über- oder unter-
    fordert ist? 132

Ist es in Ordnung, ein Laufställchen zu benutzen? 135
Soll ich meinem Baby helfen, wenn es etwas noch nicht
  kann? 136
Soll ich die Handlungen meines Babys lenken? 137
Soll ich mein Baby kritisieren oder loben? 138
Manchmal unterbreche ich das Spiel meines Babys wegen
  notwendiger häuslicher Routine; kann sich das negativ
  auswirken? 139
Wie kann ich meinem Baby beim Spielen helfen? 140
Ab welchem Alter kann ich von meinem Baby erwarten,
  daß es alleine spielt? 141
Wie kann ich feststellen, ob die Stimulation mein Baby
  vom Weinen abhält? 142
Wenn mein Baby spielt, ist es für mich schwierig, sein
  Bedürfnis nach Aufmerksamkeit zu erfüllen 145
Welche Bedeutung hat das Lachen? 147
Ist Versteckspielen mit Angst verbunden? 149
Ist es in Ordnung, wenn ich mein Baby kitzle? 150
Übungen 151

6 Konflikte: Dein Baby möchte ernst genommen werden

Soll ich mein Baby bestrafen? 154
Soll ich mein Baby belohnen? 157
Soll mein Baby Gehorsam lernen? 159
Wie nachgiebig soll ich mich verhalten? 162
Wie kann ich – ohne Strafe oder Belohnung – Grenzen
  setzen und sie geltend machen? 163
Muß mein Baby lernen, daß es nicht immer seinen Willen
  durchsetzen kann? 167
In Konfliktsituationen bin ich mir manchmal über meine
  eigenen Bedürfnisse nicht im klaren! 168
Was passiert, wenn es keine Lösung gibt, die unser beider
  Bedürfnisse erfüllt? 170

Kann mein Baby auch ohne Strafen die Gefahrenquellen
des Haushalts vermeiden lernen? 173
Muß ich konsequent sein, wenn ich Grenzen setze? 175
Mein Baby verhält sich mir gegenüber ablehnend. Wie
kann ich damit umgehen? 177
Wie kann ich mich verhalten, wenn mein Baby wütend
wird? 180
Wie kann ich mich verhalten, wenn mein Baby aufsässig,
auflehnend und zerstörerisch ist? 182
Mein Baby weigert sich zu teilen. Wie kann ich damit
umgehen? 186
Wie und wann soll ich mein Baby daran gewöhnen, auf die
Toilette zu gehen? 190
Soll ich meinem Baby erlauben zu masturbieren? 195
Ich schlage mein Baby häufig, wenn ich wütend bin und
bedauere es hinterher. Wie kann ich mich anders verhal-
ten? 197
Übungen 200

7 Zuneigung: Dein Baby soll sich sicher fühlen

Wann wird mein Baby Zuneigung zu mir bekommen und
dies auch zeigen? 202
Warum entwickeln Babys Trennungsangst und Angst vor
Fremden? 204
Wie kann ich mein Baby an einen neuen Babysitter gewöh-
nen? 209
Wie kann ich mich verhalten, wenn mein Baby einen
Babysitter ablehnt? 211
Wie kann ich echte Trennungsangst von dem Bedürfnis zu
weinen unterscheiden? 215
Soll ich meinem Baby sagen, daß ich weggehen werde,
oder soll ich mich aus der Tür schleichen, wenn es gerade
nicht guckt? 217
Ein Notfall tritt ein, und ich muß mein Baby bei einer
fremden Person lassen. Wie kann ich mich verhalten? . . 218

Brauchen Babys ihre Mutter als erste Bezugsperson? 219
Für mich ist es schwierig, mein Baby bei anderen zu lassen 222
Sind Tages-Säuglingskrippen sinnvoll? 223
Wie sind die Eltern früher zurechtgekommen? 225
Welche sozialen Veränderungen sind nötig? 227
Wie kann ich heute bei meiner Arbeit als Mutter oder Vater
   Hilfe erhalten? 228
Kann eine Mutter eine emanzipierte Frau sein? 230
Übungen 233
Zusammenfassung 235
Nachwort 240
Anmerkungen 241

Einleitung

Vorbemerkung

Die Geburt eines Babys ist ein freudiges Ereignis. Die meisten Eltern empfinden so viel Liebe und Fürsorge, wie sie sie möglicherweise in dieser Tiefe vorher noch nicht erfahren haben. Freunde und Verwandte sind neugierig auf das Neugeborene. Sie möchten sehen, wie es aussieht, und vielleicht auch für einige Sekunden das Gefühl von Liebe und Hoffnung erleben, das so ein neues Wesen in uns allen weckt.

In den letzten Jahren sind die Bedingungen für Babys immer besser geworden. Erkenntnisse über die Ernährung haben sowohl für schwangere und stillende Frauen als auch für Säuglinge zu Verbesserungen geführt, und durch die Fortschritte in der Geburtshilfe sowie im gesamten Gesundheitswesen haben Säuglinge heute eine größere Überlebenschance als je zuvor. Die Entwicklungspsychologie hat die Eltern auf die Wichtigkeit der ersten Lebensjahre aufmerksam gemacht, und uns allen ist heute bekannt, daß Säuglinge bereits fähig sind zu denken und zu fühlen.

Viele Eltern konzentrieren sich immer eindeutiger auf die Bedürfnisse ihres Kindes. Diese Entwicklung zeigt sich in der Verbreitung der natürlichen Geburt, der sanften Betreuung des Säuglings nach der Geburt, im Wiederaufleben des Stillens und in weniger autoritären Erziehungsmethoden.

Dieses Buch ist nun der nächste Schritt hin zu einer besseren, menschlicheren Welt. Es befaßt sich mit den Gefühlen und will durch praktische Hilfen interessierte Eltern dabei unterstützen, ihrem Baby bei der Überwindung von Ängsten, Trauer, Ärger, Schmerzen und Verwirrungen behilflich zu sein. Es reicht nicht aus, unseren Kindern eine sanfte, medikamentenfreie Geburt,

Muttermilch nach Bedarf und viel Liebe und Zärtlichkeit zu geben; sie brauchen uns ebenso als ihre Berater. Alle Säuglinge haben viele und starke Gefühle, die ausgedrückt und erkannt werden müssen. Diese neue Methode wurde zu einem großen Teil von der Theorie des Re-Evaluation Counseling, das in den 50er Jahren von Harvey Jackins, Mary McCabe und anderen in Seattle, Washington, begründet und entwickelt wurde, beeinflußt. In den Kursen des Re-Evaluation Counseling lernen Erwachsene die Auswirkungen vergangener schmerzhafter Erfahrungen durch Weinen, Lachen, Wüten usw. zu überwinden, und in vielen Ländern der Welt finden inzwischen Übungsgruppen statt.*Dieses Buch enthält neue Erkenntnisse über die Erziehung von Kleinkindern bis zu zweieinhalb Jahren, die auf dieser Theorie basieren. Interviews mit vielen Eltern und meine eigenen Erfahrungen sind eine wichtige Ergänzung.

Vier Grundannahmen

Vier Annahmen liegen diesem Buche zugrunde:
1. Alle Menschen wissen von Geburt an, was sie brauchen, nicht nur um zu überleben, sondern auch für eine optimale physische, emotionale und intellektuelle Entwicklung. Ein Beispiel: Läßt man einem Baby die Wahl zwischen zwei Spielzeugen, wird es mit dem spielen, das seine intellektuelle Entwicklung an diesem bestimmten Tag am besten fördert. Es weiß und zeigt, was es braucht, und wir können seiner Entscheidung vertrauen, soweit es körperlich dazu in der Lage ist. Diese Annahme hat jedoch nur dann Gültigkeit, wenn dem Säugling eine gewisse Freiheit gegeben wird, denn diese natürliche Anlage kann beeinträchtigt werden, wenn er gezwungen wird, sich der Macht und Autorität Erwachsener zu unterwerfen. Wenn man Babys Gelegenheit

---

* Wenn Sie sich für das Re-Evaluation Counseling interessieren, so wenden Sie sich schriftlich an Frau Maria Kranz, Herbermannstr. 15, 4401 Saerbeck. Dort erfahren Sie, wo in Ihrer Nähe Counsel-Gruppen stattfinden.

dazu gibt, zeigen sie ihre Bedürfnisse, und es ist die Aufgabe der Erziehenden, diese Signale richtig zu interpretieren.

2. Menschen werden mit einem Potential für unterschiedliches Verhalten geboren. Sie werden kooperative, intelligente und fröhliche Menschen, mit der Fähigkeit, Liebe zu geben und anzunehmen, wenn sie nicht verletzt und unterdrückt werden und alle ihre Bedürfnisse Beachtung finden. Sie handeln nur dann verletzend, irrational und dumm, wenn sie selbst verletzt wurden.

3. Die Erfahrungen, die früh im Leben gemacht werden, haben eine tiefe und anhaltende Wirkung auf Gefühle und Verhaltensweisen im späteren Leben. Durch ihre extreme Abhängigkeit und ihren Informationsmangel sind Säuglinge ungeschützt und leicht verletzbar. So sind fast alle Erwachsenen in ihrer inneren Kraft durch negative Gefühle begrenzt, weil sie als Säuglinge und Kinder verletzt worden sind. Eines dieser Gefühle ist die Hilflosigkeit (»Die da oben machen sowieso was sie wollen«, oder »Die Umweltverschmutzung geht immer weiter, ganz egal, was ich mache«). Ein anderes Gefühl ist, weniger liebenswert, weniger schön oder weniger intelligent als andere zu sein (»Ich kann einfach keine Mathematik lernen«, »Niemand kann mich wirklich lieben«). Zusätzlich zu diesen negativen Gefühlen können schmerzhafte Kindheitserfahrungen auch noch für Gewichtsprobleme, sexuelle Probleme, Sucht, Schlaflosigkeit, Mangel an intellektueller Fähigkeit und für die Unfähigkeit, langandauernde Beziehungen einzugehen, verantwortlich sein. In diesem Buch erkläre ich, wie frühe Erfahrungen zu diesen und anderen negativen Folgen führen können. Obwohl spätere Kindheitserfahrungen ebenfalls eine Rolle spielen, sind die ersten Jahre in bezug auf die Entwicklung bei weitem die wichtigsten im Leben eines Menschen.

Diese letzte Annahme ist für manche Menschen zu pessimistisch. Sie denken, daß die Verletzungen, die ein Baby ertragen muß, nicht wieder rückgängig zu machen sind. Die Bedeutung dieser ersten Lebensjahre scheint für einige Eltern eine zu große Belastung und Verantwortung zu sein. Sie verwerfen sie vielleicht auch, um die Schuldgefühle für vergangene Fehler zu mildern und schieben die Schäden auf spätere Einflüsse.

Die vierte Annahme dieses Buches kann uns jedoch aufatmen lassen. Sie geht davon aus, daß die Auswirkungen traumatischer Erfahrungen vollständig auflösbar sind. Säuglinge *können* sich von den Auswirkungen traumatischer Erfahrungen vollständig erholen, und zwar durch die spontanen Mechanismen emotionaler Entlastung wie: Weinen, Lachen, Zittern, Wüten, Schwitzen und Gähnen. Wird ein Baby nicht daran gehindert, äußert es seine emotionalen und körperlichen Verletzungen in dieser Form. Wenn es den Schmerz wirklich *fühlt* und sich so von dem Gefühl befreien kann, erholt es sich vollständig von den Verletzungen und den möglichen Folgen. Hindert man den Säugling jedoch daran, wird er sich so lange nicht von der Erfahrung erholen, bis er sich ausdrücken kann. Auch den Erwachsenen steht dieser Genesungs-prozeß zur Verfügung; auch sie können sich von frühen Verletzungen befreien. Leider erlaubt es unsere Gesellschaft den Erwachsenen, und manchmal sogar den Babys nicht zu weinen (»Na, na«, »Guck mal da«, »Große Jungen weinen doch nicht«), und viele Menschen erholen sich nie von ihren frühen Verletzungen. Sie haben gelernt, ihre Gefühle zu verschließen. Die *Möglichkeit* der Genesung steht jedoch jedem, in jedem Alter, zur Verfügung.

Zum Aufbau dieses Buches

In diesem Buch gibt es sieben Kapitel, von denen jedes ein spezielles Thema behandelt. Das zweite Kapitel ist vollständig dem Bedürfnis zu weinen gewidmet, da dies die Art ist, wie ein Säugling schmerzhafte Erfahrungen überwindet. Dieses Weinbe-dürfnis wird deshalb so ausführlich besprochen, weil es das am wenigsten beachtete und am meisten mißverstandene Bedürfnis ist. Negative Auswirkungen von unerfüllten Bedürfnissen oder schmerzhafte Erfahrungen werden durch die Ermutigung zum Weinen ausbleiben.

Jedes Kapitel bezieht sich auf die Bedürfnisse der Babys in einem ganz bestimmten Bereich: wie sie verletzt werden; wie sie durch Weinen diese Verletzung überwinden können; was es für Folgen haben kann, wenn sie nicht genug weinen. Eltern, die sich dieser Methode öffnen und ihr Kind liebevoll zum Weinen ermutigen, können manchmal nicht unterscheiden, ob ihr Baby aus einem gegenwärtigen Bedürfnis (z. B. Hunger) oder aus einer vergangenen Verletzung (z. B. einer traumatischen Geburt) heraus weint. Deshalb gibt es in jedem Kapitel sowohl Hinweise als auch praktische Vorschläge, wie man mit einem Kind, das schon gelernt hat, sein Weinen zu unterdrükken, umgehen kann.

Für Eltern, die diese Gedanken berücksichtigen wollen, heißt das nicht nur, daß sie das Baby, wenn es weint, in den Arm nehmen und ihm erlauben zu weinen. Säuglinge lernen nämlich sehr schnell, ihr Weinen zu unterdrücken, wenn sie nicht die notwendige Aufmerksamkeit bekommen. Sie zeigen dann, daß sie nicht genug geweint haben, indem sie Daumenlutschen, ein häufiges Stillbedürfnis äußern, mehrmals in der Nacht aufwachen oder sich aggressiv verhalten.

Dieses Buch soll nicht nur Informationen oder Ratschläge geben, da es für Eltern schwierig sein könnte, dieses neue Wissen in die Praxis umzusetzen, solange sie selbst noch unter den Auswirkungen einer schmerzhaften Kindheit leiden. Alle Eltern waren selbst auch einmal Säuglinge und niemand konnte sich vor schmerzhaften Erfahrungen schützen, solange er hilflos und abhängig war und durch fehlende Informationen nicht verstehen konnte, was um ihn herum geschah. Da die wenigsten von uns die Möglichkeit hatten, so viel zu weinen, wie *sie* es gebraucht hätten, tragen auch wir noch schmerzhafte Gefühle in uns. Eltern werden unterschiedliche Stärken und Schwächen haben, die abhängig davon sind, wie sie als junge Menschen behandelt wurden.

Am Ende eines jeden Kapitels gibt es einige Übungen, die Eltern helfen sollen, ihre eigenen schmerzvollen Gefühle durch Gespräche und Weinen, Lachen usw. zu lösen. Wenn Eltern sich so weit öffnen können, ihre Gefühle wirklich zu *fühlen* und sich so von ihnen zu befreien, wird ihnen dies ihre Aufgabe, Eltern zu sein, langfristig sehr erleichtern. Es wird sie auch davor schützen, sich verletzend zu verhalten.

Würden sich alle Eltern von ihren Schmerzen befreien, wären sie besser in der Lage, die Bedürfnisse ihres Babys zu erfüllen. Wir wären die freudigen, liebevollen und intelligenten Wesen, die wir sein sollten und würden diesen Prozeß unterbrechen, der die Schmerzen von Generation zu Generation weitergibt.

Die Ratschläge in diesem Buch sind allerdings weder als Ersatz für das eigene Denken und Urteilen noch als Ersatz für medizinische Meinungen und Behandlungen gedacht.

Genaue Hinweise für die Übungen

Die Übungen, die jedem Kapitel folgen, bestehen aus persönlichen Fragen, die sich direkt auf das Thema des Kapitels beziehen. Am besten ist es, diese Übungen mit einem Partner durchzuführen und die Fragen laut zu beantworten, während die andere Person zuhört. Für den Zuhörer ist es *sehr* wichtig, Gefühlsäußerungen wie Lachen, Weinen oder Zittern zusätzlich zum Sprechen zu erlauben und sogar zu unterstützen, da die Person, wenn sie diese Gefühle zurückhält, nicht ausreichend von den Übungen profitiert. Es ist auch wichtig, langsam vorzugehen und sich für jede Frage so viel Zeit zu nehmen, bis das Thema erschöpft ist. Bei einigen Fragen mag es mehrere Stunden dauern, bis sie vollkommen beantwortet sind. Die Rolle des Zuhörers ist *sehr* wichtig. Er sollte der anderen Person die volle, ungeteilte Aufmerksamkeit geben. Es ist nicht nötig, daß der Zuhörende irgend etwas sagt, aber er sollte die Person anschauen und vielleicht einen körperlichen Kontakt herstellen (die Hände halten oder den Arm um die Schulter legen).

Gutes Zuhören bedeutet *nicht:* Unterbrechen, Interpretieren, Analysieren, Lösungen vorschlagen, Rat geben, Trösten, zur eigenen Information Fragen stellen oder über seine eigenen Erfahrungen berichten. Der Zuhörer kann jede emotionale Äußerung unterstützen und sagen: »Weine ruhig weiter«, oder er kann die Person auffordern, emotional besetzte Themen zu wiederholen. Wenn die Fragen nicht auf diese Weise im Beisein eines aufmerksamen Zuhörers beantwortet werden, sind sie nicht so nützlich, weil die Person sich nur durch das Loslassen der Gefühle von den vergangenen Verletzungen befreien kann. Nachdem eine Person eine oder mehrere Fragen beantwortet hat, können die Rollen getauscht werden. Nicht alle Übungen sind für alle brauchbar. Eltern können die, die für sie am besten geeignet sind auswählen und die anderen weglassen, oder neue Fragen, die ich vergessen habe, hinzufügen.

Ehepartner können auf diese Weise ihre Beziehung sicherlich noch vertiefen. Trotzdem: Vorsicht! Wenn einer der Ehepartner merkt, daß seine Gefühle den anderen verwirren, ist es wahrscheinlich vernünftiger, einen anderen, weniger emotional verstrickten Zuhörer zu suchen.

Erklärung bestimmter verwendeter Begriffe

Dieses Buch ist nicht allein für Mütter bestimmt. Es wird sogar schwierig sein, die Bedürfnisse eines Säuglings in der von mir empfohlenen Form zu erfüllen, solange die Mutter als die alleinige Betreuerin betrachtet wird. Deshalb benutze ich das Wort »Eltern« in diesem Buch als eine ständige Erinnerung daran, daß die Sorge für ein Baby eine geteilte Verantwortlichkeit sein sollte. Mit »Eltern« meine ich jeden, der eine elterliche Rolle annimmt.

Zwei Begriffe habe ich aus dem Re-Evaluation Counseling übernommen, »Entlastung« und »Kontrollmuster«. »Entlastung« bezieht sich auf das Loslassen von Gefühlen. Die verschiedenen Formen der Entlastung sind: Weinen, Lachen, Zittern, Wutäußerungen, Schwitzen, Gähnen und Sprechen. Der Begriff »Kontrollmuster« bezieht sich auf jedes Verhalten, das eine Person benutzt, ihre Entlastung zu unterdrücken. Beide Begriffe werden im Verlauf des Buches noch weiter erläutert.

1 Das Baby soll eure Liebe spüren

»Berührt, gestreichelt und massiert zu werden, ist Nahrung für den Säugling ...«

Frédérick Leboyer

Obwohl auch der Fötus vor der Geburt ganz bestimmte Bedürfnisse hat, und unser Wissen über die vorgeburtliche emotionale Entwicklung sich immer mehr vergrößert, beginnt dieses Buch mit der Geburt. Untersuchungen beweisen, daß der Fötus durch mütterlichen Streß oder plötzliche Stöße verletzt werden kann.[1] Wird dem Säugling keine Möglichkeit gegeben, sich von den Auswirkungen solcher Verletzungen zu erholen, kann ein vorgeburtliches Trauma andauernde Auswirkungen auf die körperliche, intellektuelle und emotionale Entwicklung haben.

Ist die Geburt eine traumatische Erfahrung?

Wenn ein Baby ohne Komplikationen geboren wird, zur rechten Zeit und ohne Medikamente, wird es wahrscheinlich kein Geburtstrauma erfahren. In jedem Fall ist die Geburt für alle Beteiligten eine intensive Erfahrung.

Das zweite Kapitel beschreibt, wie Eltern ihrem Baby helfen können, psychischen Schmerz, der aus einer schwierigen Geburtserfahrung resultiert, zu überwinden. In den meisten Fällen können Säuglinge frühe Traumata durch die heilenden Mechanismen des Weinens, Zitterns und Gähnens überwinden. Eine traumatische Geburt braucht den Menschen also nicht sein Leben lang zu zeichnen. Trotzdem ist es wichtig, daß Eltern die Umstände, wie ihr Baby geboren wurde, berücksichtigen, da sie das Verhalten und die Gefühle nach der Geburt bestimmen. Der

Fötus weiß mit Streßsituationen nicht umzugehen, und traumatische Geburten sind oft eine Sache auf Leben und Tod.

Wenn man einem Baby nicht zu weinen erlaubt, die Spannungen, die durch eine schwierige Geburt hervorgerufen werden, also nicht gelöst werden können, kann der Mensch später im Leben Streßsituationen verletzlicher gegenüberstehen.

Ein bekannter Typ von Geburtsstreß ist eine lange Entbindungsdauer. Menschen, die einer langen Geburt ausgesetzt waren, können immer dann besorgt und ungeduldig reagieren, wenn sie in ihrem späteren Leben auf etwas warten müssen. Jede Wartesituation läßt die Erinnerung an das Geburtstrauma wieder anklingen, obwohl sie sich dessen nicht bewußt sein müssen.[2]

Da der Fötus die Stimulation braucht, die durch die Wehenkontraktionen verursacht wird, kann auch eine wehenfreie Geburt, wie beim Kaiserschnitt, schädlich sein. Die Wehen massieren den Körper des Säuglings und regen einige Körpersysteme an, beispielsweise die Atmung und das Urinieren. Die Wehenkontraktionen scheinen eine ähnliche Funktion zu haben wie das Lecken der Jungen bei Säugetieren.[3] Babys, die diese Stimulation durch die Wehen nicht erfahren haben, können durch sanfte Berührungen oder Massagen in den ersten Tagen nach der Geburt gefördert werden. Alle Babys brauchen Berührungen, unabhängig davon, wie sie geboren wurden, aber besonders dann, wenn sie eine künstlich verkürzte Geburt erlebt haben.

Andere, für das Baby streßvolle Geburten sind: Früh- oder Spätgeburten, Geburten unter Medikamenteneinfluß, Zangengeburten, Nabelschnurgeburten und die Erfahrung der Atmungsverzögerung. Nach der Geburt kann ein Säugling durch plötzliche Kälte, Helligkeit, Stille, grobe Behandlung, laute Geräusche oder die fehlende Mutternähe geängstigt werden.

Für das Neugeborene ist der Kontakt zur Mutter sehr wichtig. Durch die Geburt wird es plötzlich mit vielen neuen Reizen konfrontiert und muß versuchen, eine Bedeutung in dieses Chaos zu bringen. Das menschliche Gehirn funktioniert so, daß es zwischen neuen Reizen und bekannten Ähnlichkeiten sucht. In der Gebärmutter konnte der Fötus den vertrauten Herzschlag der

Mutter wahrnehmen, ihre Stimme und das sanfte Schaukeln, das durch ihre Bewegungen verursacht wurde. Wenn das Baby dann nach der Geburt keinen Kontakt zur Mutter hat, kann es zwischen der alten und der neuen Situation keine Verbindung schaffen. Das sensorische System wird förmlich mit bedeutungsloser Information überladen. Das unvermeidliche Ergebnis ist Verwirrung und Angst. Ist das Baby nah bei der Mutter, kann es ihren Herzschlag und ihre vertraute Stimme hören; es kann das sanfte Auf und Ab ihrer Atmung fühlen und sich entspannen. So gibt es zumindest etwas Vertrautes in dieser fremden, neuen Umgebung.

Man kann die Geburt als die herausragendste Lernerfahrung im Leben betrachten. Der Mensch wird nie wieder mit so vielen neuen Informationen konfrontiert. Ob dieser Übergang eine erfreuliche und bedeutungsvolle Annäherung an die neue Lebenssituation ist, oder aber Verwirrungen zur Folge hat, hängt zum großen Teil von der Behandlung des Neugeborenen ab.

Die werdenden Eltern können einige Maßnahmen ergreifen, um die Wahrscheinlichkeit einer positiven Geburtserfahrung für sich und ihr Baby zu vergrößern. In geburtsvorbereitenden Kursen können Eltern Atmungs- und Entspannungstechniken üben, die oft eine medikamentöse Behandlung überflüssig werden lassen. Diese Kurse geben auch medizinische Informationen über Entbindung und Geburt. Ich möchte sie allen werdenden Eltern empfehlen.

Die Entbindung wird zusätzlich erleichtert, wenn die Frauen während der Schwangerschaft durch Weinen, Zittern und Wüten ihre Gefühle loslassen. Die Beziehung, die die Frau zu ihrer Schwangerschaft hat, beeinflußt den Geburtsvorgang. Eine Frau, die sich noch nicht reif genug fühlt, sich um ein Kind zu kümmern, kann unbewußt ihren Körper beeinflussen und ist so möglicherweise nicht in der Lage, ohne medizinischen Eingriff zu entbinden. In anderen Fällen können die Wehen Erinnerungen an frühere physische Schmerzen auslösen, die nicht genug entlastet wurden. Dieser Effekt kann dann das Gehirn zu einer falschen Interpretation der gegenwärtigen Situation veranlassen, und der Körper mobilisiert Abwehrmechanismen gegen eine Bedrohung. Dies wirkt dann den Wehen entgegen. Mit den eigenen vergangenen traumatischen Erfahrungen sollte man sich vor der Geburt, oder besser noch, vor der Schwangerschaft, auseinandersetzen. Eine Frau, die psychisch gesund und frei von Schmerz ist, wird wahrscheinlich eine leichte Entbindung haben.[4]

Vermutlich wird es nur wenige Frauen geben, die bei Beginn der Wehen vollkommen frei von emotionalen Auswirkungen vergangener schmerzhafter Erfahrungen sind. Deshalb ist es für alle Frauen gut, wenn sie bei der Entbindung zwischen den Kontraktionen lachen, weinen, gähnen oder zittern. Diese Mechanismen lösen die Spannungen und helfen, mit auftauchenden emotionalen und physischen Schwierigkeiten umzugehen.

Eine Mutter, deren Baby eine schwierige Geburt hatte, hat aber keinen Grund, sich schuldig zu fühlen. Sie hat mit Sicherheit ihr Bestes getan und viele Geburtstraumata haben nichts mit ihr zu tun. Sie sind unwissentlich durch Ärzte oder Krankenhauspolitik entstanden. Andere Geburtstraumata sind Unfälle, die niemand hätte verhindern können, beispielsweise eine Nabelschnurgeburt. Ich möchte noch einmal betonen, daß das Baby die Fähigkeit hat, sich vollkommen von emotionalem oder körperlichem Schmerz zu erholen.

Wie kann ich mein Baby nach der Geburt am besten versorgen?

Früher glaubte man, daß neugeborene Babys kaum fähig seien zu fühlen, zu sehen, zu hören und sozial zu handeln. Mit der natürlichen Geburt und dem vorsichtigeren Gebrauch von Medikamenten hat sich ein ganz anderes Bild des Neugeborenen entwickelt. Heute ist bekannt, daß Säuglinge sehen und Gegenstände dreidimensional wahrnehmen können. Ebenso können sie schon gut hören und auf Geräuschquellen reagieren.[5]

Wir wissen heute auch, daß Neugeborene Angst und Schmerz empfinden können. Sie sind für jeden Reiz offen und müssen deshalb so liebevoll und zärtlich wie möglich behandelt werden. Die Erfahrungen nach der Geburt können ebenso traumatisch sein wie die Geburt selbst, und leider verursacht die Krankenhauspolitik oft unwissentlich ein nachgeburtliches Trauma.

Der französische Gynäkologe Frédérick Leboyer hat eine sehr liebevolle und sanfte Behandlung des Säuglings beschrieben.[6] Während der Geburt sind Licht und Stimmen gedämpft, und noch bevor die Nabelschnur abgetrennt wird, legt man das Neugeborene auf den Bauch der Mutter, wo es ihre Wärme fühlen und ihren Herzschlag hören kann. Es wird nicht sofort zum Atmen gebracht, so daß es ganz allmählich – in seiner eigenen Geschwindigkeit – zu atmen beginnen kann. Sein Körper wird liebevoll gestreichelt und in ein warmes Bad getaucht, was es wahrscheinlich an den Zustand vor der Geburt erinnert. Anstelle von angespannten, ängstlichen und schreienden Babys hat Leboyer ruhige, entspannte Säuglinge beobachtet, die schon bald anfangen, mit Augen und Händen ihre Umgebung zu erforschen. Da die Geburt eine äußerst beängstigende Erfahrung sein kann, scheint es logisch, alles dafür zu tun, die Angst der Neugeborenen zu verringern und den Übergang in die veränderte Lebenssphäre so langsam wie möglich sich vollziehen zu lassen.

Wichtig ist, von Anfang an den Säugling genau zu beobachten, um auf seine Zeichen richtig antworten zu können. Wenn er blinzelt, ist das Licht zu hell; macht er Saugbewegungen, kann er angelegt werden; wenn er müde ist, schläft er ein, und man braucht ihn auch nicht zu wecken, um ihn zu stillen, weil er automatisch, wenn er hungrig ist, aufwacht, vorausgesetzt, er wird nicht von Medikamenten beeinflußt. Es gibt jedoch keine allgemeingültige postnatale Behandlung, da jedes Baby einzigartig ist. Das wichtigste ist, so liebevoll und sanft wie möglich zu sein.

Was bedeutet die Mutter-Kind-Bindung?

Es gibt viele Faktoren, die die Zuneigung der Mutter zum Baby bestimmen, aber der wichtigste scheint der körperliche Kontakt sofort nach der Geburt zu sein. Während der ersten Stunden sind die meisten Babys in einem ruhigen, wachen Zustand und haben die Augen geöffnet. Beim Menschen verläuft diese Phase, ähnlich wie bei den Müttern bestimmter Tierarten, sehr sensitiv. Ziegenmütter beispielsweise nehmen ihr Junges nicht mehr an, wenn sie nach der Geburt für mehr als eine Stunde voneinander getrennt werden.[7]

Eine Mutter verweigert sich ihrem Kind nicht, aber eine Trennung direkt nach der Geburt scheint andere Auswirkungen zu haben. Ärzte und Wissenschaftler stellten fest, daß zu früh geborene Säuglinge in ihrer Kindheit häufiger geschlagen werden. Eine mögliche Erklärung hierfür besteht darin, daß Mütter und Väter zu früh geborener Säuglinge keinen direkten Körperkontakt zu ihnen hatten, weil die Neugeborenen, medizinischen Zwängen gehorchend, in einen Brutkasten gelegt werden oder andere lebenserhaltende Behandlungen erfahren. Die Eltern haben also keine Möglichkeit, eine direkte Bindung mit ihrem Baby einzugehen.[8]

Schon zwölf Stunden nach der Entbindung konnten erste Unterschiede im Mutter-Kind-Verhalten festgestellt werden. Mütter mit sofortigem Kontakt zeigen ihrem Säugling gegenüber mehr Zuneigung (nahes Halten, Liebkosen, Küssen, Anschauen usw.), als die Mütter ohne sofortigen Kontakt. Nach einem Monat widerstrebte es den Müttern mit sofortigem Kontakt eher, ihr Baby einer anderen Person zu überlassen – und wenn sie es taten, waren sie besorgter. Sie zeigten beschwichtigenderes Verhalten, wenn es während einer Untersuchung weinte, sie schauten es häufiger an und liebkosten es öfter während des Fütterns.

Zwei Monate nach der Entbindung stillten mehr Mütter mit sofortigem Kontakt; nach drei Monaten waren die Nachtfütterzeiten länger, die Mütter küßten ihre Babys häufiger und wechselten weniger oft die Windeln. Und ihre Babys weinten weniger, lachten oder lächelten häufiger. Die Auswirkungen dieser ersten Stunden und Tage können möglicherweise ein Leben lang andauern. Klaus und Kennell fassen zusammen, daß es bestimmt eine »sensitive Periode in den ersten Minuten und Stunden nach der Geburt gibt, die optimal für die Eltern-Kind-Bindung ist«.[9]

Vom evolutionären Standpunkt aus betrachtet ist eine starke Mutter-Säugling-Beziehung notwendig, um das Überleben unserer Spezies zu gewährleisten. Bei einigen Tieren, wie den Affen und Menschenaffen, können sich die Jungen im Fell des Muttertieres festklammern. Bei anderen Tieren – den Enten z. B. – laufen die Jungen der Mutter oder dem, was sie zuerst sehen, nach. Dieses Phänomen bezeichnet man als ›Prägung‹.[10] Bei diesen Tierarten ist es nicht so wichtig, daß die Mutter starke Zuneigung zu ihren Nachkommen entwickelt, um ihr Überleben zu sichern. Menschenbabys indes sind extrem hilflos und können sich weder anklammern noch ihren Müttern folgen. So hat die Natur einen anderen Mechanismus für den menschlichen Säugling vorgesehen, der ihn vor Vernachlässigung schützt und dadurch das Überleben der Art garantiert: mütterliche Zuneigung oder Liebe. Da die Mutter sich sofort um ihr Baby kümmern muß, ist es einleuchtend, daß die Zeitspanne direkt nach der Geburt die empfindsamste Zeit für diesen Bindungsprozeß darstellt.

Gibt es eine Vater-Kind-Bindung?

In einer Studie über die Bedeutung des Neugeborenen für den Vater hat man herausgefunden, daß sich in der Regel in den ersten drei Tagen eine Bindung entwickelt. Sie wird durch Gefühle von Versunkenheit und Interesse charakterisiert.[11]

Bei Hausgeburten konnte beobachtet werden, daß diejenigen, die während der Wehen und bei der Geburt anwesend waren, unabhängig davon, ob sie in einer familiären Bindung standen, eine größere Nähe dem Baby gegenüber entwickelten als Freunde der Familie, die nicht bei der Geburt dabei waren.[12] So stellt die Anwesenheit des Vaters bei der Geburt einen wichtigen Faktor in der Vater-Säugling-Beziehung dar. Weiterhin kann angenommen werden, daß ein Kontakt zwischen Vater und Neugeborenem in den ersten Tagen nach der Geburt die liebevollen Gefühle des Vaters verstärkt. Väter, die ihre Babys in den ersten drei Tagen wickelten und ihnen lange in die Augen schauten, zeigten in den ersten drei Monaten ein umsorgenderes Verhalten.[13] Es gibt Kulturen, in denen es den Vätern verboten wird, ihr Neugeborenes anzufassen, da dann die Gefahr besteht, daß sie ihre Pflicht vernachlässigen und nur noch mit dem Baby zusammensein wollen.[14]

Ein Vater, der über seine Gefühle während und nach der Geburt seines Sohnes berichtete, hatte Tränen in den Augen:

Zuerst sah ich Randys schwarzes Haar, naß und verklebt. Als er schließlich ganz heraus war, war ich überwältigt. Ich kann es kaum beschreiben. Darauf hatten wir so lange gewartet. Nachdem wir ihn beide gehalten hatten, legten sie ihn unter eine grelle Lampe. Ich ging zu ihm. Er hatte die Augen wegen der Helligkeit geschlossen. Ich legte meine Hand über seine Augen, um ihn vor dem Licht zu schützen. Ich saß da und schaute ihn an und er lag da und schaute zurück. Es war eine so starke Kommunikation zwischen uns. Ich saß eine halbe Stunde so. Ich kann gar nicht sagen, was passierte, aber es war überwältigend. Irgendwie merkte ich, daß er mich sehen konnte. Ich saß ganz nah vor ihm und er schien mich direkt anzuschauen. Ich fühlte mich sehr stark zu ihm hingezogen und obwohl wir noch im Entbindungssaal waren, war es eine sehr intime Zeit für uns. Die Leute rannten herum, aber ich hatte alles um mich vergessen. Es gab nur uns zwei.

Wenn ein Vater bereit ist, die Verantwortung für das Kind zu teilen, sollte er nicht nur bei der Geburt dabei sein, sondern auch in den ersten Stunden und Tagen Kontakt zu seinem Baby aufnehmen.

Mütter haben nicht unbedingt eine größere Zuneigung zu ihren Kindern als Väter, aber hormonelle und physiologische Faktoren spielen in der Mutter-Säugling-Bindung – besonders, wenn die

Mutter stillt – eine Rolle. Die Bindung ist *anders* als die des Vaters zu seinem Baby.

Wie kann ich eine unnötige Trennung von meinem Baby direkt nach der Geburt vermeiden?

Es gibt keinen medizinischen Grund, warum eine gesunde Mutter nicht von der Geburt des Kindes an bis zu ihrer Krankenhausentlassung mit ihm zusammensein sollte. Ist eine Hausgeburt geplant, besteht wahrscheinlich kein Problem, den Kontakt von Eltern und Neugeborenem durchzuführen. Wenn jedoch eine Krankenhausgeburt vorgesehen ist, sollten die Eltern sich im voraus über die Behandlungsmethoden informieren und ihre Wünsche äußern. Einige Ärzte haben medizinische Einwände gegen die von Leboyer vorgeschlagene Methode, doch kommen die meisten den Vorschlägen ihrer Patienten entgegen. Ein postnatales Verfahren, das für jeden akzeptabel ist, kann ausgearbeitet werden. Es ist wichtig, die Möglichkeit eines Kaiserschnitts nicht zu vergessen und sich vorher über ein Verfahren zu einigen. Einige Ärzte ziehen eine Lokalanästhesie einer Vollnarkose vor, so daß die Mutter ihr Neugeborenes zumindest sofort sehen und berühren kann.

Ärzte und Schwestern verändern ihre Routine meist nicht, wenn die Patienten ihre Wünsche nicht äußern und auf Veränderungen bestehen. In vielen Krankenhäusern ist es heute aufgrund hartnäckiger Bemühungen üblich, daß Väter bei der Entbindung dabei sein können.[15] Es ist sicherlich für das medizinische Personal einfacher, die alten bewährten Verfahren beizubehalten, als Neuerungen auszuprobieren. Kann man keine Einigung erreichen, lohnt es sich auf jeden Fall, sich nach einem anderen Arzt oder Krankenhaus umzuschauen.

Wie soll ich mich verhalten, wenn ich keinen frühen Kontakt zu meinem Baby haben kann?

Eltern, denen der frühe Kontakt verweigert wurde, mögen sich nun fragen, ob sie automatisch ihr Baby ablehnen oder mißhandeln werden. Zum Glück sind Menschen völlig anders als Tiere! Wenn menschliche Eltern ihren Nachwuchs nach einer einstündigen Trennung bei der Geburt ablehnen würden, hätte sich die Krankenhauspolitik längst verändert. Mütter und Väter haben eine starke Bindung zu ihren Babys und sind gute Eltern, auch wenn ihnen der frühe Kontakt verweigert wurde, da viele unterschiedliche Faktoren die liebevollen Gefühle der Eltern zu ihrem Baby beeinflussen.

Ein Mechanismus, der fast »garantiert«, daß die Babys eine zärtliche und liebevolle Fürsorge erfahren, ist das Stillen. Das Hormon Prolaktin, das zu einem hohen Anteil im Blut stillender Mütter vorhanden ist, ist mit ein Grund für die liebevollen Gefühle der Mutter ihrem Baby gegenüber. Es bewirkt, daß die Frauen, die ihr Baby stillen, ein größeres Verlangen nach Körperkontakt mit ihm haben als Frauen, die nicht stillen.[16] Zum anderen ist es fast unmöglich für eine Frau, die ihr Kind stillt, gleichgültig zu bleiben, da das Stillen des Babys der Mutter angenehme Gefühle in Scheide und Klitoris verursacht, die einem leichten Orgasmus ähneln.

Menschen sind intellektuelle Wesen, die nicht von rein biologischen Faktoren abhängig sind. Für die meisten Eltern reicht es aus zu wissen, daß ihr Baby ein Produkt ihrer Gene und ihres Körpers ist, um ein langanhaltendes liebevolles Gefühl sicherzustellen. Und selbst das ist nicht notwendig, da viele Eltern eine sehr starke Bindung auch zu ihren adoptierten Kindern empfinden. Obwohl der nahe Kontakt nach der Geburt und das Stillen die elterliche Liebe vergrößern können, sind diese Faktoren keinesfalls ausschlaggebend. Sogar Eltern, die zuerst ganz »verliebt« in ihr Baby sind, werden sich immer wieder auch mit Gefühlen von Ablehnung und Ärger auseinandersetzen müssen.

Von Geburt an unterscheiden sich Säuglinge voneinander. Diese Unterschiede – viele von ihnen sind ererbt – können einen Einfluß auf die Eltern-Säugling-Beziehung haben. Einige Eltern-Kind-Paare scheinen besser zu harmonieren als andere. Ein aktives Baby kann für athletisch ausgerichtete Eltern eine Freude sein; jedoch kann es Eltern ermüden und verärgern, die lieber ruhig sitzen, lesen und Musik hören. Sie würden sich einem weniger aktiven Baby, das viel herumschaut und hört, näher fühlen. Für manche Eltern kann es auch schwierig sein, ihr behindertes Baby zu lieben.

Eltern, die glauben, ihr Baby nicht genug zu lieben, können starke Schuldgefühle entwickeln. Doch ist es wichtig daran zu erinnern, daß diese Gefühle nicht durch ihr Versagen entstanden sind. Wir können davon ausgehen, daß alle Eltern ihr Bestes geben. Sie sollten jedoch versuchen, ihre Stärken herauszufinden und sich gegenseitig zu unterstützen.

Wenn einer Mutter – aus welchem Grund auch immer – der frühe Kontakt zu ihrem Baby verweigert wurde, ist es nicht nur möglich, daß sie Gefühle von Nutzlosigkeit entwickelt, sondern auch glaubt, daß ihr Baby sie nicht mag und keine körperliche Nähe sucht. Dies kann der Grund dafür sein, daß sie sich später von ihm zurückzieht.

In einer solchen Situation können Ärzte und Freunde die Eltern unterstützen, indem sie ihnen versichern, daß ihr Baby ihre Liebe und Aufmerksamkeit braucht und sie sicherlich die geeignetsten Menschen sind, sich um seine Bedürfnisse zu kümmern.

Für einige Mütter findet der entscheidende Verbindungsprozeß, wenn er unterbrochen wurde, verspätet statt. Es scheint, daß eine tiefe Zuneigung zwischen Mutter und Kind zu jedem Zeitpunkt entstehen kann. Bevor diese Nähe jedoch gefühlt werden kann, braucht die Mutter einige Zeit, in der sie die nachgeburtliche Trennung von ihrem Baby verarbeitet. Sie sollte versuchen, ihre Verzweiflung durch Weinen und Wüten zu lösen (möglichst nicht im Beisein des Babys). Eine Mutter schrieb mir:

Mein Sohn war fünfzehn Jahre alt, bevor ich darüber weinen konnte, daß ich ihn nicht direkt nach der Geburt bei mir haben konnte. Wir brauchten fünfzehn Jahre dazu, die Nähe herzustellen. Obwohl ich ihm viel Liebe geben konnte, stand meine Sorge immer zwischen uns.[17]

Warum sind Babys im Vergleich zu neugeborenen Tieren so hilflos?

Die menschliche Spezies hat ein sehr großes Gehirn, das eine große Hirnschale erfordert. Diese Tatsache hat zur Folge, daß der menschliche Fötus in einem frühen Stadium seiner Entwicklung geboren werden muß. Er könnte nicht durch den Geburtskanal, wenn sich die Geburt so lange verzögern würde, bis das Gehirn größer wäre.[18] Die ersten neun Monate außerhalb des Mutterleibes werden von manchen Menschen als eine Fortführung der Schwangerschaft begriffen.[19] Trotz der Tatsache, daß die Neugeborenen gut sehen und hören und zu sozialen Kontakten fähig sind, bleiben sie vollständig auf die Wärme, den Schutz und die Nahrung durch andere angewiesen.

In den Anfängen der Menschheit wurden Babys wahrscheinlich die meiste Zeit von ihren Müttern herumgetragen. Unsere Vorfahren klammerten sich in derselben Weise an ihren Müttern fest, wie es kleine Affen tun. Im menschlichen Entwicklungsstadium gibt es in den ersten Lebensmonaten auch heute noch zwei Reflexe, die an diese Zeit erinnern: den Moro-Reflex und den Palmar-Greif-Reflex. Wenn das Baby erschrickt oder gestoßen wird, biegen sich seine Ärmchen zu einer plötzlichen Klammerbewegung (Moro-Reflex). Der Palmar-Greif-Reflex wird dadurch ausgelöst, daß man einen Gegenstand in die Hände des Säuglings legt. Er greift dann sozusagen »automatisch« danach. Beide Reflexe können gleichzeitig ausgelöst werden.[20]

Um den menschlichen Kontakt sicherzustellen, den ein Baby für sein Überleben braucht, entwickelt sich – wie weiter oben beschrieben – eine starke mütterliche und väterliche Zuneigung.

Was braucht mein Baby nach der Geburt?

Die Bedürfnisse, die ein Baby nach der Geburt hat, spiegeln eine Fortführung des vorgeburtlichen Lebens wider: die Neugeborenen genießen jede Stimulation, die ihrer Erfahrung im Mutterleib ähnelt: Wärme, Anregung der Haut, Körperkontakt, Bewegung, das Geräusch des Herzschlags, Nahrung aus dem Körper der Mutter und das Saugen. Diese Bedürfnisse werden am besten erfüllt, wenn der Säugling getragen und auf sein Verlangen hin gestillt wird. Obwohl er also vom Körper der Mutter getrennt ist, sobald die Nabelschnur durchschnitten wurde, ist er jetzt noch nicht bereit für eine völlige Trennung von einem anderen menschlichen Körper. Es ist wichtig, darauf hinzuweisen, daß es nicht die Mutter sein muß, die diese Bedürfnisse zufriedenstellen muß. Die biologische Mutter ist in erster Linie dafür da, das Stillbedürfnis ihres Babys zu erfüllen. Aber es gibt keinen Grund, warum nicht andere liebevolle Menschen das Bedürfnis des Babys nach Nähe erfüllen könnten.

Studien über Säuglinge, die in Institutionen aufwachsen, haben gezeigt, daß eine individuelle, ›bemutternde‹ Fürsorge für die adäquate Entwicklung äußerst wichtig ist. Säuglinge, die zwar ausreichend Nahrung und Körperkontakt, aber keine »bemutternde« Fürsorge erfahren haben, wiesen eine hohe Sterblichkeitsrate auf.[21] Diejenigen, die überlebten, waren in fast allen Entwicklungsstadien zurückgeblieben.[22] Die Entbehrung der Mutter kann auch das Wachstum behindern und zu Zwergentum führen.[23] Im späteren Leben können diese Kinder Persönlichkeitsstörungen haben wie die Unfähigkeit, langandauernde und tiefe Bindungen einzugehen.[24] Hieraus wird ersichtlich, daß sowohl für das körperliche als auch das emotionale Wohlergehen eine Mutter oder eine Mutterfigur wichtig ist.

Ein Mangel an Körperkontakt im Babyalter kann ein Grund für gewalttätiges Verhalten im späteren Leben sein: »In Gesellschaften, in denen Säuglinge berührt, getragen und gehalten werden, sind Gewalttaten seltener als in Gesellschaften, in denen die Betreuung des Babys auf das Füttern und Waschen beschränkt ist.«[25] Eine mögliche neurologische Erklärung hierfür wurde kürzlich gefunden. Bewegung und Berührungen aktivieren die Nervenzellen des Kleinhirns, die wiederum jene Teile des Gehirns aktivieren, die für die Gefühle verantwortlich sind. Ein Baby, das diese frühe Stimulation nicht erfährt, kann die Teile des Gehirns nicht voll entwickeln, die Freude vermitteln. Dieser Mensch wird später Schwierigkeiten haben, Freude zu empfinden und leichter zu Gewalt neigen.[26]

In den folgenden Abschnitten werden die verschiedenen frühen Bedürfnisse einzeln und in größerer Ausführlichkeit besprochen.

Wie kann ich die Haut meines Babys stimulieren?

Der Berührungssinn eines Babys ist lange vor der Geburt voll entwickelt. Die Haut des Fötus wurde ständig durch das Fruchtwasser und die Gebärmutterwand stimuliert und massiert. Die Anregung und Berührung der Haut ist eine der ersten Erfahrungen, durch die ein Baby ein Wissen über seinen eigenen Körper und seine Existenz erhält. Sie kann auf verschiedene Art geschehen: in den Arm nehmen, klopfen, streicheln, massieren und stillen.

Wie bereits erwähnt, können durch mangelnde Berührungen Probleme entstehen. So wurde beobachtet, daß Babys, die in Heimen aufwachsen und sehr wenig berührt wurden, öfter Ekzeme bekommen.[27] Dieses unerfüllte Bedürfnis nach Berührung kann auch erst im Erwachsenenalter zu Schwierigkeiten führen. Der Erwachsene kann durch zwanghafte Sexualität oder zwanghaftes Waschen versuchen, dieses Bedürfnis zu erfüllen. Möglicherweise entwickelt er auch das andere Extrem und verweigert jedes Gefühl – oder wehrt sich gegen jede Berührung. Der Mangel an Berührung kann zu lebenslangen Ängsten[28] oder zu einer Überbeschäftigung mit dem Tod[29] führen. Er wurde sogar als ein möglicher Grund für Schizophrenie betrachtet.[30]

Leider erschwert der Gebrauch von Fläschchen, Wiegen, Krippen, Kinderwagen, Kindersitzen und Laufställen den Babys in unserer Kultur den körperlichen Kontakt. Manche Babys, die in Familien aufwachsen, werden nur beim Baden oder Wickeln berührt. Montagu erklärt in seinem Buch »Körperkontakt. Die Bedeutung der Haut für die Entwicklung des Menschen«, daß »Säuglinge kaum zuviel liebkost werden können«.[31] Sie brauchen viel mehr Berührung als die meisten Menschen wissen.

In seinem Buch »Sanfte Hände«[32] beschreibt Leboyer in Einzelheiten, wie man ein Baby im Alter von drei bis sechs Monaten massieren kann. Vor dem dritten Monat empfiehlt er eine leichtere Form der Berührung. Man kann das Baby an einen warmen oder sonnigen Platz legen und es zärtlich am ganzen Körper streicheln. Nach sechs Monaten, wenn die Babys beweglicher werden, brauchen sie diese Stimulation durch die Massagen wahrscheinlich nicht mehr. Aber wir wissen ja, daß auch jeder Erwachsene Berührungen genießt.

In unserer Kultur werden Kleinkinder oft willkürlich und sogar verletzend berührt, beispielsweise wenn man sie kitzelt oder kneift. Obwohl sie dann oft lachen, ist dies eher ein Zeichen für leichte Angst als für Vergnügen, da hierbei die Gefahr besteht, daß das Baby sich machtlos fühlt. Die meisten Babys reagieren angespannt, wenn sie gekitzelt werden, sie ziehen ihre Beinchen hoch und bringen die Arme in eine Abwehrhaltung. Wenn man sie streichelt, entspannt sich der ganze Körper vor Vergnügen. Es ist wichtig, daß das Baby die Art der Berührung bestimmt und daß man die Zeichen, die es gibt, wahrnimmt. Der Drang, ein Baby zu berühren, ist oft sehr stark, aber viele Menschen behandeln es, als sei es ein mechanisches Spielzeug, dessen Knöpfe man nur zu drücken braucht, damit es reagiert. Eine bewußte Berührung beinhaltet, daß man seine Liebe so vermittelt, daß das Baby sie wirklich genießen kann. Dies ist eine Kunst – besonders für die Erwachsenen, die selbst nie bewußt berührt worden sind.

Soll ich mein Baby in Tücher wickeln?

Babys haben im Mutterleib, besonders am Ende der Schwangerschaft, nicht viel Platz, um sich zu bewegen. Viele Neugeborene können mit der ungewöhnlichen Freiheit nach der Geburt gar nicht umgehen. Damit sie sich sicherer fühlen, kann es notwendig sein, daß man sie an sich drückt oder ihre Glieder durch Einwickeln in Decken in ihrer Bewegungsfreiheit einschränkt. Bei Babys, die zu lange eng in Decken oder Tücher gewickelt werden, können später Probleme entstehen. Die Bewegungsfreiheit ist ein Grundbedürfnis. Wenn sie verweigert wird, kann das Kind mit Überaktivität darauf reagieren. Jede spätere Einschränkung kann diese früheren Erinnerungen wieder auslösen, und das Kind wird mit Angst oder ähnlich unangemessen darauf reagieren.[33] Sobald der Säugling sich dagegen wehrt, sollte er nicht mehr gewickelt werden. Kein normales und voll ausgetragenes Baby braucht nach der dritten Woche noch eng in Tücher oder Decken gewickelt zu werden. Die meisten Babys werden sich wahrscheinlich schon früher dagegen wehren, und jede individuelle Reaktion sollte sorgfältig beobachtet werden. Auch wenn man das Wickeln in Decken schon früh aufgibt, ist es gut, das Baby so lange wie möglich nah am Körper zu tragen.

Wie wichtig ist es für mein Baby, geschaukelt zu werden und die Herztöne zu hören?

Vor der Geburt werden Babys ständig bewegt. Selbst wenn die Mutter schläft, verursacht die Atmung ein leichtes Auf und Ab. Das Schaukeln von Babys ist eine uralte Praxis, die ihnen guttut. Studien mit zu früh geborenen Kindern haben gezeigt, daß sie schneller an Gewicht zunahmen, wenn sie geschaukelt wurden.[34] Sie hatten auch seltener Atmungsunterbrechungen.[35] Die Bewegung des gesamten Körpers ermöglicht eine Stimulation, die für eine adäquate körperliche, emotionale und intellektuelle Entwicklung notwendig ist.[36] Wiegen und schaukeln ist eine Möglichkeit, aber auch herumtanzen, toben und hochwerfen regen die Entwicklung an.

Manche Eltern schaukeln ihr Baby jedoch auch, um es vom Weinen abzuhalten und es zu »trösten«; Tatsache ist, daß das Weinen ein wichtiges Bedürfnis ist. Ich gehe im zweiten Kapitel ausführlich darauf ein. Es ist auch nicht nötig, ein Baby in den Schlaf zu wiegen. Alternative Möglichkeiten, ihm beim Einschlafen zu helfen, werden im dritten Kapitel besprochen.

Das Geräusch des Herzschlags ist ein fortwährender Stimulus vor der Geburt und scheint für die Säuglinge auch nach der Geburt noch wichtig zu sein. In einer Studie wurde herausgefunden, daß selbst künstlich erzeugte Herztöne bei Babys eine Gewichtzunahme bewirken. Die Studie zeigt auch, daß sowohl rechts- als auch linkshändige Mütter ihre Babys mehr auf der linken als auf der rechten Seite halten. Mütter, denen nicht erlaubt wurde, ihr Baby in den ersten vierundzwanzig Stunden in den Arm zu nehmen, entwickelten die linksseitig bevorzugte Haltung nicht.[37] Diese Tendenz scheint also mit dem Bindungsprozeß, der in den ersten Stunden einsetzt, in direktem Zusammenhang zu stehen.

Unsere Säuglinge verbringen eine beträchtliche Zeit allein in ihren Bettchen in einem ruhigen Raum. Diese Behandlung erfüllt mit Sicherheit nicht das Bedürfnis nach Bewegung und engem Körperkontakt. Um diese Bedürfnisse zu erfüllen, hält oder trägt man die Babys so viel wie möglich, und heute gibt es ja verschiedene Möglichkeiten, das Baby zu tragen und gleichzeitig die Arme frei zu haben.

Was bedeutet das Saugen für mein Baby?

Sigmund Freud nahm an, daß das Saugen ein vorherrschendes Bedürfnis sei und nannte diese erste Entwicklungsphase die »orale Phase«, die seiner Meinung nach ungefähr ein Jahr lang andauert. Er ging davon aus, daß eine Frustration dieses Bedürfnisses eine »Fixierung« auf dieses Entwicklungsstadium zur Folge hätte. Einige Zeichen für orale Fixierung können übermäßiges Essen, orale Sexualität, Rauchen, Trinken, Nägelbeißen und exzessives Sprechen sein. Freud sagte weiter, daß Frustrationen in der oralen Phase abhängiges, egoistisches, forderndes oder feindliches Verhalten zur Folge haben könnten.

Er hatte recht, obwohl er die Wichtigkeit des Saugbedürfnisses überbetonte und andere, ebenso wichtige Bedürfnisse nicht beachtete. Wie in den vorhergehenden Abschnitten dieses Kapitels erwähnt, existieren schon früh viele Bedürfnisse zur gleichen Zeit, und wenn ein Baby körperlich und emotional gesund sein soll, müssen sie alle erfüllt werden.

Es gibt noch zwei weitere Gründe, weshalb Babys saugen sollten. Die beim Saugen ausgeführten Bewegungen stärken die Gesichtsmuskulatur, die für die Entwicklung der Zähne und des Gaumens wichtig ist. Für Babys, die nicht saugen dürfen, können sich später Probleme beim Wachstum der Zähne ergeben.

Schließlich lernt der Säugling in dieser ersten Phase etwas über die Welt, und das Saugen hat dabei eine wichtige Funktion. Ein Baby verbringt viel Zeit damit zu saugen und Gegenstände in den Mund zu stecken. Der Schweizer Psychologe Piaget hat sehr genau beschrieben, daß Saugen die Grundlage für jede intellektuelle Entwicklung ist und den ersten Wissenblock bildet.[38] Wenn das Baby zusätzlich zur Brustwarze auch andere Gegenstände in den Mund nimmt, lernt es hierbei etwas über deren physikalische Eigenschaften, indem es sie miteinander vergleicht und die Unterschiede erkennt. Würde man den Säugling vollkommen am Saugen hindern, wie es beispielsweise bei einer intravenösen Fütterung geschieht, würde er möglicherweise intellektuelle Schäden davontragen. Allerdings wird das Saugbedürfnis oft auch überschätzt. Es wird ausreichend durch das Stillen befriedigt, da die Milchmenge der weiblichen Brust ein ausreichendes Saugen sicherstellt. Schnuller, Daumenlutschen usw. sind unnötig und spiegeln kein Grundbedürfnis wider. So gibt es Unterschiede zwischen dem aktiven, neugierigen Baby, das nach Gegenständen verlangt und sie in den Mund steckt, um sie mit der Zunge, dem Gaumen und den Lippen zu erforschen, und dem passiven Säugling, der für Stunden mit einem Schnuller im Mund und leerem Gesichtsausdruck in seinem Bettchen liegt.

Viel zu oft wird das Weinen als ein Bedürfnis zu saugen interpretiert, und man gibt dem Kind als Ersatz einen Schnuller. Im nächsten Kapitel werde ich zeigen, warum dies schädlich ist. Es gibt nämlich Zeiten, in denen das Baby seine Spannungen durch Weinen lösen muß und alles, was es davon abhält, ist nicht gut. Zu langes Daumenlutschen kann als ein Mechanismus betrachtet werden, durch den das Baby sein Weinen unterdrückt, weil es in einer Umgebung aufwächst, die dieses Weinbedürfnis nicht versteht.

Wie bekomme ich Kontakt zu meinem Baby?

Zusätzlich zu den körperlichen Bedürfnissen haben Babys natürlich auch noch andere. Man muß ihnen zuhören, sie anschauen und mit ihnen sprechen. Babys werden sich über sich selbst und die Welt nicht nur mit Hilfe des Berührungssinns und ihrer Bewegungen bewußt, sondern auch über das Sehen und Hören: sie müssen die Gesichter der Eltern sehen und ihre Stimme hören (selbst wenn sie die Bedeutung der Worte zuerst nicht verstehen). Eine ideale Kommunikation mit einem Baby ist etwas vollkommen anderes als die Begegnung mit einem Erwachsenen; die Aufmerksamkeit geht eher von dem Erwachsenen zum Kind, hat also mehr die Form einer Ein-Weg-Kommunikation.

Eltern sollten ihrem Kind ihre volle, ungeteilte, liebevolle Aufmerksamkeit geben, um eine bedeutungsvolle Kommunikation gleich von Anfang an zu erreichen. Das beinhaltet, daß sie sich in die Position des Kindes begeben und versuchen, die Welt von seinem Standpunkt aus zu sehen, ohne daß sie ihre eigenen Werte oder Interpretationen auf die Erfahrungen des Babys stülpen. Die meisten Eltern sind in der Lage, ihrem Baby diese Art der bewußten Aufmerksamkeit zu geben. Den Eltern, die dies nicht können, ist kein Vorwurf zu machen, da sie wahrscheinlich selbst als Säugling diese Erfahrung nicht gemacht haben.

Verwöhne ich mein Baby, wenn ich es zu häufig in den Arm nehme?

Daß ein Baby verwöhnt werden kann, wird viel zu oft in den Vordergrund gestellt. Viele Eltern glauben, daß ein Baby lernen muß, einen Teil der Zeit allein zu verbringen, daß es seine Unabhängigkeit entwickelt, wenn man sich ihm nicht zu viel widmet. Sie befürchten, das Baby werde ein forderndes Monster, das immer mehr und mehr braucht und so keine Zeit mehr für sie selbst bleibt. Diese Annahme ist vollkommen überholt. Das Baby verlangt nur das, was es braucht, und wenn dies erfüllt ist, ist es zufrieden.

In einer Studie wurden Mütter und Säuglinge im ersten Jahr beobachtet. Jene Säuglinge, die in den ersten drei Monaten häufig in den Arm genommen wurden, entwickelten am Ende des ersten Jahres eine große Unabhängigkeit. Obwohl sie gern gehalten wurden, spielten sie weiter, wenn man sie wieder hinlegte. Auf der anderen Seite protestierten die Babys, die nicht regelmäßig auf den Arm genommen wurden nicht nur, wenn sie wieder hingelegt wurden, sondern sie reagierten schon auf dem Arm unzufrieden und entwickelten kein unabhängiges Spiel.[39]

Aus dieser Studie ergibt sich, daß die Säuglinge »verwöhnt« reagieren, die nicht genug Beachtung finden. Es ist geradezu unmöglich, ein Baby zu viel zu lieben oder ihm zu viel Aufmerksamkeit zu geben. Diejenigen, die sich unzufrieden, weinerlich oder anklammernd und fordernd verhalten, sind tatsächlich verletzt worden, nicht weil sie zu viel, sondern weil sie zu wenig Aufmerksamkeit erfahren haben. Sie leiden unter den Bedürfnissen, die in den ersten drei bis sechs Monaten nicht befriedigt wurden.

Eine andere Erklärung für ein »verwöhntes« Verhalten bei älteren Babys, die viel gehalten und berührt wurden, ist die, daß sie in den Arm genommen wurden, damit sie zu weinen aufhören. Eine Mutter berichtete: »Als mein Junge klein war, hielt ich ihn sehr viel im Arm, aber mit ungefähr einem Jahr weinte er jedesmal, wenn ich ihn wieder hinlegen wollte«.

Dieses Problem wurde nicht dadurch verursacht, daß die Mutter ihr Kind zu viel hielt. Obwohl sie ihm viel Aufmerksamkeit gab, nahm sie ihn in den Arm und lenkte ihn von seinem Bedürfnis zu weinen ab.

Wo bleiben meine Bedürfnisse?

Natürlich müssen Babys nicht ununterbrochen gehalten oder berührt werden, doch besonders im ersten halben Jahr brauchen sie diese Stimulation. Es gibt mit Sicherheit Gründe, die die Eltern abhalten, die Bedürfnisse ihres Kindes zu erfüllen. Ein Grund kann ein unerwünschtes Baby sein. Ein anderer, daß es mehr als erwartet die Karriere, den Lebensstil oder die Beziehung der Eltern beeinträchtigt. Ein weiterer Grund kann ein inadäquater Bindungsprozeß durch gewisse Geburtsumstände sein – oder eine zu große Unterschiedlichkeit der Eltern-Kind-Temperamente. Der Hauptgrund besteht aber wahrscheinlich darin, daß die Eltern, als sie selbst klein waren, nicht genug zärtliche Liebe erlebt haben. Für sie ist es dann äußerst schwierig, ununterbrochen für ihr Kind da zu sein, weil sie sich selbst nach den liebevollen Eltern, die sie nicht hatten, sehnen. Dieser Umstand ist natürlich nicht ihnen negativ anzurechnen.

Wenn die elterlichen Bedürfnisse nicht mit denen ihres Babys übereinstimmen, so ist das möglicherweise darauf zurückzuführen, daß sie in ihren Handlungen durch die eigenen, vergangenen, unerfüllten Bedürfnisse beeinflußt werden. Wenn Menschen nie verletzt und all ihre Bedürfnisse erfüllt worden wären, gäbe es für sie nichts Natürlicheres und Schöneres, als die Bedürfnisse ihres Kindes nach Liebe und Nähe erfüllen zu können. Ein weiterer Grund für Schwierigkeiten der Eltern kann darin bestehen, daß sie nicht genug Hilfe von anderen haben. Es ist für eine einzige Person unmöglich, alle Bedürfnisse eines Babys jeden Tag und jede Nacht zu erfüllen, da natürlich auch der Wunsch, eine bestimmte Zeit allein zu verbringen, berücksichtigt werden muß. Die Erwartung, daß die Mutter diejenige ist, die sich ausschließlich um das Baby kümmert, ist geradezu absurd.

Es ist verständlich, wenn Eltern gelegentlich eine Ablehnung gegen ihr Baby spüren, aber es ist äußerst schädlich, wenn sie nach diesem Gefühl handeln. Deshalb ist es wichtig, andere Menschen zu suchen, die dann dem Baby Aufmerksamkeit geben können.

Wenn das ablehnende Gefühl nicht zu stark ist, besteht auch noch die Möglichkeit, das Baby trotzdem auf den Arm zu nehmen und eventuelle Gefühle von Zorn, Angst, Trauer oder Schuld zu fühlen und einem anderen Erwachsenen gegenüber – freilich besser nicht im Beisein des Kindes – auszudrücken. Dieses Verhalten befreit die Eltern von ihren eigenen vergangenen Schmerzen und erleichtert ihnen den liebevollen Umgang mit ihrem Baby.

Meine eigenen Erfahrungen: Ich wurde von großer Trauer überwältigt, als ich mein Baby im Arm hielt und berührte, obwohl ich einen starken Bindungsprozeß bei der Geburt erlebt hatte und ihm körperlich nah sein wollte. Da ich das jüngste von drei kurz aufeinander geborenen Kindern bin, wurde ich als Baby wenig gehalten und berührt. Sehr wahrscheinlich stiegen diese unerfüllten Bedürfnisse aus meiner

Kindheit in mir hoch, aber ich entschied mich, mein Kind trotzdem zu halten, obwohl ich mich elend dabei fühlte. Ich wollte es anders behandeln als ich es als kleines Kind erfahren hatte. Ich brach jedesmal in Tränen aus und weinte, bis es nach und nach einfacher wurde, ihm meine Liebe zu zeigen.

Die Übungen am Ende dieses Kapitels können hilfreich sein, eigene vergangene Verletzungen zu überwinden und die Bedürfnisse des Babys nach Liebe zu erfüllen.

Übungen

In der Einleitung stehen genaue Vorschläge, wie die Übungen ausgeführt werden sollten.

Vor der Geburt

1. Erzähle alles, was du über die Schwangerschaft deiner eigenen Mutter und über deine Geburt weißt. Was empfindest du bei dem Gedanken an deine eigene Geburt?
2. Was fühlst du darüber, wie dein Baby gezeugt wurde?
3. Welche Gefühle hast du gegenüber deinem ungeborenen Kind? (zärtlich, besorgt, ablehnend, liebevoll)
4. (Mutter): Wie fühlst du dich als schwangere Frau?
5. (Wenn dies dein erstes Kind ist): Wie fühlst du dich, Mutter/Vater zu werden?
6. Welche Gefühle hast du Ärzten und Krankenhäusern gegenüber? Welche Erinnerungen verbinden sich damit? Welche Gefühle hast du körperlichen Schmerzen gegenüber? Welche Erinnerungen hast du, die mit Schmerz verbunden sind?
7. Was fühlst du ganz allgemein über die bevorstehende Geburt (aufgeregt, besorgt, neugierig, ungeduldig usw.)? Viele werdende Eltern sind besorgt, daß entweder das Baby oder die Mutter sterben könnte. Es ist wichtig, diese Ängste offen auszudrücken. Versuche, zuversichtlich zu sagen: »Wir machen das schon!« oder »Alles wird gut werden!« Wiederhole es mehrere Male und nimm dir die Zeit zu lachen, zu weinen oder zu zittern, wenn du es brauchst.

8. Wie denkst du, wird dein Baby dein Leben verändern? Die Beziehung zu deinem Partner/deiner Partnerin? Die Beziehung zu deinen Eltern? Die Beziehung zu Freunden? Die Beziehung zu deinen anderen Kindern?
9. Wurdest du als Kind häufig genug berührt? Wirst du jetzt genug berührt? Wie möchtest du berührt werden? Wurdest du schon einmal liebevoll, aber nicht sexuell berührt oder massiert? Wie fühlte sich das an? Hat dich jemand schon einmal so berührt und dich dabei entlasten lassen?

Nach der Geburt

1. Erzähle die Geburt deines Kindes in all den Einzelheiten, an die du dich erinnerst und nimm dir genug Zeit für schmerzhafte, beängstigende oder ärgerliche Erlebnisse.
2. Was empfindest du für dein Baby (liebevoll, ablehnend, ängstlich, gleichgültig usw.)? Was gefällt dir an ihm? Was mißfällt dir?
3. An wen erinnert dich dein Baby (an dich, an deinen Partner/deine Partnerin, Schwiegermutter usw.)? Was ist ähnlich? Was ist unterschiedlich? Wie beeinflußt diese Ähnlichkeit deine Gefühle? An was erinnern dich deine Gefühle deinem Baby gegenüber?
4. Wie fühlst du dich als Mutter/Vater (wenn es dein erstes Kind ist)? Wie gut glaubst du, die Bedürfnisse deines Babys zu erfüllen? Zähle all die guten Dinge auf, die du für dein Baby tust.
5. Wie hat dein Baby dein Leben verändert? Die Beziehung zu deinem Partner/deiner Partnerin? Die Beziehung zu deinen Freunden? Die Beziehung zu deinen anderen Kindern?
6. Wie fühlst du dich, wenn du dein Baby in den Arm nimmst? Wenn du es trägst? Wenn du es berührst? Versuche, deinen Säugling nackt an deinem nackten Körper zu halten. Wie fühlt es sich an? Versuche deinem Baby zu sagen: »Ich liebe dich.« Wie fühlst du dich dabei?
7. (Wenn du stillst): Wie fühlst du dich, wenn du dein Baby stillst? (Wenn es mit der Flasche gefüttert wird): Wie fühlst du dich, wenn du dein Baby mit der Flasche fütterst?
8. Wie fühlst du dich, wenn du deinem Baby die Windeln wechselst? Wenn du es an- oder ausziehst? Wenn du es badest?

9. Wie fühlst du dich im allgemeinen seit der Geburt des Babys? (müde, deprimiert, stolz, selig usw.). Sprich darüber und entlaste so lange, wie du es brauchst.
10. Bekommst du genug Hilfe bei deiner Arbeit als Mutter/Vater? Wenn nicht, wie ist das für dich? Was hindert dich daran, Hilfe zu finden? Was kannst du dagegen machen?

2 Weinen: Das Baby muß sich von seinen Spannungen befreien

>»Die Ausscheidung der Tränen dient der Schmerzerleichterung. Und je heftiger oder hysterischer das Weinen ist, um so größer wird die Erleichterung sein . . .«
>
> *Charles Darwin*

Wenn mein Baby weint, und ich gehe jedesmal zu ihm und gebe ihm, was es braucht, verwöhne ich es dann?

Erst einmal ist festzustellen, daß es nicht möglich ist, ein Baby zu verwöhnen. Das Weinen ist die einzige Ausdrucksform, durch die es seine Bedürfnisse anfangs mitteilt. Später lernt es Gesten und auch die Sprache.

Eltern wurden gewarnt, nicht jedesmal zu ihrem weinenden Baby zu gehen, um es nicht zu »verwöhnen«. Tatsächlich gibt es auch heute noch überraschend viele Menschen, die glauben, Säuglinge würden immer mehr weinen, wenn man auf ihr Weinen ständig reagiert. Sie gehen davon aus, daß man das Weinen ignorieren muß, damit es aufhört – und genau das passiert bei Heimkindern, auf deren Weinbedürfnis nie eingegangen wird. Sie hören vollkommen auf zu weinen. Dadurch werden sie äußerst passiv, bleiben in allen Stadien der Entwicklung zurück und können keine Form der sozialen Zuneigung ausbilden. Sie sind der Prototyp der Menschen, die aufgegeben haben.[1]

Bei Babys, die in Familien aufwachsen, wurde das Gegenteil festgestellt. In einer faszinierenden Studie entdeckte man, »daß die Säuglinge, die ›verwöhnt‹ reagieren, diejenigen sind, deren Mütter das Weinen ignoriert oder sehr spät beachtet haben«.[2] Auf der anderen Seite entwickelten die Babys, deren Mütter sofort auf das Weinen eingingen, schon sehr früh andere Kommunikationsformen, um ihre Bedürfnisse zu vermitteln.

Es gibt mehrere Gründe, warum es wichtig ist, alle Bedürfnisse des Babys sofort zu erfüllen. In den ersten Lebensjahren bildet es eine Meinung über sich selbst, andere Menschen und die Welt im allgemeinen. Ein Säugling, dessen Weinen nicht beachtet wird, glaubt, daß die Welt unzuverlässig ist und niemand da ist, auf den er sich verlassen oder dem er vertrauen kann. Er lernt, daß er keine Macht hat zu bestimmen, was passiert, und fühlt sich ohnmächtig und hilflos. Es kann sein, daß er an sich zweifelt und sich wertlos, ungeliebt und unwichtig fühlt. Geht man jedoch auf das Weinen ein, entwickelt er ein Grundvertrauen, ein Gefühl für seine Stärke und stellt fest, daß er geliebt und umsorgt wird. Er lernt: »Diese Welt ist ein guter Platz. Wenn ich weine, kommt jemand und hilft mir. Ich bin wichtig und stark. Ich bestimme, was passiert, und kann meine Umgebung durch mein Handeln beeinflussen.«

Säuglinge versuchen nie, ihre Eltern zu manipulieren oder Machtkämpfe auszutragen. Alles, was sie wissen, ist, daß sie Bedürfnisse haben. Babys, deren Weinen nicht beachtet wird, können die Motive der anderen Menschen noch nicht abschätzen, wie beispielsweise: »Meine Mutter liebt mich, aber sie ist heute etwas müde.« Sie können die Situation nur von ihrem Standpunkt aus betrachten und daraus Schlüsse über sich selbst ziehen (»Ich bin unwichtig«, »Ich habe keine Macht«, »Keiner liebt mich«). Ignorieren wir das Weinen des Babys, geben wir ihm falsche Informationen über sich selbst, und darauf baut sich sein zukünftiges Weltbild auf.

Viele Eltern versuchen, die Bedürfnisse ihres Kindes im voraus zu befriedigen, um ihm unnötige Frustration und Anstrengungen zu ersparen. Sie füttern es, bevor es hungrig wird, drehen es um, bevor es sich unbequem fühlt, geben ihm Spielzeug, bevor es danach verlangt. Sicherlich sind diese Babys seltener frustriert, aber leider entwickeln sie auch kein Bewußtsein für ihre Stärke. Sie können nur sehr schwer eine Verbindung zwischen ihren eigenen Handlungen und äußeren Ereignissen herstellen. Dies lernen sie am besten, wenn jemand auf ihre Bedürfnisse reagiert, nachdem sie sie geäußert haben. Babys, deren Bedürfnisse ständig im voraus erfüllt werden, werden ebenso passiv und machtlos wie die Säuglinge, deren Signale ignoriert werden.

Obwohl grundsätzlich gesagt werden kann, daß das Baby weint, wenn es etwas braucht, gibt es auch die Möglichkeit, daß es, besonders bei sensiblen Eltern, seine Bedürfnisse auf andere Art mitteilen kann. Eine meiner eigenen Erfahrungen:

Als mein Sohn noch ein Baby war, schlief er in einem eigenen Körbchen, und ich wurde nachts durch sein Weinen geweckt, um ihn zu stillen. Als meine Tochter fünf Jahre später geboren wurde, schlief sie von Anfang an in meinem Bett und weinte nie, um gefüttert zu werden. Durch sanfte und eifrige Grunztöne wurde ich geweckt und merkte, wie sie nach meiner Brust suchte. Sie lernte, daß diese Geräusche ausreichten, um das zu erhalten, was sie brauchte, und das geschah dann auch so bei den Tagesfütterungen. Obwohl ich ihre Bedürfnisse nicht vorwegnahm, wartete ich auch nicht, bis sie laut weinte.

Es ist sehr gut möglich, daß ein Baby nur dann aus einem augenblicklichen Bedürfnis wie Hunger weint, wenn seine zarteren Signale nicht beachtet wurden. Es weint dann aus Frustration, Ungeduld und Unbequemlichkeit, da sich das Bedürfnis sehr dringend anfühlt. Jedes andere Weinen wäre so ein Lösen von Spannungen, die aus vergangenen schmerzvollen Erfahrungen resultieren, wie ich es im nächsten Abschnitt beschreiben werde.

Bedeutet jedes Weinen, daß mein Baby etwas braucht?

Wahrscheinlich ist der einzig schwerwiegende Irrtum, dem Eltern unterliegen, der, daß sie davon ausgehen, daß jedes Weinen ein direktes Bedürfnis anzeigt. Die Hauptmitteilung dieses Kapitels und des ganzen Buches ist die, daß Säuglinge auch aus anderen Gründen weinen. Es wurde beobachtet, daß das Weinen bei Neugeborenen nur zu ungefähr einem Drittel mit einem akuten Grund in Zusammenhang steht.[3]

Für dieses Weinen gibt es vier übliche Erklärungen:

1. Koliken oder Blähungen, verursacht durch ein noch nicht ausgebildetes Verdauungssystem[4]
2. ein noch nicht ausgebildetes Nervensystem[5]
3. Mangelnde Liebe oder mangelndes Vertrauen in die Mutter[6] und
4. Müdigkeit.

Allerdings werfen diese Erklärungen zusätzliche Fragen auf. Warum sollte das Verdauungssystem Neugeborener für Muttermilch nicht geeignet sein? (Auch gestillte Säuglinge weinen oft.) Was meint man mit »nicht voll ausgebildetes Nervensystem«, und warum verursacht es Weinen? Die negative Einstellung der Mutter oder mangelndes Vertrauen können eher das *Ergebnis* als der Grund für ein weinendes Baby sein. Und schließlich, warum verwendet ein Baby Zeit und Energie, wenn es müde ist, anstatt sofort einzuschlafen? Diese Erklärungen sind also wenig zufriedenstellend.

Modernere Erklärungen begründen das intensive Weinen junger Säuglinge mit Allergien oder Fehlernährung. Bei gestillten Babys ist dies sehr unwahrscheinlich, da die Menschen schon lange ausgestorben wären, wäre die Muttermilch nicht die perfekte Säuglingsnahrung. Jede Generation stellt ihre eigenen Theorien über das intensive Weinen bei Babys auf, aber die meisten der bestehenden Theorien belegen, daß bisher keine einleuchtende Erklärung gefunden wurde. Dr. Spock, ein Experte in Fragen der Säuglingsgesundheit, gesteht dies ein, wenn er sagt: »Die meisten Gründe für kolisches oder gereiztes Weinen kennen wir nicht.«[7]

Für das intensive Weinen der Babys gibt uns dieses Buch eine vollkommen neue Erklärung, die auf der Re-Evaluation Counseling Theorie basiert. Wenn Menschen auf irgendeine Art verletzt werden – sowohl körperlich als auch emotional – entstehen Spannungen, schlechte Gefühle und Verwirrung über die schmerzhafte Erfahrung, bis der physiologische Prozeß der emotionalen Entlastung eintritt. Die verschiedenen Formen der Entlastung beinhalten Weinen, Lachen, Wutäußerungen, Gähnen, Zittern, Schwitzen und das Sprechen über die Erfahrung. Die

Menschen nehmen diese natürlichen Heilmechanismen spontan wahr und überwinden somit die Auswirkungen der schmerzhaften Erfahrung.[8] Das Weinen ist also nicht die Verletzung, sondern *das Weinen ist der Prozeß der Heilung.*

Ein gutes Beispiel hierfür: Ein kleines Kind verliert seine Mutter in einem Kaufhaus. Wenn es die Mutter wiederfindet, wird es in ihre Arme laufen, sich ganz fest halten und – erlaubt man es ihm – weinen und zittern. Es entlastet sich und befreit sich von den Gefühlen, die durch die erschreckende Erfahrung entstanden sind.

Das Weinen eines Säuglings ist also nicht immer ein Anzeichen für ein gegenwärtiges Bedürfnis oder Unwohlsein. Es kann auch eine emotionale Lösung von Spannungen sein, die durch irgend etwas Schmerzhaftes entstanden sind. Brazelton unterstützt diese Theorie, wenn er schreibt: »Das zyklische Entstehen von ... Weinperioden, plus der ›Bestimmtheit‹, mit der das Baby weint, sind für mich Beweis, daß es ein inneres Bedürfnis hat zu weinen um damit die Spannungen zu lösen.«[9]

Eine Mutter, die ich interviewte, beschrieb das Weinen ihres Babys während der ersten Monate:

In den ersten zwei Monaten weinte mein Sohn sehr viel. Jeden Morgen zwischen sechs und sieben Uhr fing er an und weinte ein bis drei Stunden lang. Er schloß die Augen ganz fest, ballte seine Fäuste und weinte ungefähr eine halbe Stunde. Dann öffnete er seine Augen, guckte herum und schaute auf; dann schloß er sie und fing wieder stark zu weinen an, nur weinen, weinen, weinen. Schließlich hörte er für einen Moment auf, guckte hoch und fing wieder an. Während dieser Weinschübe konnte ich ihn nicht füttern. Er weinte nur weiter, und wenn ich ihn stillen wollte, war das Weinen wichtiger als der Hunger. Wir stellten fest, daß er nach diesen Weinphasen völlig entspannt war. Er löste seine Fäuste und schaute sich ruhig um. Entweder war er hellwach, aber gleichzeitig entspannt, oder er schlief gleich ein. Nach dem Weinen war er auf jeden Fall ganz anders als vorher.

Es ist noch nicht bekannt, *wie* das Weinen den Menschen dabei hilft, die Auswirkungen vergangener Verletzungen zu überwinden, aber einige Forscher haben begonnen, die chemischen Bestandteile menschlicher Träume zu untersuchen. Der Biochemiker William Frey hat herausgefunden, daß die Tränen mit Streß verbundene Chemikalien aus dem Körper herausschwemmen und so erleichternd wirken. Er hat emotional hervorgerufene Tränen mit Tränen verglichen, die durch Reizung, (z. B. durch Zwiebelschneiden) hervorgerufen wurden und konnte chemische Unterschiede feststellen.[10]

Obwohl Babys von Geburt an weinen, gibt es auch Monate, in denen sie keine Tränen vergießen. Untersuchungen sind nötig, um *alle* physiologischen Prozesse, die während des Weinens ablaufen, zu erfassen, damit wir diese, nur den Menschen eigene Fähigkeit, vollkommen verstehen können.

Welche Verletzungen lösen ein Bedürfnis zu weinen aus?

Im Erfahrungsbereich eines Säuglings gibt es fünf mögliche Arten von Verletzungen, die ein Bedürfnis zu weinen auslösen: 1. vorgeburtliche Verletzungen und Geburtstraumata, 2. unerfüllte vergangene Bedürfnisse, 3. Reizüberflutung, 4. Frustrationen, die durch Hilflosigkeit entstehen und 5. körperliche Schmerzen.

Geburtstraumata: Im ersten Kapitel wurde festgestellt, daß Geburten nicht traumatisch sein müssen, aber sein können. Ereignisse während der Wehen oder sofort nach der Geburt können sowohl ernsthafte psychische als auch körperliche Schmerzen entstehen lassen. Die psychischen Verletzungen bringen Angst, Frustration, Verwirrung und Trauer mit sich. Die Babys können sogar vor der Geburt durch plötzliche Stöße verletzt werden. Auch Streßhormone der Mutter verursachen beim Fötus Spannungen.

Säuglinge haben die Fähigkeit, sich selbst von diesen Verletzungen zu befreien, sie entlasten sich sofort von traumatischen Geburten oder vorgeburtlichen Verletzungen, indem sie weinen, zittern, wütend sind und gähnen. Handelt es sich um ein schweres

Trauma, benötigt das Baby Stunden und Stunden, über viele Monate, um seine Verletzungen vollkommen zu lösen.
Das folgende Beispiel zeigt, wie mein Sohn das Trauma einer achtundvierzig Stunden dauernden Geburt entlastet hat.

Im Säuglingsalter hatte mein Sohn Weinschübe, die nichts mit einem akuten Bedürfnis zu tun hatten. Während dieser Schübe bemerkte ich, daß ich nur meine Hand mit einem leichten Druck auf seinen Kopf legen mußte, um sein Weinen zu verstärken. Er stieß laute Schreie aus und bewegte sich wild, als würde er gegen etwas kämpfen. Vielleicht erinnerte ihn der Druck meiner Hand an den Druck, den er während meiner unnormal langen Wehen verspürte. Wahrscheinlich erinnerte er sich an die traumatische Geburt und entlastete den Ärger und die Angst. Als er achtzehn Monate alt war, konnte ich seinen Kopf berühren, ohne die oben beschriebene Wirkung auszulösen.

Unerfüllte vergangene Bedürfnisse: Obwohl ein Baby oft weint, wenn es direkt etwas braucht, weint es auch, wenn Bedürfnisse in der Vergangenheit nicht erfüllt wurden. Der einzige Weg, daraus entstandene Spannungen und Verletzungen zu überwinden, ist der, sich an diese schrecklichen Gefühle zu erinnern und darüber zu weinen. Möglicherweise weint ein drei Monate alter Säugling darüber, daß er in den ersten drei Monaten nicht genug berührt wurde. Obwohl er auch jetzt die Berührung noch braucht, muß er gleichzeitig darüber weinen dürfen, daß er früher nicht genug berührt wurde. Erfüllt man ein gegenwärtiges Bedürfnis, so erlaubt man dem Baby oftmals dadurch, unerfüllte Bedürfnisse aus der Vergangenheit zu entlasten. Manchmal scheint ein Baby sich gegen eine liebevolle Berührung zu wehren. Aber das Weinen und Wüten während der Berührung heißt nicht, daß man mit dieser Aufmerksamkeit aufhören soll, sondern viel eher, daß die gegenwärtige liebevolle Situation ihm dabei hilft, die angesammelte Trauer und die Wut aus der Vergangenheit loszuwerden.
Reizüberflutung: Babys werden jeden Tag mit einer überwältigenden Anzahl neuer Ereignisse konfrontiert, die wenig oder keine Bedeutung für sie haben. Wir können dann von Reizüberflutung oder Überstimulation sprechen, wenn Informationen

nicht verstanden werden können, weil sie keinen Bezug zu bereits vorhandenem Wissen darstellen. Durch seine begrenzten Erfahrungen sind die meisten Informationen für das Baby unverständlich, aber es versucht das, was er hört und sieht zu verstehen und einzuordnen. Schwestern und Ärzte warnen vor zu viel Information bei zu früh geborenen Säuglingen: »Viele Babys werden sowohl im Krankenhaus als auch zu Hause mit Reizen bombardiert, obwohl ihre Fähigkeit, mit dieser Reizüberladung fertig zu werden, gering ist. Daraus kann sich eine Reizbarkeit und ein Weinverhalten entwickeln, das für die Familie schwierig ist.«[11]

Häufig kann man beobachten, daß ein Baby nach einem Spaziergang weint. Es ist möglich, daß die neuen verwirrenden Informationen dieses Weinen notwendig werden lassen. Wenn ein Säugling älter wird, erweitert sich auch sein Erfahrungshorizont; die Zeichen und Geräusche bekommen eine Bedeutung, und die Wahrscheinlichkeit einer Überforderung wird geringer.

Frustration: Ein vierter möglicher Grund für das Weinen eines Babys ist die Frustration, die durch seine Hilflosigkeit und mangelnde Kompetenz verursacht wird. Ein zwei Monate alter Säugling greift nach einem Spielzeug, kann aber seine Arm- und Handmuskulatur noch nicht richtig koordinieren. Dieser Mißerfolg enttäuscht ihn. Oder ein sechs Monate altes Baby versucht zu krabbeln, weiß aber noch nicht, wie es seine Beine bewegen muß. Aber auch ein achtzehn Monate altes Kind wird frustriert, wenn es versucht, sich durch Sprechen verständlich zu machen, und keiner es versteht.

Unabhängig davon, wie einfühlsam die Eltern auf die Fähigkeiten des Kindes eingehen, ist es unmöglich, jede Frustration auszuschalten. Spitz sagt dazu: »Wie können die modernen Erzieher, Kinderpsychologen und Eltern denken, daß sie dem Kind jede Frustration ersparen können? Frustration ist in der Entwicklung enthalten.«[12] Die Frustration baut sich allmählich auf und zeigt sich dann als Ärger in periodischen Weinanfällen, Wutausbrüchen, Treten und Um-sich-Schlagen. Hier ein Beispiel:

An einem Morgen, kurz nach dem Stillen, verbrachte mein Sohn, als er sieben Wochen alt war, zwanzig Minuten damit, nach einem Spielzeug, das an einem Faden schaukelte zu schlagen. Wenn er es traf, bewegte es sich hin und her. Dann fing er an zu wimmern und zu weinen. Ich nahm ihn auf, hielt ihn im Arm, berührte ihn, und er weinte ca. eine viertel Stunde, trat mit den Beinen und wirbelte mit den Armen. Dann schlief er ein. Vielleicht hat er seine Frustration darüber, daß er das Spielzeug nicht greifen konnte, ausgedrückt.

Körperliche Schmerzen: Babys weinen auch aufgrund körperlicher Schmerzen. Tatsächlich werden der körperliche Schmerz und die Spannungen durch Gähnen gelöst.[13]
Jedes körperliche Leiden oder Unwohlsein wird von Gefühlen der Trauer, der Angst und des Ärgers begleitet, und diese Gefühle verursachen ein Weinbedürfnis. Wird das Weinen von Gähnen unterbrochen, oder gähnt das Baby nur, können die Eltern sicher sein, daß es Spannungen, die durch körperliche Schmerzen ausgelöst wurden (sowohl vergangene als auch gegenwärtige), bewältigt. Das Weinen vor dem dritten Monat wird häufig Koliken (Blähungen) zugeschrieben. Sicherlich haben einige Babys von Zeit zu Zeit unangenehme Blähungen, doch nicht unbedingt häufiger als Erwachsene. Die Kolik wurde bei weitem überbewertet und als eine zu einfache Erklärung für jedes sonst nicht begründbare Weinen in den ersten Monaten benutzt. Es gibt noch viele andere Gründe, die für das Weinen der Säuglinge herhalten müssen. Nach dem dritten Monat wird oft das Zahnen für das Weinen verantwortlich gemacht. Es kann Schmerz bereiten, aber wie mit der Kolik wird auch der Zahnschmerz zu leichtfertig als Grund für das meiste Weinen betrachtet. Weinen kann natürlich ein Anzeichen von Krankheit sein und die Meinung eines Arztes ist immer zu beachten, wenn die Eltern Zweifel über das Wohlergehen ihres Babys haben sollten. Aber ich will noch einmal daran erinnern, daß das Weinen nicht unbedingt seinen Grund in der gegenwärtigen Situation finden muß.
Es gibt natürlich noch viele zusätzliche Quellen für körperlichen Schmerz oder Unwohlsein. Säuglinge leiden, wenn ihnen zu heiß

oder zu kalt ist. Zu enge Kleidung kann sie kneifen oder ihren Kreislauf behindern, auch das Wundsein kann sie in ihrem Wohlbefinden stören. Wird das Baby erst beweglicher, erhöhen sich auch die Verletzungsmöglichkeiten; sie stoßen gegen Wände, Möbel oder fallen auf den Boden; Unfälle wie Schnitte, Verbrennungen, Kratzer oder Insektenstiche sind die täglichen Erfahrungen vieler Krabbelkinder. All diese Verletzungen bringen den Säugling zum Weinen. Als erstes muß man natürlich die Schmerzquelle beseitigen, aber auch dann wird der Säugling wahrscheinlich noch weiter entlasten. Er muß alle Gefühle, die mit dem Schmerz verbunden sind, loslassen. Einige Gefühle können länger als der Schmerz selbst anhalten.

Andere Verletzungen: Babys sind leicht durch laute Geräusche und plötzliche, unerwartete Ereignisse zu erschrecken. Alleingelassensein mit einer fremden Person oder mit Menschen, die nicht sehr aufmerksam sind, kann eine schreckliche Erfahrung für das Kleinkind sein. Sogar bei sehr kleinen Säuglingen können Krankheit, Tod oder lange Abwesenheit eines Elternteils Verwirrung und Trauer hervorrufen. Es ist verletzend für sie, angeschrien zu werden, oder auch, wenn man sich über sie lustig macht. Jedesmal, wenn es etwas gegen seinen Willen verrichten soll, oder wenn sein Spiel unterbrochen wird, wird das Baby verletzt. Wenn das geschieht, entstehen schlechte Gefühle, die so lange in ihm bleiben, bis sie entlastet werden. Hier ein Beispiel einer Verletzung, die im Leben eines kleinen Kindes jeden Tag passieren kann:

Mutter und Kind spielen miteinander und antworten auf ihre liebevollen Töne. Das Baby hebt seine Arme und berührt das Gesicht der Mutter. Plötzlich klingelt das Telefon, die Mutter legt das Kind hin, um den Anruf entgegenzunehmen.

Dieser plötzliche Rückzug der Mutter ist wahrscheinlich eine ärgerliche und verwirrende Erfahrung für das Baby. Es versteht nicht, warum die Mutter gerade noch da war, dann aber verschwunden ist. In einer solchen Situation kann es sofort zu weinen anfangen – oder es bewahrt die schmerzvollen Gefühle, bis jemand ihm Aufmerksamkeit für die Entlastung gibt. Wenn die Mutter vom Telefonieren zurückkommt, findet sie vielleicht ein zappeliges, unruhiges Baby vor; lenkt sie es dann nicht ab, wird es sich entlasten.

In den meisten Büchern über Säuglingspflege wird das Bedürfnis zu weinen nie erwähnt, obwohl es wahrscheinlich ebenso wichtig ist wie Essen, Schlafen und Hautkontakt. Dr. Spock schrieb: »Das Befremdende ist, daß ein kolikisches oder weinendes Baby vom körperlichen Standpunkt aus eine gute Entwicklung macht. Trotz vieler Stunden, die es mit Weinen verbringt, nimmt es besser an Gewicht zu als der Durchschnitt . . .«[14] Weiter fügt er hinzu, daß das Weinen bei den Säuglingen auftaucht, die sich gut entwickeln und wachsen. Diese Beobachtungen sind nicht überraschend und ein guter Beweis dafür, daß das Weinen positive Auswirkungen hat.

Wie soll ich mich verhalten, wenn mein Baby weint?

Weint ein Baby, sollte zuerst geschaut werden, ob es etwas braucht. Wurden alle Bedürfnisse berücksichtigt und das Baby weint immer noch, können die Eltern davon ausgehen, daß es Spannungen löst, die durch frühere Verletzungen verursacht wurden.

Die beste Verhaltensweise in einer solchen Situation ist zwar leicht beschrieben, aber manchmal schwer in die Praxis umzusetzen. Liebevolle Aufmerksamkeit ist ganz wichtig und bietet die notwendige Sicherheit, um den Schmerz noch einmal durchleben und lösen zu können. Während eines Weinschubs sollte man das Baby liebevoll halten und ihm zuhören. Es ist wichtig, daß die Eltern ihm, während es weint, ihre Liebe, Freude und Unterstützung vermitteln; daß sie ihr Vertrauen in seine Fähigkeit, genau das zu tun, was es braucht, zeigen. Wenn das Baby aufhören sollte zu weinen, können die Eltern die Handlung, die es vorher zum Weinen brachte, wiederholen: Vielleicht eine besondere Art der Berührung, Augenkontakt oder der Ton der Stimme. Man kann so lange damit fortfahren, bis das Baby wirklich aufhört, sich zu entlasten.

In dem folgenden Interview beschreibt eine Mutter, wie sie gelernt hat, ihr Baby weinen zu lassen und ihm aufmerksam dabei zuzuhören:

> Zuerst habe ich alles getan, damit er aufhören würde zu weinen. Ich trug ihn herum, aber nichts half. Eines Abends, als er wieder einen seiner langen Weinschübe hatte, war eine Freundin zu Besuch, und sie nahm ihn in den Arm. Sie verhielt sich völlig entspannt, saß da, hielt ihn und sagte: »Du machst es gut.« Ich konnte feststellen, wie entspannt er nach diesen Weinschüben war. Dann haben auch wir damit begonnen, ihn weinen zu lassen. Wir hielten ihn und ließen ihn weinen, solange es eben dauerte. Es war jeden Abend das gleiche.

Das Weinen eines Babys hat einen starken Effekt auf die, die es hören. Eltern fühlen sich gezwungen, irgend etwas zu unternehmen, damit es aufhört. Die Vielzahl der Dinge und die Energie, die darauf verwendet wird, das Baby vom Weinen abzuhalten, ist erstaunlich. Klopfen, Wiegen, Schaukeln, Herumtragen, Spazierengehen, Stillen, Schnuller oder Fläschchen geben, Trösten (»na, na«), das Weinbedürfnis verleugnen (»es ist doch alles in Ordnung«), Singen, mit Spielzeug oder Bildern ablenken, Töne machen, Schreien, Schlagen, Beruhigungsmittel geben oder das Baby in sein Bett legen und das Zimmer verlassen. Ältere Babys werden oft gelobt, wenn sie nicht weinen, und damit wird gleichzeitig vermittelt, daß es nicht gut ist, zu weinen. Sie sagen: »Was für ein großes Mädchen, du hast nicht einmal geweint«, oder ähnliches. Einige Methoden scheinen freundlich, andere grausam, aber in Wirklichkeit sind sie *alle* grausam, weil sie dem Baby vermitteln, daß es seine Gefühle bei sich behalten soll, anstatt sie zu entlasten.

Leider sind diese Methoden wirkungsvoll, und sie halten den Säugling zumindest zeitweise tatsächlich davon ab zu weinen. Das wiederum bestärkt die Eltern in ihrem Verhalten; sie wenden die gleiche Methode wieder an, wenn das unvermeidliche Weinen beginnt. So lenken sie das Baby von dem sehr wichtigen

Bedürfnis ab, die Angst oder den Ärger, den es spürt, zu überwinden. Es kann diese schmerzhaften Gefühle und all seine Auswirkungen nur durch Entlastung bewältigen.

Die Gedanken, die in diesem Buch für den Umgang mit dem Weinen ausgesprochen werden, sollten nicht mit der Auffassung verwechselt werden, es sei gut, ein Baby schreien zu lassen und ihm während der Weinschübe keine Aufmerksamkeit zu schenken.

Es gibt drei Gründe, weshalb man einen Säugling beim Weinen *nie* allein lassen sollte. Der erste Grund ist der, daß er – wie schon im ersten Kapitel erwähnt – ein großes Bedürfnis nach Berührung hat. Nimmt man ihn auf den Arm, und er hört zu weinen auf, hat man sein Bedürfnis mit Erfolg und unmittelbar erfüllt. Weint er trotzdem weiter, kann man ihm so besser zuhören und ihn weinen lassen. Auch der zweite Grund wurde schon erwähnt: die Gegenwart eines anderen Menschen scheint für die gründliche Lösung von Spannungen erforderlich zu sein; der Kommunikationsaspekt ist ein wichtiger Bestandteil des Entlastungsprozesses. Der dritte Grund, aus dem man ein Baby beim Weinen nie allein lassen sollte ist der, daß es sonst in dem Glauben aufwächst, daß es nur, wenn es glücklich ist, geliebt wird. Babys sollten *zu jeder Zeit* akzeptiert werden, unabhängig davon, was sie fühlen oder machen.

Manchmal scheint es, als würde ein weinender Säugling darum kämpfen, vom Arm der Eltern herunterzukommen. Dieser Kampf gegen eine überlegene Macht ist oft ein notwendiger Bestandteil des Entlastungsprozesses. Das Kämpfen kann das Durcharbeiten der Gefühle begleiten, die durch vorgeburtliche Traumata, eine zu lang andauernde Geburt oder Frustrations- und Machtlosigkeitsgefühle im täglichen Leben verursacht wurden. Wenn kein Weinbedürfnis vorhanden ist, *genießen* Babys es, auf dem Arm gehalten zu werden; dann plappern sie, greifen mit den Armen oder nehmen sonst in irgendeiner Weise Kontakt auf. Eltern brauchen sich nicht zu sorgen, daß sie ihr Baby verletzen, wenn sie es während der Weinschübe festhalten. Es braucht die Rückversicherung, daß seine Gefühle die Liebe der Eltern nicht beeinträchtigen.

Welche Folgen hat es, wenn ich mein Baby vom Weinen abhalte?

Obwohl es, besonders in den ersten Monaten, schwierig ist, ein Baby vom Weinen abzuhalten, sind viele Eltern so hartnäckig, daß es nie sein notwendiges Weinpensum erreichen kann. Hieraus entstehen zahlreiche, ernsthafte Folgen.

Eine negative Konsequenz ist die Auswirkung, die ein nicht entlasteter Schmerz auf die Gefühle des Babys und seine Fähigkeit zu denken und zu begreifen hat. Menschen fühlen sich nach einer Verletzung nicht nur schlecht, sondern sie können über das schmerzhafte Ereignis auch nicht klar nachdenken oder irgend etwas Sinnvolles aus dieser Erfahrung lernen. Diese Auswirkungen bleiben bestehen, bis eine ausreichende Entlastung stattfindet.[15] Zum anderen handelt ein Mensch, wenn er in einer Situation an eine vergangene schmerzhafte Erfahrung erinnert wird so, als ob sich die ursprüngliche Verletzung wiederholen würde. Oft weiß er gar nicht, warum er so ärgerlich reagiert; es gelingt ihm nicht, klar zu denken; er handelt in der neuen Situation unangemessen und kann die neue Erfahrung nicht als solche begreifen. Auf diese neue Erfahrung wird also wie auf eine weitere verletzende Erfahrung reagiert, obwohl sie ihrem Wesen nach vollkommen »unschuldig« sein kann.

Wenn einem Baby nicht die Gelegenheit gegeben wird, über ein Telefongespräch, das eine liebevolle Kommunikation mit der Mutter unterbricht zu weinen, und das kommt häufiger vor, kann es als Krabbler oder im Vorschulalter jedesmal, wenn die Mutter telefoniert, sehr verhaßt darauf reagieren, selbst wenn das gegenwärtige Telefongespräch keine Kommunikationsunterbrechung bedeutet. Das Kind weiß wahrscheinlich nicht einmal, warum es ein so verzweifeltes »Bedürfnis« nach der Aufmerksamkeit der Mutter hat, wenn sie telefoniert. Es kann sich vielleicht an das für es so traumatische Ereignis gar nicht mehr erinnern; die nicht entlasteten Gefühle sind da und tauchen jedesmal, wenn das Telefon klingelt, wieder auf.

Schreit seine Mutter es zusätzlich zu diesem Schmerz auch noch an oder bestraft es, weil es sie stört, hat es das nächste Mal, wenn das Telefon klingelt, mit noch mehr schlechten Gefühlen zu kämpfen. So sammeln sich ganze Serien unangenehmer Erfahrungen an, jede begleitet von schlechten Gefühlen, gestörtem Realitätsempfinden und unangemessenem Verhalten.

Ein anderes Beispiel: Nehmen wir einmal an, das Baby fällt aus Versehen von seinem Wickeltisch und die Eltern lenken es von der schmerzhaften und erschreckenden Erfahrung ab, geben ihm ein Spielzeug oder die Flasche (»Guck mal da, wein doch nicht, es ist doch alles in Ordnung«) und lassen es nicht weinen. Dieses Baby könnte sich von dem Tage an weigern, auf seinem Wickeltisch umgezogen zu werden. Aber die Angst geht ja weiter. Als Krabbler kann es eine unverständliche Angst vor Höhen haben und Rutschbahnen nicht benutzen wollen. Später kann es weiterhin Angst vor hohen Plätzen haben, beispielsweise vor Sprungbrettern, Bergpfaden, Skiliften oder Treppenstufen. Aber hätte man ihm, als es vom Wickeltisch fiel, erlaubt zu weinen und zu zittern, ohne sich beschwichtigend einzumischen, wären spätere, mit Höhen verbundene Erfahrungen neue, unbedrohliche Erlebnisse geworden. Es hätte sich diesen neuen Erfahrungen neugierig und mit Interesse genähert. Die alte Verletzung und die sie begleitende Angst wäre nicht ständig durch ähnliche Situationen wieder ausgelöst worden, da *keine Verletzung zurückgeblieben wäre*.

Da die meisten Menschen als Babys oft verletzt wurden und nicht genug darüber weinen konnten, ist es kein Wunder, daß wir in vielen Situationen überreagieren. Manche Menschen haben Ängste und Phobien, über die sie nicht zu sprechen wagen. Andere schlagen aus Ärger gegen die los, die sie lieben, weil die Person irgend etwas macht, was eine Erinnerung an eine vergangene Verletzung auslöst. Viele Menschen tragen eine schwere Bürde unentlasteter Trauer mit sich herum und sind oft deprimiert. Sie begreifen ungenau, handeln unangemessen und fühlen sich schlecht, weil sie immer noch teilweise in der Vergangenheit leben und auf vergangene Ereignisse reagieren, anstatt auf gegenwärtige.

Eine weitere negative Folge, wenn ein Baby nicht weinen darf: nicht entlastete Verletzungen können die Gesundheit eines Menschen beeinträchtigen. Viele Krankheiten wie Magengeschwüre, Herzgefäßprobleme, zu hoher Blutdruck, einige Rheuma- und Nierenbeschwerden und Allergien können das Ergebnis angesammelter Spannungen aus zu viel Streß sein.[16] Der Biochemiker William Frey schreibt: »In unserer Gesellschaft müssen Männer seit langem ihre Tränen unterdrücken, deswegen haben sie eine höhere Anzahl mit Streß verbundener Unregelmäßigkeiten als Frauen und sterben im Durchschnitt früher. Wenn wir die Funktion des emotionalen Weinens vollständig verstanden haben, können wir vielleicht einschätzen, wie viel das fehlende Weinen zu diesem Problem beigetragen hat.«[17] Trifft diese Theorie zu, wäre eine Verminderung der mit Streß verbundenen Symptome zu erwarten, wenn die Menschen anfangen, regelmäßig zu weinen; Menschen die unter Arthritis, Epilepsie, Allergien, Tumoren, Diabetes und Kurzsichtigkeit leiden, könnten ihre Gesundheit durch die Entlastung ihrer negativen Gefühle verbessern. Das Weinen ist eine Hauptkomponente des Re-Evaluation Counseling.[18]

Es ist völlig unwahrscheinlich, daß die Evolution Millionen Jahre damit verbracht hat, einen Prozeß, der nutz- und zwecklos wäre, zu perfektionieren. Frey weist deshalb darauf hin, daß keine Ausscheidung des menschlichen Körpers sinnlos ist. Ausatmen, Urinieren, Stuhlgang und Schwitzen dienen einem bestimmten Zweck – warum also nicht auch die Absonderung von Tränen? Das Weinen würde nicht einfach nur als Reaktion auf Schmerz bestehen, hätte es nicht eine bestimmte Funktion für unser Wohlergehen und Überleben. Wenn Eltern diesen natürlichen Prozeß behindern oder unterbrechen, setzen sie das Wohlbefinden und die Gesundheit ihres Kindes aufs Spiel.

Solange das Kind noch klein ist, werden viele Folgen, die aus dem Verbot zu weinen entstehen, nicht bemerkt. Eltern nehmen nicht wahr, daß etwas nicht in Ordnung ist und daß der Säugling schlechte Gefühle ansammelt, die ein Leben lang Probleme verursachen können. Er klammert sich vielleicht etwas zu häufig an oder zieht sich zurück, kränkelt manchmal, ist ängstlich, überaktiv oder destruktiv, aber die Eltern betrachten das als einen Charakterzug seiner »Persönlichkeit« und merken nicht, daß dieses Verhalten das Resultat angestauter Schmerzen ist.

Manchmal werden die Auswirkungen nicht entlasteter früher Verletzungen erst im Erwachsenenalter sichtbar, wenn die Menschen deprimiert sind, keine Erfüllung im Leben finden und ein Leben in ruhiger Verzweiflung führen, das von Angst und Gefühlen der Ohnmacht beherrscht wird. Unzählige Erwachsene können keinen Tag verbringen, ohne ihrem Körper Drogen wie Koffein, Nikotin oder Alkohol zuzuführen, obwohl sie wissen, daß diese Mittel ihrer Gesundheit schaden. Andere sind abhängig von harten Drogen aus dem Wunsch heraus, sich von ihren schlechten Gefühlen zu befreien. Viele Menschen suchen professionelle Hilfe, weil sie unfähig sind, mit den alltäglichen Schwierigkeiten umzugehen. Die Wahrnehmung der Realität ist bei manchen durch die angesammelten Verletzungen so gestört, daß sie in Krankenhäuser für psychisch Kranke eingeliefert werden, während andere Gewaltverbrechen begehen als einzige Möglichkeit, ihre schlechten Gefühle herauszulassen. Jackins schreibt: ». . . diese Unterdrückung der Entlastung ist der Hauptgrund, warum unsere gesamte Bevölkerung so verwirrt und unfähig ist, ihre eigentliche innere Kraft zu erleben«.[19] Der Genesungsprozeß beginnt, wenn Menschen ihre Verletzungen fühlen und wieder weinen.

Eine andere Konsequenz der negativen, zurückgehaltenen Gefühle wird aufgeweckt, wenn Menschen Eltern werden. Eltern neigen dazu, ihr Baby genauso zu verletzen, wie sie selbst verletzt wurden, und sie halten es genauso vom Weinen ab, wie sie selbst davon abgehalten wurden. Hier ein Beispiel: Eine Mutter schlägt ihr Baby, wenn es weint. Sie betrachtet Weinen als Fehlverhalten, das unterdrückt werden muß. Als diese Mutter über ihre Kindheit befragt wurde, gab sie zu, daß sie als Kind geschlagen wurde, wenn sie weinte.

In diesem Beispiel löste das Weinen des Kindes die negativen Erinnerungen der Mutter an ihre eigene Kindheit aus: sich verletzt fühlen, das Bedürfnis zu weinen und dafür geschlagen zu werden. Da diese gegenwärtige Situation – der weinende Säugling – die Mutter an ihre eigenen vergangenen Erfahrungen erinnerte, konnte sie nicht klar denken oder angemessen handeln. Sie konnte das Weinen ihres Babys nicht einmal richtig begreifen. Anstatt zu sehen, daß es sich verletzt fühlt und weinen möchte, nimmt sie an, daß es absichtlich ungezogen handelt. Da diese Mutter sehr aufgebracht und verärgert war, handelte sie automatisch, auf die erstbeste Art, die ihr in den Kopf kam: nämlich genau die, die sie selbst erfahren hatte. Sie konnte über keine Alternative nachdenken.

So werden Verletzungen von Generation zu Generation in einem tragischen Unterdrückungskreislauf weitergegeben. In den folgenden Kapiteln dieses Buches werden viele Beispiele angeführt, um diese Tatsache zu verdeutlichen. Eltern können diesen Kreislauf unterbrechen, indem sie mit ihrer eigenen Unterdrückung in Kontakt kommen, diese Gefühle entlasten und ihre Babys entlasten lassen.

Wie lernt ein Baby, sein Weinen zu unterdrücken?

Eltern probieren unterschiedliche Methoden aus, wie sie ihr Kind vom Weinen abhalten können. Zum Beispiel kann eine Mutter irrtümlich das Weinen als Hunger interpretieren und ihrem Kind die Brust geben. Geschieht das häufiger, wird das Kind, jedesmal wenn es sich nicht wohl fühlt, nach der Brust verlangen. Es hat gelernt, daß es nicht sicher genug ist zu weinen und sucht nun dieselben Unterdrückungsmechanismen, die seine Mutter benutzt hat. So kann ein Säugling vom Stillen ebenso abhängig werden wie ein Alkoholiker vom Whisky. Kurzfristig wird er von seinen schlechten Gefühlen abgelenkt. Wenn das Gefühl dann wieder auftaucht, möchte der Säugling gestillt werden. Menschen, die sich schlecht fühlen, können nicht klar denken und

Beispiele üblicher Kontrollmuster und deren möglicher Ursprung bei Säuglingen

Mögliche irrtümliche Interpretationen für das Weinen*	Verhaltensweisen, die das Weinen beenden	Kontrollmuster, die sich daraus ergeben können
Bewegungs-bedürfnis	herumtoben, kitzeln, wiegen, das Baby herumtragen	sich selbst hin und her wiegen, Kopf anschlagen, Überaktivität, ständiges Auf-dem-Arm-getragen-werden-Wollen, ständige Anwesenheit der Eltern fordern
Hunger	Stillen oder Fläschchen oder feste Nahrung geben	Abhängigkeit vom Stillen (oder Fläschchen), Zuckersucht, Nahrungsabhängigkeit, ständige Anwesenheit der Eltern fordern (bei gestilltem Baby, insbesondere der Mutter)
Saugbedürfnis	Schnuller, Fläschchen geben oder stillen	Abhängigkeit vom Schnuller, vom Stillen, Fläschchen, von Zucker, Nahrung oder Eltern (besonders von der Mutter bei gestillten Säuglingen), Daumenlutschen
Bedürfnis nach Körperkontakt	Halten oder mit dem Baby schmusen (ohne das Weinen zu ermutigen)	ständiges Gehalten-werden-Wollen, ständige Anwesenheit der Eltern fordern
Müdigkeit	das Baby ins Bettchen legen	Ausgiebiges Schlafbedürfnis, Anhänglichkeit an das Bett oder an einen Gegenstand im Bett (Decke, Stofftier usw.), Daumenlutschen, Kopf anschlagen, exzessive Masturbation, sich selbst hin und her wiegen, Isolationsverhalten (das Baby wehrt sich gegen nahen Körperkontakt)
Langeweile	Ablenkung durch Spielzeug, Bilder, Gespräche usw.	ständiges Bedürfnis, unterhalten zu werden, ständige Anwesenheit der Eltern erforderlich

* Hierbei wird angenommen, daß das Baby nicht aus einem gegenwärtigen Bedürfnis heraus weint, sondern aus einem vergangenen Schmerz.

neigen dazu, das Verhalten, das sie in einer verletzenden Situation erlebten, bei sich selbst und bei anderen zu wiederholen.

Ein anderes Beispiel: Ein Vater interpretiert das Quengeln seines Kindes fälschlicherweise als Zeichen von Müdigkeit. Er legt es ins Bett und verläßt das Zimmer, anstatt ihm Aufmerksamkeit für das Weinen zu geben. Was für einen Unterdrückungsmechanismus wird dieser Säugling entwickeln? Wahrscheinlich nimmt er ausgeprägte Schlafgewohnheiten an, um sich von seinen Gefühlen abzuschließen und die Entlastung zu unterdrücken. Manche Kinder fühlen sich auch ohne einen bestimmten Gegenstand in ihrem Bett, eine Decke oder einen Teddy, scheinbar nicht mehr wohl. Diese Gegenstände dienen jedoch demselben Zweck, wie der Whisky dem Alkoholiker: es sind Suchtmittel, die helfen, die Gefühle zurückzuhalten. Man nennt sie »Sicherheitsgegenstände« oder »Schmusetiere«, aber ein präziserer Ausdruck wäre »entlastungsunterdrückende Gegenstände«. Ein anderes übliches, zwanghaftes Verhaltensmuster bei Säuglingen ist das Saugen an einem Schnuller oder am Daumen. Auch dieses Verhalten spiegelt kein reales Bedürfnis wider, sondern dient nur dazu, die Gefühle auszuschließen und das Bedürfnis zu weinen zu unterdrücken, weil es in dieser Umgebung nicht verstanden und unterstützt wird.

In der Theorie des Re-Evaluation Counseling werden Verhaltensmuster, die den Entlastungsprozeß unterdrücken, »Kontrollmuster« genannt.[20] Diesen Begriff übernehme ich im weiteren Verlauf des Buches. Die meisten Kontrollmuster werden von den Eltern angeboten, nur einige schafft sich das Baby selbst, wie beispielsweise das Daumenlutschen.

Beinahe alles kann ein Kontrollmuster werden. Eine Mutter singt ihrem Baby etwas vor, wenn dieses eigentlich weinen möchte. So wird das Singen ein Kontrollmuster. Ein etwas ungewöhnliches Beispiel eines Kontrollmusters aus meinen eigenen Erfahrungen mit meinem Sohn:

Da ich wollte, daß mein Sohn meine Liebe zu Büchern teilt, zeigte ich ihm schon sehr früh Bilderbücher. Aber ich muß ihm oft vorgelesen haben, wenn er eigentlich weinen wollte, denn er forderte mich jedesmal, wenn er sich unwohl fühlte auf, ihm vorzulesen. Ich selbst war so überzeugt von der Wichtigkeit des Lesens, daß ich hier kein Kontrollmuster sehen konnte, und so habe ich ihm immer pflichtbewußt vorgelesen. Erst als er älter als zwei Jahre war, entdeckte ich, was sich hier abspielte. Jetzt konnte ich ihm meine ganze Aufmerksamkeit geben, wenn er weinen mußte, und lenkte ihn nicht mehr mit Büchern davon ab.

Zwei übliche Kontrollmuster sind das Auf-den-Arm-genommen-werden-Wollen und das Unterhalten-werden-Wollen. Ein ein Jahr altes Baby weint beispielsweise jedesmal, wenn es hingelegt wird. Die Eltern nehmen es wieder hoch und tragen es herum, wenn es unruhig ist, anstatt ihm ihre Aufmerksamkeit zu geben. Hier wird das Halten ein Kontrollmuster.

Eltern, deren Baby ein Kontrollmuster entwickelt hat, kommen leider häufig zu dem Schluß, sie hätten es verwöhnt. Manchmal fühlen sie sich schuldig, weil sie seinen Forderungen immer »nachgegeben« haben. Dabei haben sie ihr Baby nicht verwöhnt, sondern lediglich seine Bedürfnisse falsch interpretiert.

Viele Kontrollmuster sind – zusätzlich zu der Tatsache, daß sie das Weinen verhindern – auch noch an sich schädlich. Das Daumenlutschen behindert den Zahnwuchs, und übermäßiges Stillen kann zu Fettleibigkeit führen. Ernste Gefahren können für die Gesundheit eines Menschen entstehen, wenn die kindlichen Kontrollmuster sich zu einem Suchtverhalten bei Erwachsenen entwickeln. Denn ein Kontrollmuster kann sich im Laufe des Lebens verändern: eine Abhängigkeit von Saft kann sich in eine Alkoholabhängigkeit verwandeln. Die Abhängigkeit von Muttermilch oder Kindertees kann zu übermäßigem Verlangen nach Zucker führen – sowohl Muttermilch als auch Kindertees sind sehr süß. Ein Saug-Kontrollmuster kann sich zu einer Nikotinsucht entwickeln. Häufig geben Eltern ihre eigenen Kontrollmuster (Süchte) an ihre Kinder weiter. Ein Vater, der seine traurigen Gefühle immer mit Bier hinunterspülen möchte, neigt dazu, das Weinen seines Babys als ein Zeichen für Durst zu sehen. Anstatt ihm Aufmerksamkeit zu schenken, gibt er ihm Saft. Der Säugling entwickelt ein Trink-Kontrollmuster wie dies beim Vater bereits der Fall ist.

Zeigt ein Baby ein Kontrollmuster, fühlt es sich schlecht, entlastet aber nicht, weil es sich nicht sicher genug fühlt und nicht dazu ermutigt wird. Es hält seine Gefühle zurück, und die Spannungen häufen sich über Monate und Jahre an. Angst, Wut und Trauer verbauen ihm neue Erfahrungen, und es wird ständig an vergangene schmerzhafte Ereignisse erinnert. Die Wahrnehmung der Realität wird mehr und mehr verdreht und durch angesammelte Schmerzen begrenzt. Befindet es sich in einem Kontrollmuster, fühlt es sich nicht nur schlecht, sondern es kann auch nicht so gut lernen, wird seine Umgebung nicht so aktiv erforschen und kann Liebe und Zuneigung zu anderen Menschen weniger freudig austauschen. Es ist ein Funktionieren auf einer nur annähernd menschlichen Ebene. Der leere, oft dumme Gesichtsausdruck von Babys mit Schnullern im Mund oder Schmusedecke im Arm belegt das.

Das gesamte Konzept der Kontrollmuster liefert uns eine mögliche Erklärung für Autismus. Autistische Kinder sind zurückgezogen, teilnahmslos und entwickeln keine normalen Fähigkeiten. Sie zeigen gewisse stereotype Verhaltensweisen und Angewohnheiten wie heftiges Schlagen mit dem Kopf, sich wiegen, masturbieren, an den Socken zupfen, an der Nase reiben, brummen und ausgiebiges Trinken.[21] Dieses Verhalten können wir als Kontrollmuster betrachten, das praktisch ununterbrochen funktioniert.

Nicht zu erklären ist, warum ein Kind der Familie autistisch wird, und die anderen nicht. Es ist wahrscheinlich eine Verbindung mehrerer Faktoren, die zum Kindheitsautismus führt. Vielleicht macht eine angeborene erhöhte Sensibilität gegenüber Reizen einige Säuglinge verletzlicher für Überstimulation oder schmerzhafte Ereignisse als andere. Die Kombination vorgeburtlicher Verletzungen, eine traumatische Geburtserfahrung oder andere frühe Traumata und Eltern, die ständig das Weinen unterbrechen, können Babys autistisch werden lassen. Sie haben ein großes Bedürfnis zu weinen, das aufgrund erhöhter Sensibilität Erregungen gegenüber leichter abgelenkt werden kann. Ein autistisches Kind ist ein sehr sensibles Kind, das auf irgendeine Weise verletzt wurde und dessen natürlicher Heilmechanismus des Weinens vollkommen blockiert ist.

Für diese Theorie gibt es beachtenswerte Belege. Studien, in denen eineiige Zwillinge mit zweieiigen Zwillingen verglichen wurden, zeigten, daß Erbfaktoren beim Autismus eine Rolle spielen. Autistische Kinder werden oft mit einem sehr empfänglichen und sensiblen Gehirn geboren. »Solche Kinder können äußerst verletzbar sein und durch ungünstige Umweltbedingungen in eine Verteidigungshaltung getrieben werden, deren extremste Form der Rückzug ist.«[22] Zusätzlich wird meist auch noch von der Geschichte eines frühen Traumas berichtet: entweder eine zu frühe Geburt, eine frühe Trennung von der Mutter oder eine Krankheit.

Eine weitere Bestätigung findet die hier vorgestellte Theorie darin, daß autistische Kinder als Babys sehr wenig weinen. »Das Kind wird oft als zu gut, zu ruhig beschrieben...« Die Mutter kann einfach annehmen, daß sie »ein schläfriges, friedliches Baby hat«.[23] Wenn Erwachsene die Angewohnheiten eines autistischen Kindes umlenken (d. h. die Kontrollmuster beseitigen), sind häufig Wutanfälle das Ergebnis. Das Kind findet endlich eine Möglichkeit, die angesammelten negativen Gefühle zu entlasten.

Eltern autistischer Kinder sind oft intellektuell, aber »im emotionalen Ausdruck, direktem Ärger und Körperkontakt unsicher«.[24] Diese Eltern werden wahrscheinlich einen weinenden Säugling nicht tolerieren und dazu neigen, ihn zu ignorieren oder ihn abzulenken, wenn er weint.

Zwei Psychotherapeuten haben bemerkt, daß diese Kinder, wenn sie gehalten werden, anfangen zu schreien, zu weinen und zu kämpfen. Sie entwickelten eine therapeutische Technik mit autistischen Kindern, die sie »Wut-Reduktion« nennen.[25] Diese Technik besteht darin, das autistische Kind liebevoll, aber fest zu halten, und dadurch eine Wutreaktion, die manchmal mehrere Stunden andauert, zu bewirken. Der Therapeut hält das Kind so lange, bis die Wut vorbei ist. Nachher ist es ruhiger und entwikkelt bessere Beziehungen zu dem Therapeuten und zu anderen Menschen. Wiederholte »Behandlungen« wie diese führten in nur wenigen Monaten zu erstaunlichen Verbesserungen. Diese außerordentlich guten Ergebnisse sind nach der in diesem Buch aufgestellten Theorie auch verständlich. Leider traf diese Methode bei Menschen, die das verzweifelte Bedürfnis autistischer Kinder zu weinen und wütend zu sein nicht verstanden, auf Skepsis und Kritik.[26]

Wie kann ich mich verhalten, wenn mein Baby schon gelernt hat, sein Weinen zu unterdrücken?

Gebietet man dem Kontrollmuster keinen Einhalt, fügt man dem Baby großen Schaden zu. In dem folgenden Beispiel ermöglichte ich einem zweiundzwanzig Monate alten Jungen zu entlasten, indem ich ihm seinen Schnuller wegnahm:

Daryl hatte die meiste Zeit einen Schnuller im Mund. Nachdem ich mit der Mutter gesprochen hatte, gab sie mir die Erlaubnis zu versuchen, bei Daryl eine Entlastung auszulösen. Ich wartete, bis er eines Morgens spontan zu weinen anfing und gab ihm dann meine ganze Aufmerksamkeit. Kurz darauf verlangte er nach seinem Schnuller. Ich zeigte ihm den Schnuller, den ich in meiner Hand hatte und sagte: »Nein, Daryl, ich gebe ihn dir nicht. Es ist viel besser für dich, wenn du weinst. Wenn du ihn in den Mund steckst, hörst du auf zu weinen. Du wirst dich besser fühlen, wenn all deine Traurigkeit und dein Ärger herausgeweint ist.« Ich lächelte ihn an, berührte ihn und gab ihm so die Sicherheit, die er zum Schreien, Weinen und Um-sich-Schlagen brauchte. Jedesmal, wenn er nach dem Schnuller fragte, erklärte ich ihm aufs neue, warum er nicht gut für ihn wäre. Ich erinnerte ihn daran, daß es richtig sei zu weinen und zu treten.
Nach zwanzig Minuten Entlastung wurde er sehr ruhig und zufrieden und schien seinen Schnuller völlig vergessen zu haben! Er erwähnte ihn nicht einmal mehr. Seine Mutter erzählte später, daß er den ganzen Tag über ungewöhnlich gute Laune hatte.

Sicherlich wird ein einziger Weinausbruch wie dieser das Baby nicht vollkommen von seinem Kontrollmuster befreien. Es wird vielleicht immer wieder nach seinem Schnuller verlangen, wenn es weinen müßte. Aber wenn es sich sicher genug fühlt, um weinen zu können, kommt es vielleicht an den Punkt, an dem es spontan weinen kann, ohne sich durch sein Kontrollmuster davon abhalten zu lassen.

Ohne die aktive Unterstützung der Eltern kann kein Kontrollmuster beseitigt werden. Wenn das Kind nicht entlasten darf, können sich daraus zwei Konsequenzen ergeben. Wenn die Eltern beispielsweise den Schnuller wegnehmen, ohne ihr Kind dann weinen zu lassen, wird es anfangen, Daumen zu lutschen oder zu viel zu essen. Es entwickelt also ein neues Kontrollmuster.

Die andere mögliche Folge können Verhaltensprobleme sein. Wenn die Eltern von einem Tag auf den anderen entscheiden, dem Kind seine abendliche Flasche zu verwehren, kann es sehr rebellisch, überaktiv oder aggresiv darauf reagieren, da sich schlechte Gefühle angestaut haben, die heraus wollen. Es entstehen Probleme, die vorher nicht auftraten. In Wirklichkeit gab es sie immer, nur waren sie von einem Kontrollmuster verdeckt. Wird das Kontrollmuster (in diesem Fall die Flasche) beseitigt, kann der Säugling seine Gefühle nicht länger unterdrücken – und das Problem wird sichtbar. (Das soll natürlich nicht heißen, daß eine Abendflasche immer ein Kontrollmuster ist.)

Eltern können nicht erwarten, daß das Leben wie gewohnt weitergeht, wenn sie ein Kontrollmuster beseitigen, da ihr Kind viele Stunden Weinen nachholen muß. Sind sie nicht bereit, die dafür erforderliche Aufmerksamkeit zu geben, ist dem Kind – zumindest zu diesem Zeitpunkt – mehr damit gedient, wenn es das Kontrollmuster beibehalten kann. Eltern sollten prüfen, wann die beste Zeit ist, den Säugling von seinem Kontrollmuster zu entwöhnen. Wollen sie sich auf das Weinbedürfnis ihres Babys vorbereiten, besteht die beste Möglichkeit darin, selbst mit dem Entlasten zu beginnen. Ein Weg, damit anzufangen, ist, sich einen Freund oder eine Freundin mit guten Zuhörfähigkeiten zu suchen und die Fragen am Ende eines jeden Kapitels zu beantworten.

Wie kann ich feststellen, ob mein Baby weinen möchte, oder ob es etwas anderes braucht?

Das Stillen kann ein Kontrollmuster sein, ist aber auch ein tatsächliches Bedürfnis. Dasselbe gilt für den Schlaf, das In-den-Arm-Nehmen und viele andere Kontrollmuster. Wie sollen Eltern nun wissen, ob ihr Baby etwas braucht, oder ob es weint, um seine Spannungen zu lösen? Dies ist eine wichtige Frage, für die es keine leichte Antwort, aber einige hilfreiche Hinweise gibt. Erst einmal gibt es einige Kontrollmuster, die auf keinen Fall wirkliche Bedürfnisse sind: Schnuller, Daumenlutschen und Schmusedecken.

Fühlt ein Baby sich nicht wohl und neigt es dann dazu, nach einem bestimmten Gegenstand oder Verhalten zu verlangen, handelt es sich um ein Kontrollmuster. Verlangt es beispielsweise, nachdem es sich verletzt hat, nach seiner Flasche, so ist die Flasche mit Sicherheit ein Kontrollmuster. Alles, was es verlangt, um sich selbst zu »trösten«, ist ein Kontrollmuster. Eltern sollten darauf achten, *wie* ihr Baby nach etwas fragt. Es handelt sich wahrscheinlich um ein tatsächliches Bedürfnis, wenn das Kind strahlend und entspannt zu seiner Mutter kommt, um mit ihr zu schmusen.

Ein anderer Anhaltspunkt ist der Blick des Babys. Guckt es traurig, passiv und lustlos während es geschaukelt wird, sein Fläschchen trinkt oder schmust? Hat es einen leeren, abwesenden Gesichtsausdruck? Wenn ein Baby nicht gerade schläft, entlastet oder sich in einem Kontrollmuster befindet, ist es zufrieden, wach und lebendig.

Es gibt nur wenige Bedürfnisse, die sofort befriedigt werden wollen. Dazu gehören körperliches Unbehagen wie Frieren, Naßsein oder der Wunsch nach Körperkontakt. Jedes andere

Weinen ist wahrscheinlich ein Ausdruck, daß das Baby weinen möchte.

Auch andere Aktivitäten wie Bewegung, Berührung, Spiel und Anregung braucht das Baby, aber es ist unwahrscheinlich, daß es aus diesen speziellen Gründen weint, weil diese Bedürfnisse, wenn sie nicht befriedigt sind, nicht als direktes Unbehagen empfunden werden. Werden die Grundbedürfnisse nach Nahrung und Körperkontakt erfüllt, wird jedes Weinen am besten durch ruhiges Halten beantwortet.

Unvermeidlich machen Eltern Fehler bei der Entscheidung, ob ihr Baby etwas braucht, oder ob es weinen möchte. Besonders die ersten Monate sind sehr schwierig. Hier und dort richten einige Fehler keinen großen Schaden an. Nachhaltig schädlich ist, wenn die Eltern starr und unnachgiebig die Entlastung Tag für Tag unterbrechen. Wenn die Eltern ihre eigenen Gefühle entlasten, werden sie allmählich ihr Baby klarer sehen können und ihre Fähigkeit, tatsächliche Bedürfnisse von Kontrollmustern zu unterscheiden, wird wachsen. Sie werden aus den vergangenen Fehlern lernen.

Zusätzlich zu den Kontrollmustern gibt es auch andere Verhaltensweisen, die ein Weinbedürfnis anzeigen. Durch ungenügende Entlastung der negativen Gefühle kommt ein weinerliches und heftiges, zerstörerisches, auflehnendes und sehr unangenehmes Verhalten zustande. Die Lösung besteht darin, die Kinder dazu zu bringen, ihre Gefühle zu lösen.

Ein Anhaltspunkt, auf den man sich verlassen kann bei der Entscheidung, ob ein Säugling weinen muß oder nicht, ist die Beschreibung von Babys, die seit ihrer Geburt so viel weinen durften, wie sie es brauchten. Diese Beschreibung paßt praktisch auf jedes Baby, das man nach einer langen Weinphase beobachtet. Es ist entspannt (nicht passiv), wach und lebendig, neugierig, bereit zu lernen und zu entdecken. Es versucht alles zu verstehen, fordert nicht zu viel und ist nicht weinerlich. Es verletzt nie jemanden mit Absicht, sondern genießt es, Liebe und Zuneigung zu zeigen. Es wird gern in den Arm genommen und berührt. Es arbeitet mit jedem zusammen, vorausgesetzt, daß seine Bedürfnisse beachtet werden und ihm genug Selbstbestimmung und Freiheit gewährt wird. Säuglinge, die genug geweint haben, können zu gewissen Zeiten allein spielen und brauchen nicht ununterbrochen Aufmerksamkeit. Sie schlafen ruhig, aber nicht zu viel und essen nur das, was ihnen guttut. Sie weinen heftig, wenn es nötig ist, vorausgesetzt es gibt ihnen jemand die notwendige Aufmerksamkeit. Nach dem Weinen sind sie wieder froh und rundum zufrieden. Säuglinge, auf die diese Beschreibung nicht paßt, müssen noch mehr weinen.

Wieviel weint ein Baby?

Wieviel Zeit ein Baby weint, hängt davon ab, wie viele durch Verletzungen entstandene Spannungen es in sich hat. War die Geburt schwierig, wird der Säugling vielleicht mehrere Stunden am Tag weinen.
Unabhängig davon, wie gut das Kind behandelt wird, ist allein die Tatsache ausreichend, daß es oft durch Frustrationen enttäuscht wird und sowieso sehr verletzlich ist, so daß jedes Baby jeden Tag weinen wird.
Das Weinen ist auch durch das Auftauchen anderer Bedürfnisse begrenzt. Werden die anderen Bedürfnisse wie Schlaf oder der Wunsch nach neuen Anregungen größer, so wird auch das Weinen in dieser Zeit geringer. In den ersten Monaten, in denen der Säugling viel schläft, ist sein Weinen vielleicht von kurzen Nickerchen unterbrochen. In dieser Zeit sind die Bedürfnisse Weinen und Schlafen ungefähr gleich stark. Ein anderes typisches Muster ist das Weinen, unterbrochen von ein wenig um sich schauen und dann weiterweinen. Da ein Baby nicht ununterbrochen weint, kann man die genaue Weinzeit schlecht bestimmen.
Neugeborene unter ein bis zwei Monaten weinen häufiger und kürzer als ältere Säuglinge. Dies überrascht nicht, da Neugebo-

rene häufiger gestillt werden und mehr schlafen als ältere Säuglinge.

Eltern wissen nicht immer, worüber ihr Baby weint, aber das ist auch nicht wirklich wichtig. Wichtig ist, daß sie ihm vertrauen und ihm Aufmerksamkeit geben, ohne es zu unterbrechen oder abzulenken.

Babys verlieren niemals ihr Weinbedürfnis, und auch Erwachsene behalten dieses Bedürfnis ihr Leben lang bei. Der einzige Grund, weshalb nicht alle Erwachsenen weinen, ist der, daß sie gelernt haben, ihr Weinen zu unterdrücken, da es von der Gesellschaft nicht akzeptiert wird. Alle Menschen – gleichgültig in welchem Alter – würden nach einer körperlichen oder emotionalen Verletzung weinen, wenn sie nicht zu ängstlich oder beschämt darüber wären.

Babys sind nicht die einzigen Menschen in unserem Kulturkreis, die Schmerz erfahren. Kinder jeden Alters werden durch ihre Bezugspersonen, ihre Eltern und durch das Erziehungssystem verletzt. Zusätzlich erfahren sie noch in unserer Gesellschaft durch die unterschiedlichen Unterdrückungsformen wie Sexismus, Rassismus und Klassenunterdrückung Verletzungen. Nur sehr wenige Kinder können allen diesen Unterdrückungsformen entkommen.

Das Weinen der Erwachsenen bezieht sich häufig auf Verletzungen, die sie im Säuglings- und Kindesalter erfahren haben. Spannungen und schlechte Gefühle, die über Jahre angesammelt wurden, müssen entlastet werden. Zum anderen können in jedem Alter neue Verletzungen hinzukommen; der Tod eines geliebten Menschen verursacht neue Trauer. Viele Erwachsene leiden täglich unter Mißhandlungen, weil sie einer unterdrückten Gruppe angehören. Es gibt also ein ständiges Bedürfnis, die Gefühle, die durch die verschiedenen Verletzungen entstanden sind zu entlasten.

Viele Erwachsene können das Weinen bei Babys akzeptieren, sehen es jedoch als ihre Pflicht an, ihren größeren Kindern zu vermitteln, daß Weinen babyhaft ist und versuchen, es durch ein »akzeptierteres« Verhalten zu ersetzen. So kann man oft genug hören: »Was für ein großes Mädchen, du hast nicht einmal geweint«, oder »Große Jungen weinen doch nicht« usw. Es ist richtig, daß Weinen manchmal durch andere Verhaltensweisen ersetzt werden kann, aber es ist auch wichtig, daran zu erinnern, daß Weinen, wenn es die Entlastung negativer Gefühle betrifft, nicht durch irgend etwas anderes ersetzt werden kann. Es ist *nicht* babyhaft, wenn jemand weint.

Natürlich kann man einem Kind beibringen, daß es nicht überall und zu jeder Zeit laut weinen sollte, aber gleichzeitig kann man dafür sorgen, daß es seine Gefühle, sobald es sie geäußert hat, auch ausdrücken kann. Mit Kindern, die oft weinen müssen, ist es nicht immer einfach zusammenzusein, und so können die Eltern sich und anderen das Leben erleichtern, wenn sie ihre Kinder dazu ermutigen, zu Hause so viel wie nötig zu weinen. Manchmal erfordert es mehr Energie, ein Kind vom Weinen abzuhalten, als es zu gestatten. Das folgende Beispiel veranschaulicht das und zeigt zusätzlich noch, daß Babys schon in frühem Alter lernen können, ihr Weinen nach ihrem eigenen Willen zu bestimmen:

Als mein Sohn achteinhalb Monate alt war, nahm ich ihn mit zu Freunden. Während wir dort waren, wurde er weinerlich, klammerte sich an mich, und ich vermutete, daß er weinen wollte. Ich entschuldigte mich, nahm ihn mit in ein anderes Zimmer, hielt ihn im Arm und sagte: »So, jetzt kannst du weinen.« Er brach sofort in Tränen aus und weinte zwanzig Minuten lang heftig. Danach gingen wir zurück, wo er ruhig bis zum Ende unseres Besuches spielte.

Was kann ich machen, wenn ich das Weinen meines Babys nicht ertragen kann?

Wenn Eltern davon ausgehen, daß jedes Weinen ein gegenwärtiges Bedürfnis oder Unwohlsein anzeigt, reagieren sie oft sehr beunruhigt darauf, wenn sie nicht feststellen können, was ihr Baby gerade braucht. Da Weinen tatsächlich ein Zeichen für ein sofortiges Bedürfnis sein kann, nehmen viele Eltern irrtümlich an, wenn das Weinen aufhört, wäre auch das Bedürfnis zufrie-dengestellt, und ihr Kind würde sich besser fühlen. Tatsächlich ist aber häufig das Gegenteil der Fall: es wird sich erst dann besser fühlen, *wenn* es geweint hat. Dieses Mißverständnis bringt Eltern dazu, ihr Baby die ganze Zeit zu tragen, zu schaukeln, zu unterhalten oder zu füttern. Sie rechtfertigen ihre Handlungen damit, daß es – zumindest zeitweise – auch aufhört zu weinen.

Probleme entstehen für solche Eltern dann, wenn sie ihren Säugling nicht mehr vom Weinen abhalten können. Sie fühlen sich dann unfähig und unzulänglich. Je mehr das Baby weint, desto unzulänglicher fühlen sie sich. Ihr Vertrauen wird immer geringer und sie versuchen immer wieder, das Weinen zu unter-brechen. Solche Eltern können das Weinen ihres Babys nicht ertragen, weil sie sich mit jeder Minute schlechter fühlen.

Es ist wichtig, daran zu erinnern, daß das Weinen eines Babys nicht heißen muß, die Eltern haben etwas falsch gemacht. Es braucht vielleicht gar nichts, sondern entlastet vergangene Ver-letzungen. Wenn man das wirklich verstanden hat, brauchen Eltern kein ruhiges Baby, um sicher zu sein, daß sie sich richtig verhalten.

Häufig unterliegen Eltern einem starken Druck, wie sie ihren Säugling zur Ruhe bringen können, und erfahrene Eltern emp-fehlen Mittel, wie ein Baby zu »trösten« ist, genauer gesagt, zum Schweigen zu bringen ist. Sie wünschen sich ein »gutes« Baby, das nie weint.

Viele Eltern empfinden aber auch Wut, wenn ihr Baby weint. Da ist dieser kleine fordernde Mensch, für den sie alles getan haben und wie lohnt er es? Indem er sich die Seele aus dem Leib schreit! Zum anderen wählt er auch noch die ungünstigste Zeit; mitten im Abendessen oder während der Nacht. Diese ärgerli-chen Gefühle der Eltern sind sehr verständlich. Eine Mutter erinnert sich daran, wie sie sich gefühlt hat:

Das eine Mal, als mich ihr Weinen wirklich zur Verzweiflung brachte, war sie zehn Tage alt und weinte den ganzen Tag ununterbrochen. Um sieben Uhr abends war ich richtig fertig und konnte nicht mehr. Ich mußte raus und ging auch. Ich ging einfach weg, ich konnte es nicht mehr ertragen. Es machte mich wütend, nicht zu wissen, was ich für sie tun konnte.

Ungenügende und falsche Informationen über das Weinen können auch überflüssige Sorgen und Ängste auslösen. Eltern befürchten, daß ihr Baby schreckliche Qualen leidet, oder daß das Weinen selbst schädlich sei. Sie haben Angst, daß es zu atmen aufhört, einen Herzanfall bekommt oder nie mehr zu sich selbst zurückfindet. Eine Mutter erzählt:

Als mein Baby noch sehr klein war, weinte es manchmal so stark, daß es nach jedem Schluchzen für einen Moment zu atmen aufhörte. Ich bekam schreckliche Angst und hoffte jedes Mal, daß es wieder mit dem Atmen anfangen würde. Es schien Stunden zu dauern, bis es wieder einatmete, obwohl es sehr wahrscheinlich nur Sekunden waren.

In unserer Gesellschaft, in der die Äußerung starker Gefühle ein Tabu ist, sind solche Ängste verständlich. Die Menschen sind einfach nicht daran gewöhnt, daß jemand so weit geht. Der menschliche Körper ist jedoch ausreichend dafür ausgestattet, mit diesem natürlichen und spontanen Heilmechanismus umzugehen. Wenn es auch nicht ungewöhnlich ist, daß Säuglinge eine Stunde und länger an einem Stück weinen, hören sie doch mit Sicherheit irgendwann auf.

Sogar mit den richtigen Informationen über die Bedeutung und den Zweck des Weinens kann es immer noch schwierig sein, bei einem weinenden Baby zu sitzen und nichts zu machen, um es davon abzubringen. Ein Grund dafür ist, daß es sehr schmerzhaft ist, das Weinen eines anderen Menschen zu hören. Ein weinendes Baby erinnert die Eltern an ihre eigenen verletzten Gefühle und an ihr eigenes Weinbedürfnis. Den meisten Erwachsenen wurde nicht gestattet, so viel zu weinen, wie sie es gebraucht hätten, als sie Babys und Kinder waren, und so tragen sie eine schwere Last an aufgestauten Gefühlen mit sich herum. Dies macht es so schwierig, einem weinenden Säugling zuzuhören und Menschen, die selbst die große Erleichterung nach heftigem

Weinen noch nicht erfahren haben, werden wahrscheinlich einen anderen nicht zum Weinen ermutigen, obwohl sie vielleicht theoretisch sogar zustimmen, daß es für Babys wichtig ist. Alle diese Gefühle sind normal und verständlich. Es ist vollkommen in Ordnung, wenn Eltern sich unzulänglich, unsicher, ärgerlich, ängstlich, traurig oder sogar beschämt fühlen, wenn ihr Baby weint. Aber es ist überhaupt nicht in Ordnung, wenn sie nach diesen Gefühlen *handeln* und ihr Kind vom Weinen abhalten oder es ignorieren. Können Eltern es nicht ertragen, ihrem weinenden Säugling zuzuhören, besteht vielleicht die Möglichkeit, jemand anderen zu finden, der das übernehmen kann.

Es wird den Eltern helfen, ihr Baby weinen zu lassen, wenn sie *sich selbst* erlauben zu weinen. Eltern, die regelmäßig ihre eigenen Gefühle entlasten, können über Stunden bei ihrem Kind sitzen und ihm Aufmerksamkeit geben. Sie wissen, daß es genau das macht, was es jetzt braucht. Auf der anderen Seite können die Eltern, die selbst nicht genug geweint haben, aufgebracht auf das Weinen des Kindes reagieren und es unterbrechen. Bei kleinen Kindern wird dieses Phänomen sichtbar. Sie reagieren auf das Weinen anderer Kinder beunruhigt, weil sie selbst nicht genug weinen konnten. Sie fühlen sich nicht mehr wohl und fangen eventuell selbst zu weinen an. Kleinkinder, die genug geweint haben, sind nicht beunruhigt, wenn andere weinen. Entweder gehen sie zu ihnen, um ihnen Aufmerksamkeit zu geben, oder sie beschäftigen sich weiter mit dem, was sie gerade interessiert.

Übungen

1. Welche Gefühle hattest du beim Lesen dieses Kapitels?
2. Erinnerst du dich an Zeiten aus deiner Kindheit, als deine Bedürfnisse sofort erfüllt wurden? Wie fühltest du dich dabei? Erinnerst du dich an Situationen, als deine Bedürfnisse nicht beachtet wurden? Wie fühltest du dich dabei?
3. Wie fühlst du dich dabei, immer für dein Baby »zur Verfügung« zu stehen und ihm alles zu geben, wonach es verlangt? Sorgst du dich darüber, daß du dein Baby verwöhnst? Welche Informationen

erhieltst du über das Verwöhnen, als du noch klein warst? Wurde dir gesagt, daß du verwöhnt seist? Wie fühltest du dich dabei?

4. Wie verhielten sich deine Eltern in der Regel, wenn du weintest? (Nicht beachten, bestrafen, ablenken, trösten usw.) Welche Worte benutzten sie, wenn sie versuchten, dein Weinen zu unterbrechen (»Sei still«, »Sei nicht so ein Baby«, »Große Jungen weinen doch nicht mehr«, »Guck mal da, es ist doch alles in Ordnung«, »Wenn du nicht sofort aufhörst, gebe ich dir gleich was, worüber du weinen kannst«, »Guck mal, Papa ist schon ganz traurig«, »Sieh mal das schöne Bild da« usw.)? Welche Gefühle hattest du dabei? Kannst du dich an eine Situation erinnern, als dein Weinen unterbrochen wurde?

5. Als du ein Kind warst, welche Informationen hat man dir über das Weinen gegeben? Hast du jemals einen Erwachsenen weinen sehen? Bei welcher Gelegenheit? Wie fühltest du dich da (verwirrt, schuldig, ängstlich, traurig usw.)?

6. Hast du schon einmal richtig heftig geweint? Hat dich schon einmal jemand zum Weinen ermutigt, wenn du es brauchtest und dir dann zugehört? Sprich über diese Erfahrung. Wie fühltest du dich, als du weintest? Wie fühltest du dich nachher?

7. Wie fühlst du dich, wenn dein Baby weint und du nichts finden kannst, was es braucht? Was würdest du am liebsten machen? Das nächste Mal, wenn es aus keinem ersichtlichen Grund weinen sollte, nimm es liebevoll in den Arm und höre ihm zu, ohne einzugreifen. Wie fühlst du dich dabei (traurig, besorgt, verwirrt, ärgerlich, unzulänglich usw.)?

8. Hat dein Baby irgendwelche Kontrollmuster (Schnuller, Decke, Essen, will es ständig auf den Arm, Stillen usw.)? Wenn ja, welche Gefühle kommen in dir hoch? Wie fühlst du dich über deine Fähigkeit, Kontrollmuster von wirklichen Bedürfnissen zu unterscheiden? Wie fühlst du dich dabei, deinem Baby sein Kontrollmuster wegzunehmen?

9. Wie fühlst du dich, wenn dein Baby nicht wirklich weint, sondern weinerlich und kränklich ist? Was fällt dir als erstes ein, was du tun *möchtest*? (Das ist nicht notwendigerweise das, was du tun *solltest*!)

10. Wie fühlst du dich, wenn dein Baby weint und andere Menschen sind dabei? Hat dir schon einmal jemand gesagt, was dein Baby seiner Meinung nach braucht? Wie hat sich das für dich angefühlt? Wie fühlst du dich, wenn dich jemand fragt, ob du ein »liebes« Baby hast, oder wenn jemand einen Kommentar abgibt, wie »lieb« dein Baby ist?

3 Schlaf: Dein Baby braucht Ruhe!

>»Nachts, wenn die Sonne mich nicht wärmen konnte, über-
>nahm der Arm, der Körper meiner Mutter diese Auf-
>gabe . . .«
>
>*Ein Kikiyu Häuptling aus Ost Afrika*

Soll mein Baby bei mir schlafen?

Babys fühlen sich bedeutend wohler, wenn sie bei ihren Eltern
schlafen können. Leider wird den Eltern heute meist geraten, ihr
Kind, zumindest nach dem sechsten Monat, allein in einem
getrennten Raum schlafen zu lassen, obwohl es keinen Beweis
dafür gibt, daß es für ein Baby besser ist, allein zu schlafen. Im
Mittelalter schliefen Babys mit ihren Müttern gemeinsam in
einem Bett, bis sie mit ca. zwei Jahren entwöhnt wurden. Danach
schliefen sie entweder bei den Geschwistern oder bei einem
Hausangestellten. Die Haltung gegenüber Sexualität und Berührung veränderte sich im 19. Jahrhundert, was Auswirkungen auf
die Kindererziehung hatte. Immer noch schliefen die Babys bei
ihren Müttern, aber bereits mit einem Lebensjahr sollten sie
allein schlafen.[1]

In der technologischen Gesellschaft des 20. Jahrhunderts wurden
Babys, wie niemals zuvor in der Menschheitsgeschichte, von
ihren Müttern getrennt. Die Geburten fanden mehr und mehr in
Krankenhäusern statt. Zentrale Kinderzimmer sollten den Säugling vor Infektionskrankheiten schützen, und vom ersten Tag an
sollte er allein, getrennt von seiner Mutter schlafen.

Käfigähnliche Gestelle – bekannt als Kinderbettchen – traten an
die Stelle von Familienbetten. Von den Babys wurde erwartet,
daß sie zufrieden mit Stofftieren und Decken schmusen sollten,
anstatt in den liebevollen Armen ihrer Eltern zu liegen. Musikap-
parate wurden entwickelt, die die Stimme der Eltern ersetzen

sollten. Es ist also kein Wunder, daß die Eltern mit einer stattlichen Anzahl neuer Probleme konfrontiert wurden. Experten auf dem Gebiet der Kindererziehung suchten nach Mitteln für Babys, die nachts nicht schlafen konnten: Säuglinge, die ihre Köpfe anschlugen; Krabbler, die aus ihren Bettchen kletterten, um bei den Eltern schlafen zu können; Kleinkinder, die ins Bett näßten oder Alpträume und Angst im Dunkeln hatten. Viele dieser mit Schlaf verbundenen Probleme resultierten wahrscheinlich daraus, daß die Säuglinge gezwungen wurden, allein zu schlafen.[2]

Leider wird manchmal sogar zu so drastischen und gefährlichen Mitteln gegriffen wie: das Baby in seinem Bett festbinden, es in seinem Zimmer einschließen oder ihm Schlaftabletten geben.

Trotz der Ratschläge von Experten, ist das Allein-Schlafen gegen die natürlichen Bedürfnisse des Säuglings. Viele Eltern würden viel lieber mit ihrem Baby zusammen schlafen, wenn sie nicht den gegenteiligen Rat erhalten hätten. Trotz der strikten Empfehlung und des kulturellen Tabus, mit den Kindern zusammen zu schlafen, wird das viel häufiger praktiziert als allgemein angenommen. Die bekannte Anthropologin Margaret Mead schreibt: »Die Tatsache des gemeinsamen, familiären Schlafens tritt in menschlichen Gruppen wie unseren, regelmäßig auf, obwohl der Sozialkodex diese Praxis unterdrückt. Dies weist auf eine hartnäckige menschliche Charakteristik hin . . .«[3]

Eine Annahme dieses Buches ist, daß wir den Babys vertrauen können, weil sie wissen, was sie für eine optimale körperliche und emotionale Entwicklung brauchen. Wunsch und Bedürfnis des Babys ist also ein und dasselbe. Äußert es den Wunsch, bei den Eltern zu schlafen, so ist es sein *Bedürfnis*. Es braucht dann die Nähe. Anna Freud bestätigt das: ». . . es ist ein ursprüngliches Bedürfnis des Kindes, Nähe und engen Kontakt zum Körper eines anderen Menschen zu haben, wenn es schläft . . . Das biologische Bedürfnis des Säuglings nach ständiger *Gegenwart* der erwachsenen Bezugsperson wird in unserer westlichen Kultur mißachtet. Kinder sind langen Stunden der Einsamkeit ausgesetzt, was auf die falsche Annahme, daß es für den jungen

Menschen gesund sei, allein zu schlafen ... zurückzuführen ist.«[4]

Einige Erziehungsexperten behaupten, daß der Säugling sich so sehr an das elterliche Bett gewöhnt, daß er nie mehr allein schlafen kann. In den ersten Jahren, in denen das Baby die Nähe und Sicherheit braucht, kann das auch zutreffen. Thevenin erwähnt, daß Kinder, die als Babys bei ihren Eltern schlafen durften, im Alter von drei oder vier Jahren auch allein oder mit den Geschwistern schlafen können. Viele Eltern, die sie interviewte, ließen ihre Kinder einfach so lange bei sich schlafen, wie diese es wollten.[5] Die Angst, die Kinder würden unselbständig, ist unbegründet; vielmehr ist das Gegenteil richtig. Eine wirkliche Unabhängigkeit ergibt sich nur dann, wenn auch die frühen Bedürfnisse nach nächtlicher Nähe erfüllt wurden. In ihrem Buch »Das Familienbett, Geborgenheit statt Isolation« beschreibt Thevenin, wie überzeugt Eltern davon sind, daß ihr Baby oder Kleinkind bei ihnen im Bett schläft. Es ist sogar so, daß einige Eltern, die sie interviewte, zugaben: »Nachdem sie den Kindern erlaubt hatten, bei ihnen zu schlafen, fühlten sie sich reifer, erfüllter, weiser und verständnisvoller, was die Bedürfnisse anderer Menschen betraf.«[6]

Besteht nicht die Gefahr, daß mein Baby erstickt oder aus dem Bett fällt?

Wenn einige vernünftige Vorsichtsmaßnahmen getroffen werden, fallen Babys nicht aus dem Bett oder ersticken. Ein plötzlicher unerklärlicher Kindstod wurde früher, als Mutter und Kind noch zusammen schliefen, häufig durch Ersticken erklärt. Diese Todesursache verringerte sich jedoch nicht, seitdem Mutter und Kind getrennt schlafen.[7]

Natürlich sollte ein Baby nicht so weit unten im Bett liegen, daß die Decke über seinen Kopf reicht. Aber sogar Neugeborene drehen ihren Kopf so, daß sie gut atmen können und wischen alles, was ihr Gesicht bedeckt, fort. Jede Bewegung eines Babys weckt die Mutter, die nicht sehr tief schläft, es sei denn, sie steht unter Tabletteneinfluß. Eine Mutter, die in den ersten Jahren mit ihrem Baby zusammen schlief, berichtet über die Anfänge:

Am Anfang war ich schrecklich nervös. Wir legten ihn zwischen uns und ich war sehr aufgeregt. Das leichteste Geräusch weckte mich, ich war völlig auf ihn eingestellt. Auch wenn er nicht weinte, wachte ich häufig auf, um nach ihm zu sehen. Ich versuchte, ihn zwischen unseren Köpfen schlafen zu lassen, damit die Decke ihn nicht störte. Einmal drehte mein Mann sich um und legte sich auf ihn. Aber das Baby fing sofort an zu weinen und zu strampeln. Ich merkte also, daß es sich wehren würde und nicht einfach da lag und sich erdrücken ließ. Wenn etwas passierte, würde es weinen oder sonstwie reagieren. Das beruhigte mich, und ich machte mir keine Sorgen mehr.

Eltern haben auch oft Angst, daß ihr Baby aus dem Bett fallen könnte. Es gibt verschiedene Möglichkeiten, die das verhindern. Einmal kann das Baby zwischen den Eltern oder zwischen einem Elternteil und der Wand schlafen. Oder man stellt ein Möbelstück an die eine Bettseite. Es gibt auch Familien, die auf einer großen Matratze auf dem Fußboden schlafen, so daß das Baby sich, wenn es aus dem Bett rollt, nicht verletzen kann.
Mit Babys, die viel spucken, ist es nicht sehr angenehm in einem Bett zu schlafen. Es kann dann auch auf einer eigenen Matratze oder im Bettchen neben dem elterlichen Bett schlafen und trotzdem noch etwas Körperkontakt mit den Eltern haben.

Was ist mit meinem Sexualleben?

Wenn Eltern mit ihrem Baby in einem Bett schlafen, ist wahrscheinlich eine Umstellung ihrer sexuellen Aktivitäten erforderlich. In unserer Kultur wird allgemein angenommen, daß Babys und Kinder ihren Eltern nicht beim sexuellen Verkehr zusehen sollten, da sie nicht verstehen, was da passiert und darüber erschrecken könnten; auch benötigen viele Menschen einen gewissen Grad an Zurückgezogenheit für ihre sexuellen Beziehungen. Wenn sich das elterliche Bett, in dem üblicherweise Sexualität stattfindet, in ein Familienbett verwandelt, muß ein anderer Ort gefunden werden. Man kann beispielsweise ein weiteres Bett in ein anderes Zimmer stellen. Möglich ist auch, das Baby in einem anderen Raum einschlafen zu lassen und es dann, wenn auch die Eltern schlafen möchten, zu sich zu holen. In unserer Kultur bestehen relativ starre Vorstellungen darüber, wie, wann und wie oft Sexualität stattzufinden hat. Schlafen die Eltern aber gemeinsam mit ihren Kindern, werden sie flexibler darüber denken. Der sexuelle Verkehr findet dann und dort statt, wo er sich ergibt.[8]

Ob die Eltern nun mit ihrem Baby in einem Bett schlafen oder nicht, nach der Geburt unterliegt die sexuelle Beziehung meistens Veränderungen, weil viele stillende Frauen feststellen, daß sie ein geringeres Interesse am Geschlechtsverkehr haben und weniger empfänglich für diese Form der Sexualität sind.[9]

Das kann für die gesamte Stillzeit zutreffen. Eine Erklärung hierfür könnte darin bestehen, daß das Bedürfnis nach Körperkontakt und Sinnlichkeit durch das Stillen erfüllt wird. Das Saugen verursacht angenehme, erregende Gefühle in Scheide und Klitoris, die denen eines Orgasmus ähneln – obwohl sie nicht so stark sind. Newton schrieb: »Das Überleben der menschlichen Rasse hing, schon lange bevor sich ein Pflichtbegriff entwickelte, von dem Genuß zweier freiwilliger Handlungen ab – dem Koitus und dem Stillen. Wären diese beiden Handlungen nicht so angenehm, daß der Mensch ihre Wiederholung gesucht hätte, wären die Menschen gemeinsam mit den Dinosauriern schon lange ausgestorben.«[10] Ein anderer Grund, warum die Mutter ein geringeres Interesse an Sexualität haben könnte, ist, daß sie ihre Energie und Aufmerksamkeit auf die Fürsorge ihres Babys richtet, besonders dann, wenn sie wenig Hilfe von anderen Menschen erhält.

Zu ihrer Bestürzung konnten einige Eltern feststellen, daß ihr Baby, sobald sie sich sexuell betätigten und die Mutter sexuell erregt war, aufwachte. Dieses Phänomen, das auch dann auftrat, wenn das Baby in einem anderen Zimmer schlief, konnte bisher noch nicht erklärt werden.[11] Es ist interessant, daß in einigen Kulturen ein sexuelles Tabu besteht, das manchmal bis zu zwei Jahren nach der Geburt andauert.[12]

Es gibt viele Menschen, die ziemlich intolerant sind, wenn es um eine Veränderung ihres Sexuallebens geht. Ihr Wohlergehen ist abhängig vom Sexualakt. Sie empfinden einen sexuellen Rückzug als eine Ablehnung ihrer gesamten Person und fühlen sich deshalb oft ungeliebt oder unzulänglich. Solche Gefühle sind möglicherweise das Ergebnis unerfüllter Bedürfnisse aus der Kindheit, wie unzureichende Berührung. Ein Kind, das ausreichend gestreichelt und geliebt wurde, entwickelt nach der Pubertät kein übermäßiges Verlangen nach Sexualität.

Da die Babys oft in irgendeiner Weise auf das Sexualleben ihrer Eltern Einfluß nehmen – ob sie nun bei ihnen schlafen oder nicht – ist es für Eltern wichtig, ihre Gefühle von Ärger, Widerständen und Nutzlosigkeit auszudrücken. Werden solche Gefühle zurückgehalten, entstehen vermehrte Spannungen. Möglicherweise lehnt ein Vater sein Kind ab, weil seine Frau nicht mehr besonders an Sexualität interessiert ist. Er kann verärgert sein, weil das Baby so viel mehr Aufmerksamkeit erhält als er. Im folgenden beschreibt ein Vater seine Gefühle und deren Auswirkungen auf die eheliche Beziehung:

Nachdem Scotty geboren wurde, hatte Cathy überhaupt kein Interesse mehr an Sexualität. Ich war verwirrt, bestürzt und ärgerlich. Sie hatte sich während der Schwangerschaft völlig anders verhalten. Ich fühlte mich wirklich ausgeschlossen, weil Scotty ihre ganze Aufmerksamkeit in Anspruch nahm. Es war nicht gerecht. Was hatte ich denn gemacht? Hatte ich mein Leben dadurch ruiniert, daß ich ein anderes gezeugt hatte? Gefühle, daß irgend etwas mit mir nicht stimmte, tauchten auf, und es war schwierig, mich daran zu erinnern, daß alles mit mir in Ordnung war und die Veränderungen ganz woanders lagen. Ich nahm an, daß Cathy nichts mehr mit mir zu tun haben wollte, und deshalb wollte auch ich nichts mehr von ihr. Wenn sie mir gegenüber aufmerksamer gewesen wäre, hätte ich auch wieder mehr Interesse an ihr gehabt. Es war wirklich eine unerträgliche Situation, wie eine nach unten verlaufende Spirale.

Solche Eheprobleme kann man natürlich verändern. Eine beträchtliche Hilfe hierbei ist eine andere Person, bei der man sich aussprechen, weinen und wütend sein kann, bevor diese Gefühle eine Krise verursachen. Auch mehr Hilfe bei der Kindererziehung erleichtert den Druck. Eltern haben dadurch mehr Zeit und Aufmerksamkeit füreinander.

Besteht eine Inzestgefahr?

Wird das Thema, daß Familien zusammen schlafen aufgebracht, denken viele Menschen sofort an Inzest. Sie befürchten, daß sowohl Eltern als auch Kinder durch die gegenseitige Anwesenheit im Bett sexuell erregt werden und daß entweder ein Inzest stattfindet oder besondere Anstrengungen erforderlich sind, sich zurückzuhalten; deshalb sei es für jeden Betroffenen besser, einen eigenen Raum zu haben, der jede Versuchung und sich daraus ergebende Schuldgefühle ausschaltet. Diese Sorgen sind unbegründet. Eltern, die diese sexuellen Neigungen haben und sie auch verwirklichen wollen, werden wahrscheinlich unabhängig davon, ob der Säugling bei ihnen schläft, danach handeln. Denn Inzest mit Babys findet auch in Familien mit getrennten Schlafzimmern statt.

Es gibt einen wichtigen Grund, weshalb Inzest *weniger* wahrscheinlich ist, wenn die Familie zusammen schläft. Viele sexuelle Gefühle verdeutlichen im Grunde ein Bedürfnis nach Nähe. Berühren, schmusen und schlafen Eltern und Kinder miteinander in einem Bett, so stellen sie fest, daß ihre sexuellen Gefühle abnehmen, weil ihr Bedürfnis nach Nähe erfüllt wird. Dies trifft – wie im nächsten Abschnitt erklärt wird – sowohl für Eltern als auch für Kinder zu.

Sigmund Freud nahm an, daß Kinder zwischen drei und sechs Jahren ein sexuelles Verlangen zum andersgeschlechtlichen Elternteil entwickeln. Diese inzestuöse Tendenz, auch »Ödipuskomplex« genannt, verursacht – Freud zu Folge – beträchtliche Spannungen und Konflikte im Vorschulalter, die gelöst werden müssen, soll die Entwicklung normal weitergehen. Dieses Stadium wurde von Freud als normal und unvermeidbar angesehen. Heute wissen wir, daß inzestuöse Gefühle im Vorschulalter nicht notwendigerweise auftauchen. Vielmehr handelt es sich hierbei eher um das Ergebnis unerfüllter Bedürfnisse. Kinder würden das Verlangen nach dem Körper des jeweiligen Elternteils nicht entwickeln, wären sie in ihrer Säuglingszeit ausreichend berührt worden und hätten genug Nähe erfahren. Janov beschreibt, wie ein unerfülltes Bedürfnis nach Nähe sich in ein gestörtes sexuelles Verhalten verwandeln kann: »Wenn ein Kind vernachlässigt wird und verzweifelt nach Nähe sucht, kann es dieses Bedürfnis, das nicht auf direktem Weg von den Eltern erfüllt wird, erotisieren. Liebesbedürfnis und Sexualität vermengen sich, und wenn ein Liebesbedürfnis auftaucht, drückt es sich in inzestuösen Gefühlen aus.«[13]

Wenn Eltern wirklich für ihr Baby da sind und ihm Tag und Nacht ausreichende Körpernähe gewähren, dann entwickeln Kinder wahrscheinlich keine inzestuösen Gefühle. Dann tauchen auch Konflikte, Spannungen oder Schuldgefühle im Vorschulalter nicht auf. So wird der Ödipuskomplex der Vergangenheit angehören, als eine unglückliche Folge mißgeleiteter Kindererziehungsmethoden.

Zärtliche Gefühle Kindern gegenüber sind verbreitet und nichts Beschämendes. Wie schon erwähnt, empfinden viele Mütter beim Stillen sinnliche Lust. Säuglinge und kleine Kinder sind so weich, warm und schmusig, daß es schwierig ist, nicht von ihnen angezogen zu sein. Wehren Eltern diesen Wunsch nach Berührung ab, so kann dadurch ihr Verlangen nach Nähe eher noch gesteigert werden. Wird es nicht erfüllt, besteht die Möglichkeit, daß es in sexuelle Gefühle umschlägt. Entweder findet dann ein Inzest statt, oder die sexuellen Gefühle führen zu Schuldgefühlen, die dann verursachen, daß die Eltern noch weniger Kontakt zu ihren Kindern suchen als vorher. Ein Teufelskreis beginnt und macht einen inzestuösen Angriff nur noch wahrscheinlicher. Dies alles würde vermieden, erlaubten sich Eltern von Anfang an körperliche Nähe zu ihrem Baby.

Wenn Eltern den Drang verspüren, den Körper ihres Babys zu ihrer eigenen persönlichen sexuellen Befriedigung benutzen zu wollen, sollten sie diese Gefühle *nicht* ausagieren; es wäre verhängnisvoll. Ein sexuelles Spiel mit dem Baby ist eine unvergleichlich selbstsüchtige Handlung der Eltern. Sexueller Mißbrauch kann einen solchen Schrecken und Verwirrnis im Baby entstehen lassen, daß es das ganze Leben bestehen bleibt – zumindest so lange, bis es darüber entlasten kann.

Falls Eltern ihrem Baby gegenüber einen starken sexuellen Drang spüren – ein nicht ungewöhnliches Geschehen – ist es gut, diese Gedanken auszusprechen und sie bei einem anderen Erwachsenen zu entlasten. Es ist eventuell sogar ratsam, professionelle Hilfe zu suchen. Alle *zwanghaften* sexuellen Gefühle sind ein Ergebnis vergangener schmerzhafter Erfahrungen.[14] Hinter diesen Gefühlen verbergen sich meist Trauer, Angst oder Ärger. Sind sie ausreichend entlastet, verschwindet auch der Zwang. Die Eltern können mit ihrem Baby schmusen und sind nicht länger versucht, ein sexuelles Spiel mit ihm zu spielen.

Mein Baby und ich schlafen besser, wenn wir nicht in einem Bett liegen

Es ist nicht einfach, mit einem unruhigen und geräuschvollen Baby in einem Bett zu schlafen. Eine mögliche Erklärung für diese Ruhelosigkeit können Spannungen sein, die nicht ausreichend durch Weinen gelöst wurden. Vielleicht ist es tagsüber vom Weinen abgelenkt worden, und weil nicht die richtige Aufmerksamkeit bestand, schläft es ein, ohne genug geweint zu haben. So kann es durch die angestauten Spannungen in seinem Körper nicht ruhig liegen; es krümmt und windet sich, strampelt, stöhnt und kann sogar öfter weinend aufwachen. Hier ist es für alle Beteiligten sinnvoll, dem Kind tagsüber oder vor dem Einschlafen – besonders dann, wenn es weinerlich ist – seine ganze Aufmerksamkeit zu geben. Unabhängig vom Verhalten des Babys, kann das Zusammenschlafen für die Eltern eine Zeit der Eingewöhnung erfordern, wie jede andere Umstellung von Angewohnheiten auch. Mit ein bißchen Ausdauer ist es aber für alle eine zufriedenstellende und schöne Lösung.

Manchmal windet und sträubt ein Baby sich, wenn es bei den Eltern schlafen soll, schläft jedoch ruhig ein, wenn es sein eigenes Bettchen hat. Solche Säuglinge sind meist nicht sehr anschmiegsam und weigern sich, für eine längere Zeit in den Arm genommen zu werden. Sie haben dann ihr Bedürfnis nach Nähe tatsächlich schon unterdrückt und erinnern sich an eine Zeit, in der sie hätten gehalten werden müssen. Solche ablehnenden Verhaltensmuster können schon früh im Leben entstehen und treten besonders häufig bei den Babys auf, die für mehrere Stunden nach der Geburt keinen menschlichen Kontakt hatten.

Thevenin beschreibt Säuglinge, die gezwungen wurden, allein zu schlafen: »Er kann sogar sein Bedürfnis nach Mutter und Vater unterdrücken und sich selbst überzeugen, daß er die Eltern nicht braucht. Ein unterdrücktes Bedürfnis ist jedoch kein erloschenes Bedürfnis, obwohl es viele Jahre in der Person verborgen sein kann.«[15]

Säuglinge, die sich gegen menschliche Kontakte wehren, können geheilt werden, indem sie liebevoll und hartnäckig gehalten werden, auch wenn sie sich sträuben und weinen. Sie müssen weinen, um all die Spannungen loszuwerden, die durch Schmerz, Angst und Sehnsucht nach menschlicher Nähe verursacht wurden. Es kann sein, daß viele Stunden erforderlich sind, in denen das Baby weint, bevor es sich erholt und seine natürliche Anschmiegsamkeit und sein Verlangen nach Nähe wiederfindet. Jeder Säugling ist anschmiegsam, wenn er nicht verletzt wurde.

Einige Eltern holen ihr Baby zu sich ins Bett, wenn es nachts aufwacht, tragen es aber zurück, sobald es wieder eingeschlafen ist. Das ist aus folgendem Grund nicht ratsam: Auch Säuglinge müssen wissen, wo sie schlafen, und sie brauchen klare Mitteilungen darüber, sonst könnte es passieren, daß sie noch häufiger aufwachen. Wenn die Eltern nicht mehrmals in der Nacht aufstehen wollen, sollten sie diese Zwischenlösung vermeiden und das Baby den Rest der Nacht in ihrem Bett schlafen lassen.

Was kann ich tun, wenn mein Baby nicht einschlafen will?

Eine Studie fand heraus, daß fast 50% aller Babys zwischen einem und zwei Jahren regelmäßig Theater machen, wenn sie ins Bett sollen.[16] Es gibt verschiedene Gründe, weshalb ein Baby nicht einschlafen kann: 1. es ist noch nicht müde, 2. zu viele Reize lassen es nicht zur Ruhe kommen, 3. es braucht Körperkontakt, 4. es muß weinen, 5. die Eltern sind angespannt und 6. das Baby will nicht das machen, was man ihm sagt. Jeder dieser Gründe wird nun im einzelnen besprochen.

Das Baby ist nicht müde. Einige Eltern gehen davon aus, ihr Baby solle jeden Abend zur gleichen Zeit ins Bett gehen und müsse regelmäßig auch tagsüber schlafen. Dabei gibt es kaum Erwachsene, die an zwei aufeinanderfolgenden Abenden zur gleichen Zeit ins Bett gehen. Obwohl es für die Eltern angenehm ist, wenn ihr Baby regelmäßige Schlafgewohnheiten hat, gibt es doch Systeme in jedem Baby, die nicht so arbeiten. Oft sind es die Eltern, die den Schlaf des Säuglings brauchen, entweder um selber schlafen zu können, um allein zu sein oder Zeit für andere Dinge zu haben. Es ist wichtig, daß sich Eltern über ihre eigenen Bedürfnisse im klaren sind und auch versuchen, sie zu erfüllen, aber nicht auf Kosten der Babys, die an unterschiedlichen Tagen unterschiedlich viel Schlaf brauchen können, abhängig von Alter, Bewegung, Frischluft und Sonne, Gesundheitszustand, Wachstum und Zeit, die sie zum Weinen zur Verfügung hatten.

Babys brauchen weniger Schlaf als allgemein angenommen oder empfohlen wird. In einer Studie fand man heraus, daß ein Säugling von sechs Monaten im Durchschnitt nur ungefähr dreizehneinhalb Stunden schläft.[17]

Je mehr das Baby seine Spannungen durch Weinen löst, je

90

weniger Schlaf scheint es zu brauchen. Ein Beweis dafür sind Säuglinge, die in Heimen aufwachsen und sehr wenig weinen, jedoch äußerst viel schlafen. In einer Folgestudie über mehrere Heimbabys, die von Familien adoptiert wurden, stellte sich heraus, daß eine Reaktion auf verbesserte Ernährung darin bestand, daß sie weniger schliefen. Weiter hatten sie häufig »Zeiten, in denen sie aus nicht bekannten Gründen weinten«.[18]

Eltern aus dem Re-Evaluation Counseling, deren Babys so viel wie nötig weinen dürfen, bemerkten, daß ihre Kinder wenig Schlaf brauchen. Eine Mutter schrieb, daß ihr Baby »nach seinem eigenen Schlafrhythmus nur elf bis dreizehn Stunden am Tag schlief«.[19]

Im zweiten Kapitel beschrieb ich ein Kleinkind, das zwanzig Minuten lang sehr heftig weinte, nachdem ich ihm seinen Schnuller weggenommen hatte. An diesem Nachmittag hatte es ungewöhnlich gute Laune und brauchte seinen gewohnten zweistündigen Mittagsschlaf nicht.

Es gibt zwei mögliche Erklärungen, warum die Entlastung das Schlafbedürfnis verringert. Babys, die nicht genug weinen, brauchen mehr Schlaf, um mit den Spannungen in ihrem Körper fertig zu werden. Zusätzlich zur Entlastung kann das Träumen ein Mechanismus sein, der den Menschen hilft, verwirrende Informationen zu sortieren und mit schmerzhaften Erfahrungen umzugehen. Die andere Erklärung ist, daß der Schlaf als Mechanismus zur Unterdrückung der Entlastung funktioniert. Babys, die nicht ausreichend weinen dürfen, suchen ihre Zuflucht im Schlaf, um sich den schmerzhaften Gefühlen zu verschließen. Wie immer die Erklärung auch aussehen mag, übermäßiges Schlafbedürfnis ist ein Anzeichen für die ungenügende Entlastung negativer Gefühle.

Überreizung. Sehr kleine Babys können beinahe überall schlafen. Aber werden sie älter, werden auch die Menschen und Gegenstände um sie herum interessanter, soziale Beziehungen vielfältiger, und neue Kommunikations- und Bewegungsfähigkeiten schaffen neue Anregung. Bei Kleinkindern ist es oft so, daß sie lieber spielen oder mit anderen Menschen zusammen sind als zu schlafen. Sie sind manchmal so in ihre Aktivitäten vertieft, daß ihre Müdigkeit verborgen bleibt. Dann sollten die Eltern Anzeichen von Müdigkeit des Kindes beachten (beispielsweise Augenreiben, Hinfallen oder wenn sie sich an Gegenständen stoßen) und versuchen, die Reize zu verringern. Wie jeder weiß, fördert ein dunkler, ruhiger Raum den Schlaf.

Das Baby braucht körperliche Nähe. Obwohl das Baby müde ist und die Stimulation auf ein Minimum verringert ist, will es immer noch nicht ins Bett – auch nicht ins Familienbett. Wie bereits erwähnt, brauchen Babys viel Nähe, ganz besonders aber, wenn sie einschlafen. Das soll natürlich nicht heißen, daß die Eltern mit ihnen ins Bett gehen müssen, doch kann es hilfreich sein, sich neben sie zu legen oder mit ihnen zu schmusen, bis sie eingeschlafen sind.

Das Baby muß weinen. Babys neigen dazu, mehr zu schlafen, wenn sie nicht genug entlastet haben. Es kann aber auch sein, daß das Bedürfnis zu weinen das Baby nicht einschlafen läßt. Viele Säuglinge können einfach nicht schlafen, *bevor* sie nicht heftig geweint haben. Sie müssen die Spannungen und Gefühle, die sich während des Tages angesammelt haben, entlasten, um friedlich einschlafen zu können. Ist das der Fall, kann ein Elternteil den Säugling im Arm halten und ihm – während er weint – Aufmerksamkeit geben.

Eltern, die ihr Baby zur Schlafenszeit regelmäßig schaukeln, stillen oder irgendeine andere Routine anwenden, um es zum Schlafen zu »bringen«, will ich auf eine mögliche Schwierigkeit aufmerksam machen. Obwohl das Kind erst einmal einschläft, wacht es sofort wieder auf, sobald es hingelegt wird. Um es wieder zum Schlafen zu bringen, beginnen die Eltern erneut damit, es zu wiegen, mit ihm herumzulaufen oder es zu stillen – aber wieder läßt es sich nicht ins Bettchen legen. So kann es für eine Weile hin und her gehen. Einige Eltern lösten dieses Problem, indem sie es hinlegten, »Gute Nacht« sagten, den Raum verließen und nicht mehr zurückkamen. Sie bemerkten, daß das Baby in der ersten Nacht ca. zwanzig Minuten weinte, in der zweiten Nacht nur noch zehn Minuten, in der dritten Nacht war es dann »kuriert« und schlief sofort ein.

Selbst wenn diese Methode – soweit es die Eltern betrifft – funktioniert, wird sie aus mehreren Gründen *nicht* empfohlen. Zuallererst kann ein derartiges Verhalten das Vertrauen des Babys zu seinen Eltern verringern. Zweitens werden Gefühle von Hilfosigkeit und Ohnmacht gefördert und drittens führt es zu Furcht und Ängstlichkeiten. Diese Gefühle können ein Leben lang anhalten. Sollte elterliche Bequemlichkeit dieses Resultat wirklich wert sein?

Das Zu-Bett-geh-Problem kann gelöst werden, indem man das Baby in den Arm nimmt, ihm Aufmerksamkeit gibt, ohne es zu wiegen oder zu stillen, denn so hat es die Möglichkeit zu weinen. Wenn es sich ausgeweint hat, schläft es wahrscheinlich ein und kann hingelegt werden, ohne daß es wieder aufwacht. Das Baby weint hier also nicht aus Angst oder weil es möchte, daß jemand bei ihm bleibt, sondern weil es Spannungen und Gefühle loswerden muß; Eltern, die es allzu gut meinen mit ihren Bemühungen, es zum Schlafen »zu bringen«, stören diesen Prozeß.

Einige Eltern halten ein Zu-Bett-geh-Ritual für notwendig und sinnvoll, obwohl es häufig ein Kontrollmuster ist. Es ist nicht ungewöhnlich, daß Babys jeden Abend weinen, bevor sie einschlafen. Läßt man sie, schlafen sie nachher tief und ruhig und wachen gut gelaunt auf.

Die Eltern sind angespannt. Viele Babys reagieren sehr sensibel auf die Stimmung anderer Menschen, und sie können nicht friedlich schlafen, wenn die Person, die sie ins Bett bringt, angespannt ist. Hält die Mutter das Baby mit dem Gedanken: »Es muß *jetzt sofort* einschlafen. Ich brauche Zeit für mich selbst«, ist die Wahrscheinlichkeit größer, daß es nicht schnell einschläft. Eltern müssen versuchen, einen Weg zu finden, ihre eigenen Bedürfnisse zu erfüllen, ohne dem Baby die zärtliche Fürsorge, die es braucht und verdient zu verweigern. Eine Möglichkeit für die Eltern besteht darin, andere liebevolle Menschen zu finden, die helfen und für das Baby sorgen.

Das Baby will nicht das machen, was man ihm sagt. Im zweiten

Lebensjahr treten Kleinkinder in ein Entwickungsstadium ein, in dem sie, so weit es geht, über ihr eigenes Leben bestimmen wollen. Sie entwickeln eine starke Abwehr dagegen, gesagt zu bekommen, was sie machen sollen. Dieses Stadium ist ebenso gesund wie normal und wird im sechsten Kapitel ausführlich besprochen. Das Streben nach Selbstbestimmung kann im zweiten Lebensjahr ein Grund für Zu-Bett-geh-Probleme sein. Das Kind wird müde, doch die Eltern warten nicht darauf, daß es selbst die Entscheidung übernimmt, ins Bett zu gehen und sagen: »Du bist müde, es ist Zeit, schlafen zu gehen.« Es gibt wohl keine bessere Einladung zum Widerspruch für ein Zweijähriges als solch eine Aussage! Eltern, die sich nicht in die Entscheidung ihres Kindes einmischen, sind dann oft über seine eigene Initiative, ins Bett zu gehen, überrascht.

Wie kann ich Müdigkeit von dem Bedürfnis zu weinen unterscheiden?

Charakteristisch für ein schläfriges Baby ist ein müder, entspannter Gesichtsausdruck. Es wird, wenn es tatsächlich müde ist, sofort und spontan einschlafen, sobald alle Ablenkungen und Anregungen reduziert wurden.

Häufig wird Weinerlichkeit mit Müdigkeit verwechselt, und Eltern sagen: »Ach, jetzt wird sie unruhig, sie muß wohl ihren Mittagsschlaf haben.« Das ist nicht richtig. Weinerlichkeit und Unruhe sind kein Anzeichen für Müdigkeit, sondern zeigen ein Bedürfnis zu weinen an. Ein unruhiges Baby *kann* müde sein, aber solange es noch unruhig ist, ist es noch nicht bereit einzuschlafen. Quengeln oder Unruhe treten häufig am Ende des Tages auf, weil die Müdigkeit es dem Säugling erschwert, seine Gefühle zu unterdrücken. Muskuläre Anspannung ist nötig, um das Weinen zurückzuhalten und Spannungen erfordern Energie. Hat ein Baby nun nicht mehr viel Energie, läßt es seine Gefühle wahrscheinlich leichter an die Oberfläche dringen, aber es ist erst *nach* dem Weinen wirklich bereit einzuschlafen.

Einige Säuglinge, die in einem solchen Zustand ins Bett gelegt werden, schlafen zwar ein, da sie mit großer Wahrscheinlichkeit ein Kontrollmuster benutzen, das ihnen dabei hilft, ihre Gefühle zu unterdrücken, zum Beispiel ein spezielles Tuch, ein Tier oder ein Schnuller. Dieses Kontrollmuster erleichtert ihnen den Übergang zu dem wirkungsvollsten Kontrollmuster: dem Schlaf. Viele Säuglinge sind so daran gewöhnt, ihre Gefühle zur Schlafenszeit zu unterdrücken, daß sie nicht einmal mehr versuchen zu entlasten und einfach ruhig nach ihrem gewohnten Kontrollmuster verlangen. Die Eltern können ihnen – wie schon beschrieben – das Kontrollmuster verweigern und sie zum Weinen ermutigen.

In einigen Fällen zeigt sich das Bedürfnis zu weinen darin, daß der Säugling anklammernd oder überaktiv wird, sich auflehnt und destruktiv wird. Solch ein Verhalten verdeutlicht zurückgehaltene, angestaute Gefühle, ist also nicht notwendigerweise ein Zeichen für Müdigkeit. Die Eltern müssen nun einen Weg finden, dieses gespaltene Verhalten zu unterbrechen und gleichzeitig die Situation für das Baby so sicher gestalten, daß es entlasten kann. Diese Probleme werden im sechsten Kapitel noch ausführlicher besprochen.

Mein Kind wacht häufig nachts auf. Warum? Was kann ich dagegen unternehmen?

Viele Babys schlafen ohne Schwierigkeiten ein, wachen aber in der Nacht häufiger wieder auf. Nächtliches Aufwachen ist verbreitet und hält bei vielen Kindern bis zum Alter von zwei Jahren an.

Der Grund hierfür ähnelt dem im vorherigen Abschnitt besprochenen Problem des Zu-Bett-Gehens. Babys, die nachts aufwachen, haben wahrscheinlich das Bedürfnis zu weinen, und es gibt mehrere Möglichkeiten, warum sie am Tage nicht ausreichend weinen konnten: zu viel Ablenkung, zu viele Kontrollmuster oder zu wenig Aufmerksamkeit der Eltern. Diese Babys weinen auch seltener vor dem Zu-Bett-Gehen, meist wegen eines Kontrollmusters, das sie zum Einschlafen »bringen« soll. Ist dieses Kontrollmuster mit dem Körper der Eltern verbunden, wie Wiegen, Stillen, Schmusen, ist die Wahrscheinlichkeit größer, daß das Baby nachts aufwacht. (Es ist jedoch wichtig, daran zu erinnern, daß dieses Verhalten nicht immer ein Kontrollmuster ist.) Babys, deren Kontrollmuster die Eltern einbeziehen, scheinen jedesmal, wenn ihre Gefühle nachts an die Oberfläche dringen, ihre Eltern »zu brauchen«. Babys, deren Kontrollmuster getrennt vom Körper der Eltern funktionieren – etwa mit Schnuller, Daumenlutschen, Schmusedecken oder Stofftieren – rufen nachts seltener nach ihren Eltern. Sie wachen häufig auf, ohne daß ihre Eltern es bemerken, besonders, wenn sie in einem eigenen Zimmer schlafen. Dann saugen sie oder greifen einfach nach ihrem Lieblingsgegenstand und schlafen wieder ein. Auch bei Babys, die gestillt werden, ist es nicht ungewöhnlich, daß sie nach dem sechsten Monat noch häufig aufwachen. Obwohl sie die häufige Nahrungsaufnahme gar nicht mehr brauchen, möchten sie immer noch alle paar Stunden gestillt werden. Hier ist das Stillen mit ziemlicher Gewißheit ein Kontrollmuster geworden.

Wacht ein Baby nach dem sechsten Lebensmonat regelmäßig nachts auf, sollte man als erstes sämtliche Kontrollmuster beseitigen und ihm dann die Möglichkeit geben zu weinen. Hier die Erfahrung mit meinen eigenen Kindern:

Zu meiner großen Freude schlief mein Sohn im Alter von drei Monaten nachts durch, ohne daß er gefüttert werden wollte. Aber meine Freude war kurz, denn mit sechs Monaten wachte er jede Nacht zwischen zwei- und sechsmal auf. Ich erinnerte mich, daß ich anfing, ihn abends zu stillen als er sechs Monate alt war, weil es so einfacher war, ihn zum Einschlafen »zu bringen«. Ich sah keinen Zusammenhang zwischen dem abendlichen Stillen und dem nächtlichen Aufwachen – und er wachte weiter *jede* Nacht auf. Pflichtbewußt stillte ich ihn, bis er wieder

schlief, streichelte ihn, den Kopf auf meiner Brust oder gab ihm –
während er weinte – Aufmerksamkeit. Ich konnte nicht herausfinden,
warum er weiterhin aufwachte, bis mir, als er dreiundzwanzig Monate
alt war, der Gedanke kam, daß ihn das abendliche Stillen davon
abhalten könnte, vor dem Einschlafen zu entlasten. So weigerte ich
mich an einem Abend ihn zu stillen, er weinte eine ganze Zeit lang,
schlief aber in dieser Nacht besser. Ich stillte ihn jetzt nicht mehr zum
Einschlafen, sondern hielt ihn und ließ ihn weinen, wie er es brauchte.
Genauso mußte ich lernen, ihn nicht auf meiner Brust einschlafen zu
lassen, da er jedesmal, wenn ich es so machte, in der Nacht aufwachte,
um zu weinen. Mit großer Erleichterung konnte ich zum erstenmal seit
zwei Jahren nachts genug schlafen!

Auch Fläschchen können als Kontrollmuster funktionieren.
Einige mit der Flasche gefütterte Babys wachen nachts auf und
verlangen nach Milch, die sie eigentlich schon gar nicht mehr
brauchen. Die Maßnahme gegen dieses Problem ist dieselbe wie
bei gestillten Babys, die nachts aufwachen: man sollte aufhören,
den Säugling zur Schlafenszeit zu füttern und ihn statt dessen
zum Weinen ermutigen und ihm dabei Aufmerksamkeit geben.
Wacht das Baby auf, obwohl kein Kontrollmuster zur Schlafenszeit entdeckt werden konnte, sollten die Eltern auf mögliche
Anzeichen achten, die ein Weinbedürfnis signalisieren, das sie
tagsüber eventuell übersehen haben (Weinerlichkeit, Anklammern, aggressives Verhalten usw.) und es dann eher zum Weinen
ermutigen als es »glücklich« zu machen oder es abzulenken. Das
kann das nächtliche Weinen verringern. Weint das Baby tagsüber
oder vor dem ins Bett gehen nicht, kann das Weinen unterstützt
werden, wenn es zum ersten Mal nachts erwacht. Weint es
ausgiebig und heftig – mit der Aufmerksamkeit eines anderen –
ist die Wahrscheinlichkeit, daß es den Rest der Nacht durch-
schläft, größer. Es können einige Nächte nötig sein, bevor man
ein Ergebnis bemerkt.
Ebenso kann eine traumatische Geburtserfahrung das Baby veranlassen, nachts aufzuwachen und zu weinen. Es konnte beobachtet werden, daß alle Säuglinge verschiedene Tiefschlafperio-
den während der Nacht haben, die von kurzen, halbbewußten

Intervallen oder sogar Wachheit unterbrochen sind.[20] Vielleicht erinnern sich die Babys, die dann weinen, daran, wie sie geboren wurden und schlafen nicht gleich wieder ein. Das Aufwachen ähnelt in gewisser Weise dem Austritt aus dem Mutterleib. Babys müssen nachts einfach weinen, wenn diese Erinnerungen wieder auftauchen.

Für eine Studie wurden siebenundzwanzig Babys die ersten vierzehn Lebensmonate lang beobachtet. Die Säuglinge, die regelmäßig nachts aufwachten, hatten bei ihrer Geburt Schwierigkeiten.[21] So scheint also eine Beziehung zu bestehen zwischen einer traumatischen Geburtserfahrung und dem nächtlichen Aufwachen. Erlaubt man diesem Baby nachts zu weinen, kann es möglicherweise sein Geburtstrauma vollständig entlasten, und das Aufwachen ist nicht länger beängstigend. Für Eltern bekam das nächtliche Aufwachen erst diese monumentale Wichtigkeit, als getrennte Schlafzimmer aufkamen. Es ist wirklich nicht angenehm, mitten in der Nacht aus einem schönen warmen Bett aufzustehen, das Licht anzumachen, in ein anderes Zimmer zu gehen und dort ein weinendes Baby aus dem Bettchen zu nehmen. Erst recht, wenn sich der Prozeß zwei oder drei Stunden später wiederholt, und das Nacht für Nacht. Wenn alle gemeinsam schlafen, muß niemand aufstehen oder das Licht anknipsen. Die Eltern sind da, wenn das Baby sie braucht.

Schlafen Eltern und Kind in getrennten Zimmern, ist es sehr verführerisch, das Weinen zu ignorieren. Es kann sogar so weit kommen, daß die Eltern davon überzeugt sind, ihr Baby brauche sie nicht wirklich, es habe lediglich eine schlechte Angewohnheit angenommen, die leicht behoben werden könne. Allzugern folgen sie dem Ratschlag einiger Experten, die – ähnlich wie bei Einschlafproblemen – empfehlen, den Säugling nicht weiter zu beachten, weil er dann schnell lernt, daß er nichts gewinnt, wenn er nachts aufwacht und weint.

Diese Methode kann *nicht* empfohlen werden. Babys können noch nicht feststellen, daß ihre Eltern nicht weit weg sind, solange sie sie nicht sehen oder hören können. Diese Einsamkeit kann Todesängste auslösen, da das Baby für sein Überleben vollständig von anderen abhängt. Ich bin beschämt darüber, daß ich einmal versucht habe, meinen Sohn nicht zu beachten, als er nachts weinte.

Als er zehn Monate alt war, schlief er in einem Bettchen in einem anderen Zimmer. Er wachte regelmäßig zwei bis sechsmal jede Nacht auf. Ein Freund überzeugte mich davon, daß dies nur eine schlechte Angewohnheit sei, die beseitigt werden könne, wenn ich sein Weinen nachts nicht beachten würde. Ich versuchte es. In der ersten Nacht weinte er sehr lange, etwa eine dreiviertel Stunde, in den folgenden zwei Nächten etwas weniger. In der vierten Nacht weinte er gar nicht mehr. Einige Nächte später hörte ich jedoch, wie er mehrmals wimmerte. Ich wartete eine Zeitlang und ging dann ruhig in sein Zimmer. Zu meiner Überraschung lag er hellwach in seinem Bettchen. Sobald er mich sah, brach er in Tränen aus. Ich nahm ihn hoch und er klammerte sich an mich wie ein kleiner Affe. Ich blieb bei ihm und er weinte zwei Stunden lang ohne Unterbrechung. In den folgenden Tagen weinten wir beide sehr viel, weil ich gemerkt hatte, daß diese Erfahrung, alleingelassen worden zu sein, für ihn sehr beängstigend gewesen war. Am nächsten Tag brachten wir seine Matratze in unser Schlafzimmer, und von diesem Zeitpunkt an schlief er bei uns.

Babys brauchen eine Reaktion auf ihr Weinen, sowohl tagsüber als auch nachts. Die Eltern sollten nachts ebenso versuchen herauszubekommen, was ihr Kind braucht. Wenn es weinen muß, können sie so lange bei ihm bleiben und ihm aufmerksam zuhören, bis es aufhört. Eine sorgfältige Beachtung der Zeichen und des Verhaltens ist ihnen dabei behilflich festzustellen, was es braucht. Aber selbst, wenn sie nichts feststellen können, oder wenn sie falsch reagieren, ist das immer noch besser, als es nicht zu beachten.

Soll ich meinem Baby Tabletten geben, damit es einschläft?

Babys sollten niemals schlaffördernde Drogen erhalten. Erstens wird durch Schlaftabletten die Art des Schlafs, in der Träume entstehen, verringert oder sogar ausgeschaltet.[22] Dieser Schlaftyp wird als Rapid-Eye-Movement- oder abgekürzt REM-Schlaf bezeichnet. Untersuchungen haben gezeigt, daß dieser REM-Schlaf für das emotionale Wohlbefinden ausgesprochen wichtig ist.[23] Wie schon vorher erwähnt, ist das Träumen zusätzlich zur Entlastung ein Mechanismus, der dem Menschen bei der Verarbeitung schmerzhafter Erfahrungen behilflich ist. Es ersetzt die Entlastung zwar nicht, ist aber eine wichtige Ergänzung. Je jünger die Person ist, desto länger ist die REM-Phase. So haben Säuglinge einen beträchtlich längeren REM-Schlaf als Erwachsene. Jede Droge, die den REM-Schlaf verkürzt, ist daher schädlich. Zweitens bringen Schlaftabletten das Baby zum Schlafen und zwingen es, die ganze Nacht durchzuschlafen, wodurch die tatsächlichen Probleme verschleiert werden. Schlaftabletten heilen also nur ein Symptom, helfen aber nicht, die Spannungen im Körper, die ja ursprünglich die Schlaflosigkeit verursachen, zu lösen. Diese Spannungen bleiben dann so lange bestehen, bis die Entlastung möglich ist. Zusätzlich haben sie noch negative Nebenwirkungen wie die Verminderung der Körperabwehr gegen Infektionen, oder sie führen zu verwirrtem und aggressivem Verhalten.

Der dritte Grund, aus dem man einem Baby keine Tabletten geben sollte, besteht darin, daß der Gebrauch von Drogen eine lebenslängliche Abhängigkeit bewirken kann. Im zweiten Kapitel habe ich erklärt, wie alles, was man mit dem Baby macht, wenn es eigentlich weinen müßte, Teil eines automatischen Verhaltensmusters wird, das jedesmal, wenn die Person sich schlecht fühlt, wieder an die Oberfläche dringt. Ein Baby, das durch Tabletten zum Schlafen gebracht wird, anstatt seine Spannungen durch Weinen lösen zu können, wird später das Gefühl haben, die Droge zu brauchen, nicht nur um zu schlafen, sondern für sein tägliches Wohlbefinden. Die Drogen werden für ihn ein Kontrollmuster, eine Sucht, die sehr schwer zu bekämpfen sein wird.

Die westliche Medizin vertraut überwiegend der Symptombehandlung durch Medikamente, was aus den obengenannten Gründen gefährlich und trügerisch sein kann. Ärzte und Patienten müssen endlich beginnen, den natürlichen Heilmechanismen ihres Körpers zu vertrauen. Der menschliche Körper ist in der Lage, Spannungen und Krankheiten zu überwinden, und damit der körperliche Heilungsprozeß einsetzen kann, wird es notwendig sein, Schmerz zu fühlen (sowohl emotionalen als auch körperlichen). Der Entlastungsprozeß – Lachen, Weinen, Gähnen, Zittern, Wut zeigen usw. – ist ein äußeres Anzeichen, daß der Schmerz gefühlt und mit ihm umgegangen wird. Viele Tabletten betäuben den Schmerz und unterdrücken so die Entlastung, wodurch der natürliche Heilungsmechanismus des Körpers behindert wird – die beabsichtigte Wirkung sich also ins Gegenteil verkehrt.

Was ist mit meinem eigenen Schlafbedürfnis?

Schlafunterbrechungen, die sich Nacht für Nacht wiederholen, können extrem erschöpfend sein. Auch wenn das Baby bei den Eltern schläft und niemand aufstehen muß, ist es natürlich viel angenehmer, wenn der Schlaf nicht unterbrochen wird. Eltern können ihr eigenes Schlafbedürfnis erfüllen, indem sie sich nachts abwechseln; die andere Möglichkeit besteht darin, mittags, wenn das Baby schläft, selbst auch zu schlafen. Schläft es nur kurz oder hält es gar keinen Mittagsschlaf, kann vielleicht eine andere Person bei ihm bleiben, während Vater oder Mutter sich ausruhen können. Für die Eltern, die außerhalb des Hauses arbeiten und keine Gelegenheit haben, sich am Tag hinzulegen, ist es nicht einfach. Die ideale Lösung, sowohl die Bedürfnisse des Kindes, als auch die der Eltern zu erfüllen, ist ein Haushalt, in dem mehr als zwei Erwachsene zusammenleben, die sich dann in der Betreuung abwechseln können.
Es gibt Eltern, die sich damit rechtfertigen, daß sie ihren Schlaf brauchen, um tagsüber gute Bezugspersonen sein zu können, wenn sie ihr Baby nachts weinen lassen, ohne es zu beachten. Aber der Verlust von Vertrauen, die Angst, Frustration und Gefühle von Ohnmacht, die in einem weinenden Baby, das nicht

beachtet wird, auftauchen, können durch keine noch so gute Fürsorge tagsüber ersetzt werden. Diese im Säugling verursachten Gefühle werden das Zusammenleben in den kommenden Jahren erschweren. Alpträume oder Bettnässen können noch Jahre später ein Problem darstellen. Es kann sein, daß das Kind nicht bei anderen Personen bleiben will, ohne sich an die Eltern zu klammern und sich weinend dagegen wehrt. Wird es älter, können Eltern sich mit ernsten Schwierigkeiten konfrontiert sehen, wenn es sich Drogen oder zwanghafter Sexualität zuwendet, weil es auf der Suche ist nach zärtlicher Fürsorge, die es als Baby nachts nicht erfahren hat. Einige Jahre guter Elternschaft können diesen Problemen vorbeugen. Zwei oder drei schwierige Jahre, gefolgt von einem Leben ohne Schwierigkeiten, sind sicherlich zwei oder drei leichten Jahren, gefolgt von lebenslangen Schwierigkeiten, vorzuziehen.

Eltern werden viel besser auf die nächtlichen Gefühle ihres Kindes eingehen können, wenn sie damit beginnen, alle Gefühle von Ärger und Widerwillen, die durch einen unterbrochenen Schlaf verursacht werden, auszudrücken. Bevor sie diese Gefühle auf ihr Baby abladen, sollten sie sie besser einem objektiven, aufmerksamen Zuhörer mitteilen. Die Übungen am Ende dieses Kapitels sind den Eltern hierbei behilflich. Freilich steht mitten in der Nacht selten ein objektiver, aufmerksamer Zuhörer zur Verfügung. Trotzdem können die Eltern, wenn sie es brauchen, auch dann entlasten. Eine Mutter, deren Baby nachts häufig aufwachte, erzählte mir folgendes:

Ich glaubte verrückt zu werden. Ich konnte nicht herausbekommen, was falsch lief oder wo das Problem lag. Und ich wurde richtig wütend. Ich war außer mir! Tagsüber, wenn ich nicht so müde war, liebte ich meinen Sohn sehr. Aber nachts, wenn er immer weiter und weiter machte, wurde ich so wütend auf ihn, daß ich ihn am liebsten angeschrieen und geschüttelt hätte. Mein süßes kleines Baby. Meine Gefühle waren so heftig, daß ich ihn am liebsten mit dem Kopf irgendwo angeschlagen hätte, damit er endlich still wäre. An einem solchen Punkt weinte ich aus schierer Müdigkeit und Verzweiflung darüber, daß ich ihn nicht zum Einschlafen bringen konnte. Mein Mann war da, aber manchmal war ich auch auf ihn so böse, weil er einfach weiterschlief! Es war schrecklich.

Ich habe meinem Baby nie weh getan oder es sonstwie verletzt. Irgendwie war ich immer noch in der Lage, mich zu stoppen.

Die Tatsache, daß diese Mutter sich erlaubt hat zu weinen, hat sie wahrscheinlich davon abgehalten, daß sie ihre Gefühle gegen ihr Baby gerichtet hat.

Übungen

1. Wie fühltest du dich beim Lesen dieses Kapitels?
2. Wie war es für dich als Kind, ins Bett zu gehen? Wie gestaltete sich der Mittagsschlaf (falls du dich daran erinnern kannst?) Wie war es aufzustehen? Mußtest du jemals ins Bett gehen ohne müde zu sein? Was hast du dabei empfunden?
3. Wie ist es für dich heute, ins Bett zu gehen und aufzustehen? Leidest du unter Schlaflosigkeit? Wie fühlst du dich dabei? Was hilft dir, ohne Tabletten einzuschlafen?
4. Durftest du jemals nah bei deinen Eltern oder einer anderen Person schlafen? Wie war das? Welche Gefühle hattest du im Hinblick auf das Bett deiner Eltern, dein eigenes Bett, wenn es unterschiedliche Betten waren? Welche Gefühle hattest du, wenn deine Eltern allein in ihrem Schlafzimmer waren? Schläfst du heute allein oder mit einem anderen Menschen zusammen? Was fühlst du dabei?
5. Welche Informationen erhieltest du über den Schlaf? Was wurde dir gesagt, wieviel Schlaf ein Mensch braucht, oder wann Menschen unterschiedlichen Alters ins Bett gehen »sollten«?
6. Hattest du jemals Angst im Dunkeln oder wenn du allein warst? Bist du schon einmal nachts aus einem Alptraum aufgewacht oder hast aus anderen Gründen um Hilfe gerufen? Was ist passiert?
7. Hast du schon einmal bei deinem Baby geschlafen, oder schläfst du regelmäßig bei ihm? Wenn nicht, versuche es einmal für eine Nacht. Wie fühlt es sich an?
8. Wie fühlst du dich, wenn dein Baby schläft? Wenn es wach ist? Wie empfindest du den Schlafplan deines Babys? Wünschst du dir, daß es mehr oder weniger schläft?
9. Hast du mit deinem Baby Zu-Bett-geh- oder nächtliche Aufwach-Probleme? Wenn ja, wie fühlst du dich dabei? Was würdest du am liebsten machen? (Das ist nicht unbedingt das, was du machen *solltest*!)
10. Hattest du selbst genug Schlaf, seit dein Baby geboren wurde?

Genug Zeit für dich selbst? Wenn nicht, wie fühlst du dich dabei? Das nächste Mal, wenn du den Druck spürst, daß dein Baby schlafen sollte, frage dich einmal, warum? Ist es zum Wohle des Babys oder zu deinem Wohl? Wenn *du* der Grund dafür bist, daß dein Baby schlafen »möchte«, könntest du dir eine andere Möglichkeit vorstellen, deine eigenen Bedürfnisse zu erfüllen?

11. Hat sich dein Sexualleben seit der Geburt deines Babys in irgendeiner Weise verändert? Wie empfindest du dein gegenwärtiges Sexualleben? (oder sein Fehlen?)

12. Fühlst du dich sexuell von deinem Baby angezogen? Beschreibe deine Gefühle und Phantasien in Einzelheiten. Was würdest du am liebsten mit deinem Baby machen?

(Erinnere dich daran, daß du Lachen, Weinen, in Wut ausbrechen, Zittern usw. darfst.) Bist du jemals sexuell mißbraucht worden? Erzähle alles, was passierte und entlaste dabei.

4 Nahrung: Dein Baby ernährt sich selbst

»Andere Menschen leben um zu essen, während ich esse um
zu leben.«

Sokrates

Welche Vorteile hat das Stillen?

Das Stillen ist für beide, Mutter und Kind, vorteilhafter als die
Ernährung mit dem Fläschchen. Studien haben ergeben, daß mit
der Flasche ernährte Säuglinge häufiger Magen-Darm-Krankhei-
ten, Infektionen der Atemwege und Gehörgänge und ganz allgemein mehr Fieberanfälle aufweisen als gestillte Kinder.[1] Auch
Hautprobleme wie Ekzeme und Wundausschlag treten bei mit der
Flasche gefütterten Babys häufiger auf.[2] Muttermilch schützt
durch ihre Bestandteile, die in Kuhmilch nicht vorhanden sind,
vor Infektionen.[3]

Auch vom psychologischen Standpunkt hat ein gestilltes Baby
Vorteile, da es nicht lange auf die Milch warten muß – vorausgesetzt, die Mutter ist in der Nähe, und es wird nach seinem
Verlangen gestillt. Muttermilch steht sofort zur Verfügung und
hat immer die richtige Temperatur. Fläschchen müssen erst
bereitet und aufgewärmt werden und sind dann oft zu heiß oder zu
kalt, so daß das Baby darauf warten muß.

Ein letzter Vorteil des Stillens liegt noch in der indirekten
Garantie, daß das Baby von seiner Mutter eine zärtlich liebevolle
Fürsorge erfährt, da, wie schon im ersten Kapitel erwähnt,
stillende Frauen einen hohen Anteil an Prolactin in ihrem Blut
haben, ein Hormon, das die mütterliche Fürsorge steigert.[4]
Gestillte Säuglinge *müssen* nah bei der Mutter sein, während
gefütterte Babys häufig mit der Flasche hingelegt werden. Neugeborene sollten sobald wie möglich nach der Geburt angelegt
werden, da der Antikörperanteil des Kolostrums – das ist die

Flüssigkeit, die vor der Milch aus der Brust austritt – in den ersten zwölf Stunden nach der Geburt am höchsten ist.[5] Das Kolostrum hat zusätzlich noch eine abführende Wirkung, die behilflich ist, das Mikonium – den ersten Stuhlgang – aus dem Darm des Neugeborenen zu schaffen.[6] Der daraus resultierende Hunger läßt den Säugling stärker saugen, was wiederum die Milchproduktion anregt. Je häufiger das Baby angelegt wird, desto mehr Milch wird produziert.[7]

Was passiert, wenn ich mein Baby nicht stillen kann oder es nicht stillen möchte?

Mit Ausnahme von wenigen Fällen kann eine gesunde, gut ernährte Frau ihr Baby stillen, wenn sie es wirklich möchte – vorausgesetzt, sie bekommt genügend Ermutigung und Unterstützung. Auch Frauen mit nach innen gekehrten Brustwarzen, einem zu früh geborenen Baby, einem Kaiserschnitt oder Zwillingen können stillen. Selbst die Größe der Brust spielt keine Rolle für eine ausreichende Milchproduktion.[8]
Einige Frauen wurden so erzogen, daß sie sich angeekelt, beunruhigt oder gleichgültig bei dem Gedanken fühlen, ein Baby zu stillen. Andere empfinden es als tierhaft oder fühlen sich in ihrer Freiheit zu sehr eingeschränkt. In unserem Kulturkreis wird die Brust als Sexsymbol überbetont, so daß einige Frauen es ablehnen, ihre Brust für die Nahrungsaufnahme ihres Babys zur Verfügung zu stellen. Obwohl das Stillen viele Vorteile hat, sollte eine Frau sich nur dann dafür entscheiden, wenn sie sich gut dabei fühlt. Mütter, die bei der Aussicht zu stillen nicht sehr glücklich sind, sind damit wahrscheinlich auch nicht sehr erfolgreich. Untersuchungen haben gezeigt, daß die Haltung der Frau die Milchproduktion entscheidend beeinflußt. Mütter, die dem Stillen positiv gegenüberstehen, haben mehr Milch.[9] Für ein Baby ist es sicherlich angenehmer, von einer entspannten Mutter mit der Flasche gefüttert als von einer angespannten, unglückli-

chen Mutter gestillt zu werden. Eine Frau, die sich gegen das Stillen entscheidet oder aus irgendeinem Grund nicht stillen kann, sollte sich darüber im klaren sein, daß sie trotzdem eine gute Mutter sein kann.

Wann soll ich mein Baby stillen?

Ein Baby sollte dann gestillt werden, wenn es tatsächlich hungrig ist. Das heißt also, nicht die Mutter, sondern das Baby bestimmt die Zeit der nächsten Fütterung. Ein Säugling, der, obwohl er vor Hunger weint, gezwungen wird, auf seine Nahrung zu warten, wird schnell lernen, daß er keine Macht darüber hat, was um ihn herum geschieht und wird seine Lebensentscheidungen schneller in die Hand eines anderen Menschen geben. Ebenso ergeht es einem Baby, dessen Bedürfnisse immer vorweg genommen werden, indem es ohne zu fragen gefüttert wird. Auch es hat keine Möglichkeit, Gefühle von Stärke zu entwickeln. Aus diesem Grund ist es wichtig, so lange zu warten, bis es selbst ein Zeichen gibt, ihm dann aber Brust oder Flasche sofort anzubieten.

Babys, die nach der Uhrzeit gefüttert werden oder die gezwungen werden, auf ihre Nahrung zu warten, können mit einem unbefriedigbaren Verlangen nach Essen und Trinken aufwachsen. Sie können sehr viel essen und trinken, in dem sinnlosen Bemühen, diese frühen schmerzvollen Hungergefühle nachträglich zu stillen.

Ist es möglich, ein Baby zu überfüttern?

Ja, es ist sehr einfach, einen Säugling zu überfüttern. Interpretiert die Mutter jedes Weinen als ein Hungergefühl, wird sie ihn folglich zu häufig stillen. Jetzt könnte man annehmen, daß das Baby, wenn es nicht wirklich hungrig ist, auch nicht saugen würde. Es würde also Brust oder Flasche dann, wenn es weinen muß, einfach verweigern. Diese Annahme läßt sich jedoch nicht aufrechterhalten, da das Saugen während der ersten Monate nach der Geburt einem automatischen Nervenreflex unterliegt. Ein Baby kann ebensowenig bewußt »entscheiden«, ob es saugen möchte, wie ein Erwachsener, dessen Reflexe getestet werden nicht »entscheiden« kann, ob er mit dem Fuß zucken will. Sein Nervensystem ist genetisch programmiert, und es handelt dementsprechend. Hätten Babys diese starken Reflexe nicht, wäre die menschliche Spezies längst ausgestorben.

Welche Konsequenzen hat Überernährung?

Eine offensichtliche Folge der Überernährung ist Fettleibigkeit. Auch heute noch wird in der Werbung für Babynahrung das Bild des übergewichtigen Säuglings verbreitet, wobei die Haltung propagiert wird, daß dicke Babys auch zufriedene Babys seien. Ältere Kinder unterliegen diesem Urteil nicht. Bei ihnen trifft sogar das Gegenteil zu. Dicke Kinder sind oft der Lächerlichkeit preisgegeben.

Es ist bedauerlich, daß beleibte Babys immer noch erwünscht sind, obwohl wir doch inzwischen wissen, daß aus dicken Säuglingen später dicke Kinder werden, da die Anzahl der Fettzellen, die im frühen Säuglingsalter gebildet wurden, bestehen bleibt.[10] Hat ein Mensch also schon als Baby eine übermäßige Anzahl Fettzellen gebildet, bleiben sie später erhalten, und durch Diäten kann lediglich die Größe der Fettzellen, nicht aber die Anzahl verringert weren.[11]

Die Überernährung hat neben der Fettleibigkeit auch noch psychologische Nebenwirkungen. In den meisten Fällen ist sie ein Ersatz für das Weinen. Versucht ein Baby zu weinen, wird dies von den Eltern als Hunger interpretiert, und es bekommt zu trinken. So wird Essen zum Kontrollmuster. Dicke Babys haben wahrscheinlich keine Möglichkeit gehabt, ihre Spannungen und negativen Gefühle ausreichend zu entlasten. Jedesmal, wenn sich der Säugling schlecht fühlt, glaubt er, gefüttert werden zu müssen. In manchen Fällen führt das dazu, daß er anscheinend alle zwei oder drei Stunden hungrig ist; auch dann, wenn er sich körperlich verletzt hat oder einfach nur traurig ist. In der Regel entwickeln sich solche Ernährungsmuster nur dann, wenn die Mutter in die natürliche Tendenz zu weinen eingreift und ihr Baby in den ersten Monaten zu häufig stillt.

Überernährte Babys neigen als Erwachsene dazu zu essen, zu trinken oder zu rauchen, anstatt ihre Gefühle wahrzunehmen und sie durch Entlastung zu lösen. Sie haben ein zwanghaftes Verlangen, jedesmal, wenn sie sich schlecht fühlen, etwas in ihren Mund zu stecken, um diese Gefühle zeitweise zu zerstreuen und nicht weinen zu müssen. Und hier beginnt der Teufelskreis: die negativen Gefühle werden nie entlastet, und die Person ißt immer weiter – oder trinkt und raucht.

Schon allein diese Theorie vermag die Annahme zu belegen, daß aus dicken Babys später dicke Erwachsene werden. Die Eßsucht beginnt im Säuglingsalter und hält ein Leben lang an. Würden solche Menschen vom Essen abgehalten, würden sie mit ganzer Macht ihre negativen Gefühle, die sie seit ihrer Babyzeit unterdrücken mußten, fühlen.

Die psychoanalytische Theorie kennt diese beiden Phänomene unter den Begriffen »Frustration« und »Übersättigung«. Freud meinte, daß die Frustration des Saugbedürfnisses zu späteren Problemen führen kann, die durch eine »Fixierung« auf die orale Entwicklungsphase charakterisiert ist und ein lebenslanges Bemühen nach dessen Erfüllung nach sich zieht. Er beobachtete weiter, daß *zuviel* Saugen zu ähnlichen Schwierigkeiten führen kann. Die diesem Buch zugrunde gelegte Theorie der Entlastung bietet eine neue Interpretation der Übersättigungstheorie an: die Überernährung schafft dadurch Probleme, weil sie die Entlastung unterdrückt.

Wie kann ich unterscheiden, ob mein Baby hungrig ist oder weinen möchte?

Es ist nicht immer einfach zu unterscheiden, ob ein Baby Hunger hat, oder ob es weinen möchte. Jedes Baby ist anders, und jede Mutter kann lernen, seine Signale richtig zu interpretieren. Trotzdem gibt es einige Richtlinien, die bei der Entscheidung behilflich sein können.

Die Mutter kann das Verhalten des Babys sorgfältig beobachten, nachdem es begonnen hat zu trinken. Unterbricht es sein Saugen und fängt wieder zu weinen an, kann das ein Anzeichen sein, daß es im Augenblick keinen Hunger hat. In diesem Fall sollte man ihm die Brust nicht mehr anbieten. Es kann natürlich auch ein Zeichen für andere Probleme sein, zum Beispiel daß es zu viel Milch schluckt oder daß zu wenig Milch aus der Brust kommt. Andere Signale für ein Bedürfnis zu weinen sind: Treten, Beißen, Grunzen oder sporadisches, unregelmäßiges Saugen. Ein wirklich hungriges Baby, das gestillt werden möchte, saugt ruhig, es sei denn, seine Nase ist verstopft oder andere Unpäßlichkeiten behindern es beim Atmen, Saugen oder Schlucken. Saugt das Baby nicht ruhig, ist es besser, es von der Brust zu nehmen und es erst einmal weinen zu lassen, bevor es dann ruhig trinken kann.

Ein anderer Anhaltspunkt ist die Zeitspanne, die zwischen den einzelnen Mahlzeiten liegt. Wenn das Baby ausgiebig gesaugt und von selbst aufgehört hat, aber nach weniger als drei Stunden zu weinen anfängt, so ist die Wahrscheinlichkeit groß, daß es nicht angelegt werden muß. Hält man es dann und läßt es weinen, wird ihm das sicherlich guttun.

Da man die Stunden, die zwischen den Mahlzeiten liegen, lediglich als einen groben Richtwert benutzen kann, wird es ebenso Zeiten geben, in denen ein häufigeres Anlegen notwendig sein kann. Direkt nach der Geburt ist es wichtig, öfter zu stillen, um die Muttermilchproduktion anzuregen. Auch plötzliche Wachstumsschübe können ein Grund sein, öfter trinken zu wollen. Babys, die nicht entsprechend an Gewicht zunehmen, können zu wenig Milch erhalten. Auch sehr heiße Temperaturen können das Flüssigkeitsbedürfnis steigern. In diesen Fällen sollten die Abstände nicht vergrößert werden. Trotzdem kann man davon ausgehen, daß ein gesunder Säugling, der bei jeder Mahlzeit so lange saugen kann, wie er möchte, aber dennoch häufiger als alle drei Stunden gestillt werden möchte, wahrscheinlich eher weinen muß.

Als mein Sohn drei Monate alt war, saugte er ausgiebig, bis er von selbst aufhörte. Dann spielte er eineinhalb Stunden lang zufrieden, bis er laut zu weinen anfing. Ich legte ihn nicht wieder hin, sondern gab ihm – während ich ihn im Arm hielt – meine ganze Aufmerksamkeit. Nun weinte er ungefähr zwanzig Minuten und schlief dann für eine Stunde. Er wachte glücklich wieder auf und war eine halbe Stunde äußerst wach und aktiv. Schließlich produzierte er Geräusche, als würde er sich nicht mehr wohl fühlen. Ich interpretierte sie als Hunger und gab ihm die Brust. Er saugte ruhig und intensiv. An diesem Tag hatte er keine Weinschübe mehr, sondern wollte nur alle vier Stunden gestillt werden.

Zwischen den Mahlzeiten können Babys manchmal erstaunlich viel Zeit verstreichen lassen. Diese Perioden verlängern sich mit dem Älterwerden. Als meine Tochter geboren wurde – fünf Jahre nach der Geburt unseres Sohnes – war ich mir der Gefahr bewußt, daß Stillen zum Kontrollmuster werden kann. Schließlich konnte ich mich an diesbezügliche Erfahrungen bei meinem Sohn gut erinnern. Deshalb bemühte ich mich, sie nicht zu überfüttern. Sie weinte mindestens eine Stunde am Tag, war aber die restliche Zeit zwischen den Mahlzeiten zufrieden. Diese Beobachtungen gaben mir Einblick in das normale Stillverhalten eines Babys, das das Trinken nicht dazu benutzt, sich vom Weinen abzulenken. Falls die Häufigkeit des Stillverlangens mit zunehmendem Alter eher wächst als abnimmt, ist dies ein ziemlich sicheres Zeichen dafür, daß das Stillen als ein Kontrollmuster benutzt wird und das Baby öfter weinen müßte – vorausgesetzt, das Bedürfnis nach fester Nahrung wird entsprechend zufriedengestellt. Auch die *Art* des Weinens kann bei der Entscheidung, ob das Baby wirklich Nahrung braucht, hilfreich sein. Weint das Baby vor Hunger, gibt es zuerst Laute, die Unzufriedenheit oder Wimmern ausdrücken, und fängt erst dann richtig zu weinen an, wenn es nicht gefüttert wird. Berücksichtigt man, daß Hunger nicht ein Gefühl ist, das plötzlich einsetzt, sondern das sich nach und nach verstärkt, ist dieses Verhalten auch verständlich. Einige Eltern haben so ein »Hungerweinen« sicherlich noch nie gehört, weil sie nicht so lange gewartet haben, bis ihr Baby Hunger hatte. Das Weinen, das die Lösung von Anspannungen und die Heilung von Schmerzen anzeigt, hört sich dramatisch an. Hören die Eltern lautes, heftiges Weinen, das von lebhaften Bewegungen begleitet ist, und sind weniger als drei Stunden seit der letzten Fütterung vergangen, ist dieses Weinen wohl kaum auf Hunger zurückzuführen. Gelegentlich wird das Weinen schwer zu unterscheiden sein. Hat das Baby einige Male Hunger, wird es sicher nicht sein Leben lang darunter leiden. Auch wenn es ab und zu einmal gestillt wird, obwohl es weinen müßte, wird es nicht den Rest seines Lebens seine Gefühle verschließen. Dies geschieht nur dann, wenn diese Fehler immer und immer, Tag für Tag, wiederholt werden. Dann beeinflussen sie das Wohlbefinden und verursachen chronische Probleme. Selbst wenn Eltern Fehler machen, kann das Baby die Verletzungen immer wieder überwinden, wenn ihm erlaubt wird zu entlasten.

Für mich ist es schwierig, mein Baby nicht zu füttern, wenn ich weiß, daß es dann aufhören würde zu weinen

Für einige Mütter kann es sehr schwierig sein, ihr Baby nicht zu stillen oder ihm die Flasche zu geben, wenn es weint. Hierfür gibt es andere Gründe: der Hauptgrund besteht wahrscheinlich in dem Unverständnis der Bedeutung des Weinens und dem fehlenden Wissen, daß das Weinen zu gewissen Zeiten für das Baby ein Bedürfnis darstellt. Viele Frauen lernen, daß das Stillen ein wirkungsvoller Trost und die Brust ein Allheilmittel ist. Andere Mütter sorgen sich, ob ihr Baby Hunger erleidet und machen sich über die möglichen körperlichen und emotionalen Konsequenzen Gedanken, wenn sie ihm das Stillen verwehren. Die meisten Mütter denken, daß es besser sei, eher zu viel als zu wenig zu stillen. In dem folgenden Interview berichtet eine Mutter über ihre Angst, daß ihr Baby leidet – und überfütterte es:

Ich wußte nie, ob mein Sohn wirklich hungrig war oder was sonst los war. So ließ ich ihn die meiste Zeit trinken. Auch wenn ich zweifelte, legte ich ihn an. Ich fragte mich, welche psychologischen Auswirkungen es haben würde, wenn seine Mutter ihm das, was er braucht, nicht gäbe. Welche Gefühle hätte er seiner Mutter gegenüber? Wenn der Mensch, der ihn liebt, ihm nicht das gibt, was er braucht – der Gedanke schien mir schrecklich. So war ich mir wirklich nie sicher, ob er gestillt werden mußte oder nicht. Um andere Probleme zu vermeiden, stillte ich ihn ununterbrochen. Sie wären überrascht, wenn Sie hören würden, wie häufig ich ihn stillte. Er wollte ständig trinken und lag mehr an der Brust als im Bettchen. Wenn ich jetzt zurückblicke, hätte ich ihn öfter weinen lassen müssen. Dann wären viele Probleme gar nicht erst entstanden.

Andere Mütter haben genau die entgegengesetzten Probleme; sie haben eine Abneigung gegen das Stillen, obwohl ihr Baby wirklich hungrig ist. Sie nehmen die Hungersignale nicht wahr, auch wenn sie unmißverständlich auftauchen. Alle diese unterschiedlichen Gefühle haben ihren Ursprung wahrscheinlich in der Behandlung, die die Mütter selbst als Babys erfahren haben.

Durften sie nicht weinen, wenn sie es brauchten, verstehen sie auch das Weinbedürfnis ihres Babys nicht. Die Auswirkungen ihrer eigenen Verletzungen halten sie davon ab, die Bedürfnisse ihres Kindes klar zu erkennen und angemessen darauf zu reagieren.

Wann und wie soll ich mein Baby entwöhnen?

Zu frühe Entwöhnung kann zu Frustration und daraus resultierend zu späteren Problemen führen.[12] Eine Studie über Kinder in einer Klinik zeigte, daß Verhaltensprobleme bei den Babys besonders häufig auftraten, die zwischen dem ersten und sechsten Monat entwöhnt wurden.[13] In der Regel sollten Babys, um die Vorteile des Stillens voll auskosten zu können, mindestens ein Jahr lang gestillt werden.

Ein Baby ist dann lange genug gestillt, wenn es sich selbst entwöhnt. Manche Babys geben die Brust erst mit zwei oder drei Jahren auf, obwohl es in der Regel früher geschieht, wenn sie das Stillen nicht als Kontrollmuster benutzen. Leider erwartet man in der westlichen Gesellschaft, daß die Säuglinge sehr früh entwöhnt werden. Sechs Monate gilt schon als lange Zeit. Manche Menschen reagieren überrascht, wenn sie hören, daß ein Krabbler »immer noch« gestillt wird. Wird ein Baby sozusagen künstlich entwöhnt, sollte dies sehr allmählich geschehen, wobei darauf zu achten ist, daß sein Bedürfnis nach Nähe und Nahrung auf eine andere Weise erfüllt wird. Eine allmähliche Entwöhnung ist auch für die Mutter angenehmer, da sich der Druck in der Brust nach und nach verringert.[14] Hat ein Baby die Möglichkeit, sich selbst zu entwöhnen, geschieht dies so allmählich, daß man den genauen Zeitpunkt nicht exakt bestimmen kann.

Wann soll ich damit beginnen, meinem Baby feste Nahrung zu geben?

Es gibt Eltern, die ihrem Baby schon in den ersten Lebenswochen feste Nahrung geben, während andere damit warten, bis es über ein Jahr alt ist. Durch unterschiedliche Gebräuche und sich widersprechende Ratschläge sind viele Eltern unsicher, wann sie damit beginnen sollen, ihr Baby mit fester Nahrung zu füttern. Um eine mögliche Antwort auf diese Frage zu finden, sollten wir den entwicklungsgeschichtlichen Gesichtspunkt miteinbeziehen.

Mit dem vierten Monat können Babys Gegenstände ergreifen, und jedes normal entwickelte Baby steckt viele Monate lang alles, was es bekommen kann, in den Mund. Könnte dies ein Relikt aus der Zeit sein, als ein Säugling sich noch bemühen mußte, die zum Überleben notwendigen Nahrungsmittel zu erhalten, da die Mütter nichts über Ernährung wußten? So hätte die Natur sich einen Weg gesucht, Babys in einem Alter, in dem die Muttermilch keine ausreichende Nahrung mehr bietet, mit zusätzlichen Nährstoffen zu versorgen. Ebenso wie der Sauginstinkt, hätte also auch der Instinkt, alles in den Mund zu stecken, einen wichtigen Überlebensfaktor dargestellt.

Es gibt noch weitere Anzeichen, daß Babys erst nach mehreren Monaten bereit sind, feste Nahrung zu sich zu nehmen. Eine Studie über siebenundfünfzig Säuglinge zeigte, daß Babys erst mit ungefähr drei Monaten feste Nahrung von einem Löffel zu sich nehmen konnten. Die Speichelabsonderung beginnt erst mit dem dritten oder vierten Monat, und Zähne bekommt es im allgemeinen ab dem sechsten Monat.[15]

Zu frühe feste Nahrung kann auch ein Faktor sein, der eine Nahrungsmittelallergie fördert, insbesondere Milchprodukte, Weizen, Eier und Hühnchen.[16] Es wird auch angenommen, daß zu frühes Füttern mit fester Nahrung eine Herzgefäßthrombose begünstigen kann.[17]

Ein anderer Nachteil zu früh verabreichter fester Nahrung besteht darin, daß sie den Appetit nach der wertvollen Muttermilch verringert.[18] Industriell hergestellte Babynahrung wird meist mit Zucker und Stärke angereichert und versorgt das Baby mit »leeren« Kalorien. Wird ein Baby unter vier Monaten mit dieser Nahrung gefüttert, kann das die Fettleibigkeit begünstigen.[19]

Zwischen dem vierten und neunten Monat kann also mit fester Nahrung begonnen werden, wobei das Baby bestimmen sollte, wann es soweit ist. Somit brauchen Eltern auch keine Ratschläge von außen, sie müssen nur die Zeichen ihres Babys genau beachten! Gibt man dem Baby die Gelegenheit, seine Bereitschaft für feste Nahrung zu äußern, wird es dies eifrig zeigen, indem es ihm angebotene Nahrungshappen in den Mund steckt oder sich leicht mit dem Löffel füttern läßt. Ist es jedoch noch nicht bereit dazu, wird es feste Nahrung verweigern.

Welche Nahrung soll ich meinem Baby anbieten?

Viele Eltern denken, sie brauchen eine Richtlinie, die auf wissenschaftlichen Erkenntnissen beruht, um ihr Baby richtig zu ernähren. Obwohl sie vielleicht selbst Probleme damit haben, richtig zu essen, soll zumindest ihr Baby von Anfang an die richtigen Vitamine und ausreichende Proteine erhalten. Dies ist sicherlich ein lobenswerter Anspruch, doch werden die Eltern leider Schwierigkeiten bekommen, da wissenschaftliche Untersuchungen lediglich auf einem statistischen Durchschnittswert basieren. Sie können beschreiben, was ein vierzehn Monate altes Baby durchschnittlich am Tag ißt. Sie sagen jedoch nichts darüber aus, was Susie an einem bestimmten Tag an Essen braucht. Der Wissenschaftler weiß nicht, welche Erfahrungen sie heute gemacht hat, ob ihr Gehirn oder ihre Knochen besonders stark wachsen, oder ob sie eine Grippe hat. Diese und viele andere Faktoren sind bei der Ernährung zu berücksichtigen.
Der Nahrungsbedarf ist sehr unterschiedlich. Es gibt Menschen, die durchschnittlich mehr von einem Nährstoff brauchen als andere.[20] Einige brauchen zwanzig Mal mehr Calcium, und es gibt auch viele Menschen, die auf bestimmte Lebensmittel allergisch reagieren. So ist es schon richtig, daß sich Eltern Wissen über die Ernährung aneignen sollen, da sie dadurch ihrem Baby eine vollwertige und abgerundete Nahrung anbieten können.
Eine Grundannahme dieses Buches ist, daß Babys grundsätzlich wissen, was sie brauchen und daß sie, gibt man ihnen die Gelegenheit dazu, dies auch ausdrücken. Ich will konkret beschreiben, wie dies in der Praxis aussieht: Zuerst kann der Löffel so gehalten werden, daß das Baby sehen kann, was darauf ist,

dann wird es den Mund öffnen oder danach greifen, wenn es essen möchte. Drückt es den Löffel weg, kann man eine andere Nahrung ausprobieren. Eine weitere Methode wäre, gleichzeitig verschiedene Lebensmittel vor das Baby hinzustellen und es danach greifen zu lassen. Das Füttern mit dem Löffel kann man eventuell völlig beiseite lassen, da Säuglinge keine feste Nahrung essen sollten, bis sie von selbst nach Dingen greifen können, die sie dann in den Mund stecken. Hat das Baby sich daran gewöhnt Dinge aufzunehmen, kann man weiche Nahrungshappen so vor es hinstellen, daß es sich selbst bedienen kann. Auch wenn man das Füttern mit dem Löffel beibehält, sollte man jedes Bemühen des Kindes, sich selbst zu füttern, so früh wie möglich unterstützen, so daß es bei der Nahrungsaufnahme völlig selbständig wird. Es ist nicht nötig, dem Baby ein ganzes Buffet aufzubauen, aber man könnte eines von jedem Grundnahrungsmittel anbieten: ein Körner-Produkt, ein Nahrungsmittel mit hohem Proteinanteil wie Fleisch, Geflügel, Fisch, Ei oder Bohnen, ein Gemüse, eine Frucht und ein Milchprodukt. Bietet man eine Vielzahl vollwertiger Nahrungsmittel an, kann das Baby lernen, einen für sich angemessenen Ernährungsplan zusammenzustellen. Wichtig ist, daß das Baby auch in diesem Bereich die Führung übernimmt. Hat es nur Hunger auf ein bestimmtes Produkt, können die Eltern ihm dies – zusammen mit anderen Nahrungsmitteln – so lange anbieten, bis es genug davon zu sich genommen hat. Säuglinge haben zu bestimmten Zeiten aus physiologischen Gründen einen hohen Bedarf an bestimmten Nährstoffen, weil Teile oder Organe des Körpers einem Wachstumsschub unterliegen, oder weil sie krank sind. Die meisten Babys haben von Zeit zu Zeit nur ein Lieblingsgericht, das ist nicht ungewöhnlich oder besorgniserregend.[21]

Ebenso wie man darauf achtet, was man anbietet, sollte man auch bestimmte Lebensmittel vermeiden: Nahrungsmittel, die künstliche Aroma- und Farbstoffe, Konservierungsmittel, besonders viel raffinierten Zucker enthalten, können vom Säugling angenommen werden, weil sein Körper die Nährstoffe braucht, obwohl diese Zusätze schädlich sind. Eine gute Richtlinie ist, dem

Baby keine Nahrungsmittel zu geben, in denen für den menschlichen Körper überflüssige Bestandteile enthalten sind.

Eltern, die den natürlichen Vorlieben ihres Babys in bezug auf das Essen nicht vertrauen, benutzen unterschiedliche Methoden, um es dazu zu bringen, bestimmte Nahrungsmittel zu sich zu nehmen, die es eigentlich nicht essen möchte. Oft werden Tricks angewendet, indem man eine kleine Menge der gewünschten Nahrung mit nicht erwünschter Nahrung auf einem Löffel verteilt. Es ist eine verbreitete Praxis, das Baby zu loben, wenn es gut gegessen hat. Ißt es jedoch nicht, wird es getadelt oder bestraft. Einige Eltern zwingen ihrem Baby die ungewollte Nahrung auf und glauben, ihm damit einen Gefallen zu tun. Werden Babys getäuscht, umschmeichelt oder zum Essen gezwungen, können sie die Fähigkeit verlieren zu wissen, was ihr Körper braucht. Bei den meisten Erwachsenen ist es tatsächlich so, daß sie den Kontakt zu diesem Wissen eingebüßt haben, da deren Eltern sich in ihre persönlichen Vorlieben eingemischt haben, als sie Kinder waren. Damit die von mir vorgeschlagene Methode wirklich greift, sollte sie gleich von Anbeginn angewendet werden, wenn feste Nahrung eingeführt wird. Auch älteren Babys, in deren Eßgewohnheiten man sich schon eingemischt hat, kann man nicht mehr vollkommen bei der Auswahl eines angemessenen Ernährungsplanes vertrauen, da sie schon Vorurteile gegenüber bestimmten Nahrungsmitteln entwickelt haben.

Ein Hinweis erscheint mir noch wichtig. Bietet man dem Baby die Nahrung nacheinander und nicht gleichzeitig an, sollte man die Produkte mit hohem Zucker- und Stärkeanteil hintanstellen, ganz besonders bei sehr kleinen Babys, die nicht wissen können, daß es noch mehr zu essen gibt. Normalerweise essen Babys so viel, bis sie genug Kalorien zu sich genommen haben. Sind sie also mit Zucker und Stärke gesättigt, können sie nicht mehr essen, obwohl die nachfolgenden Lebensmittel vielleicht notwendige Nährstoffe enthalten. Bietet man ihnen die Nahrung gleichzeitig an, entsteht das Problem nicht, daß sie sich mit gezuckerter oder stärkehaltiger Nahrung sättigen. Die einzige

Ausnahme besteht bei den Babys, die schon durch Überernährung eine Zuckersucht entwickelt haben.

Oft sind Eltern unsicher, ob sie ihrem Baby, wenn es hungrig ist, Milch oder feste Nahrung geben sollten. Sogar wenn man damit begonnen hat, feste Nahrung zu füttern, bleibt die Milch doch für einige Zeit noch ein Hauptbestandteil des Ernährungsplans. Allmählich kann sich der Anteil verschieben, und die feste Nahrung wird zum wichtigeren Bestandteil, wobei die Milch nur noch ein zusätzliches Getränk darstellt. Diese Verschiebung kann bei dem einen Baby schneller erfolgen als bei einem anderen. An einem Tag ißt es nur feste Nahrung und Säfte, am nächsten möchte es nur Milch trinken. Babys, die in ihrer Entscheidung nicht beeinflußt werden, wissen genau, was sie wollen und brauchen und zeigen ihre Bedürfnisse, wobei jedes Baby eine eigene Art hat, dies mitzuteilen.

Wie soll ich mich verhalten, wenn ich mich schon in die Eßgewohnheiten meines Babys eingemischt habe?

Ißt das Baby am liebsten süße Nahrung, sollte man den Verbrauch einschränken. Will es häufig gestillt werden, kann das Stillen reduziert werden, da wahrscheinlich eine Überernährung dieses Problem verursacht hat, und ein Kontrollmuster zugrunde liegt. Hierbei sollte man eindeutig, jedoch nicht abrupt vorgehen. Wenn das Baby unruhig ist, kann man aufhören, es zu stillen und ihm die Gelegenheit zum Weinen geben.

Fangen Eltern an, diese Kontrollmuster zu unterbrechen, sollten sie sich darauf einstellen, jedes Weinen zu akzeptieren und zu unterstützen. Es ist möglich, daß es viele Stunden heftig weinen muß, bis seine angestauten Gefühle gelöst sind. Diese Gefühle trägt es vielleicht schon eine lange Zeit mit sich herum, und sein zwanghaftes Eßverhalten hat es davon abgehalten, sie zu entlasten. Unterbrechen Eltern diese Still- und Eßgewohnheiten und geben ihrem Baby nicht die Möglichkeit zu weinen, entwickelt es neue Ersatzgewohnheiten wie Daumenlutschen, Nägelkauen usw. Die einzige Möglichkeit, ihm dabei behilflich zu sein, seine Gewohnheiten aufzugeben, ist, ihm das lang aufgestaute Weinen endlich zu erlauben. Es ist sehr wichtig, während der ganzen Dauer des Weinens bei dem Baby zu bleiben und es nicht zu unterbrechen oder abzulenken, sondern liebevoll und freundlich mit ihm umzugehen.

Ein anderes verbreitetes Problem ist, daß das Baby kein Gemüse ißt, weil es alle Nährstoffe, die es braucht aus anderen Quellen wie Vitamin- und Mineralzusätzen erhält. Hat die Verweigerung ihren Ursprung allerdings in Bemühungen, Tricks und Zwängen, können sich wirkliche Probleme daraus ergeben. Der elterliche Druck verursacht eine Gegenreaktion, obwohl der Körper die Nährstoffe braucht. Dies passiert wahrscheinlich erst nach dem fünfzehnten Monat, wenn das Baby in ein Stadium der Selbstbestimmung und Unabhängigkeit eintritt. Ist man einer solchen Situation ausgesetzt, sollte man unter allen Umständen jede Einmischung und jeden Kommentar bezüglich des Essens unterlassen. Man kann neue Gemüsesorten ausprobieren oder schon bekannte auf eine andere Art zubereiten. Möglicherweise hilft es, das Baby an einem anderen Ort der Wohnung essen zu lassen. Bis das Problem gelöst ist, beschäftigen die Eltern sich am besten während der Mahlzeiten mit irgend etwas anderem und räumen später eventuell übriggelassene Nahrung ohne Kommentar weg. Lob und Tadel würden die Situation nur verschlimmern, nicht verbessern.

Wie kann ich mich verhalten, wenn mein Baby während der Mahlzeiten übertrieben unruhig ist?

Einige Eltern berichten von Babys, die weinend und schreiend in ihren Stühlchen sitzen und ununterbrochen Nahrung, Löffel oder Geschirr auf den Boden werfen. Ein hungriges Baby, das eine erwünschte Nahrung vor sich stehen sieht, ist jedoch mit dem

Essen so beschäftigt, daß es solche Dinge unterläßt. Allerdings möchten Eltern oft, daß ihr Kind mehr ißt. Der Appetit eines Babys wird – besonders nach dem ersten Jahr, wenn sein Wachstum beträchtlich langsamer wird – häufig überschätzt. Stellt das Essen kein Kontrollmuster dar, ist die tatsächlich benötigte Nahrungsmenge oft geringer als allgemein angenommen wird. Einige Krabbler wachsen ganz normal und bleiben auch gesund, obwohl den Eltern die Nahrungsmenge sehr gering erscheint.

Hat das Baby seine Mahlzeit beendet, kann es sein, daß es sofort von seinem Stühlchen herunter möchte, auch wenn die Eltern gerade erst mit dem Essen begonnen haben. Im zweiten Lebensjahr sind Kleinkinder Vorschriften gegenüber sehr empfindlich. Es ist von einem Kind dieses Alters einfach zuviel erwartet, ruhig zu sitzen ohne etwas zu tun zu haben. Sobald es genug gegessen hat, kann man es auf den Boden setzen und ihm etwas Interessantes zum Spielen geben.

Ein anderer möglicher Grund für die Unruhe des Babys während des Essens mag darin liegen, daß es nicht ausreichend selbst bestimmen kann. Vielleicht füttern die Eltern es immer noch, obwohl es längst selbst den Löffel halten könnte.

Sind alle diese Erklärungen nicht zutreffend, ist es möglich, daß es nicht still sitzen und essen kann, bevor es nicht geweint hat. Hier hilft kein Tadel, jetzt braucht es ungeteilte Aufmerksamkeit, um seine Spannungen loslassen zu können.

Für mich ist es schwierig, den natürlichen
Nahrungsvorlieben meines Babys zu vertrauen

Es gibt unterschiedliche Gründe, die die Eltern daran hindern können, den Vorlieben ihres Kindes bei der Mahlzeit zu vertrauen. Einer davon betrifft die ehrliche Sorge der Eltern um das körperliche Wohlergehen ihres Kindes. Die Mutter von einjährigen Zwillingen, die nicht viel aßen, sagte: »Ich habe Angst, daß sie zu schwach werden und sterben, wenn ich sie nicht zum Essen ermuntere.«

Eltern können sich auch ärgern, wenn sie extra ein Essen zubereiten, das ihr Baby dann verweigert. Eine Mutter erzählte von ihren Gefühlen.

Gestern abend habe ich eine Bohnensuppe zubereitet. Noch bevor er sie probiert hatte, schob er sie von sich weg. Also machte ich sie im Mixer noch weicher und dekorierte sie, da ich annahm, daß ihm das gefiele. Er nahm einen Löffel und schob sie dann wieder von sich. Ich habe wirklich genug davon, herumzulaufen und irgendwelche besonderen Dinge für ihn zuzubereiten. Gestern abend war ich so wütend, daß ich ihm am liebsten gesagt hätte: Du ißt jetzt die Suppe oder gar nichts!

Es ist schwierig, dem natürlichen Appetit eines Babys zu vertrauen, wenn man selbst den Kontakt zu seinen Nahrungsbedürfnissen verloren hat. Leider ging es auch den meisten Eltern so, als sie selbst noch Säuglinge waren, daß ihr natürlicher Appetit und ihre Vorliebe für ein Nahrungsmittel nicht ernst genommen wurde. Viele Erwachsene wissen nicht einmal mehr, wann sie Hunger haben und essen einfachheitshalber zu festgesetzten Zeiten. Tabletten zum Abnehmen, Verdauungsförderungsmittel und Einrichtungen zur Gewichtskontrolle zeigen einen ernsten Mangel der Fähigkeit des richtigen Essens an. Eine Mutter erzählte mir von ihren eigenen Eßgewohnheiten, denen aus ihrer Kindheit und ihren Gefühlen:

Oft merkte ich, daß meine Tochter nicht wirklich hungrig war und ich versuchte, nicht ständig zu fragen, sondern ging davon aus, daß sie es mir schon mitteilen würde, wenn sie etwas essen wollte. Viele Gefühle über Nahrung stiegen in mir hoch, die ich auf meine Tochter übertragen wollte, wie: »Bist du hungrig? *Ich* bin es!« »Möchtest du jetzt zu Abend essen? *Ich* will es nämlich jetzt!« Je mehr ich diese Zusammenhänge durchschaute, desto mehr versuchte ich, mich nicht einzumischen, da ihre Mahlzeiten vielleicht nicht dieselben waren wie meine. Manchmal war ich wirklich besorgt, wenn sie schon vier Stunden wach war und immer noch nichts essen wollte. Wenn ich ihr die Zeit ließ, mir zu sagen, daß sie hungrig war, konnte ich feststellen, daß sie ganz genau wußte, was sie wollte. Ißt sie nicht das, was ich ihr zubereitet habe, fühle ich mich, als müßte ich ihr aus meiner eigenen Kindheit erzählen.

Mir wurde oft gesagt, was für ein Glück es sei, daß wir dieses Essen hätten, und ob ich nicht wüßte, daß die Menschen in China verhungerten? Und dann holten meine Eltern die Rechnungen hervor und sagten uns, wieviel uns dieses Essen gekostet hatte. Und das andere Gefühl, das ich habe, wenn sie etwas übrigläßt ist, daß ich das jetzt essen kann. Und ich esse es dann auf, fühle mich nachher aber schlecht, weil ich einfach zu viel gegessen habe! Es ist ein verwirrendes Gefühl. Eine Hälfte von mir sagt: »Toll, sie hat etwas übriggelassen, das kann ich jetzt essen.« Und die andere Hälfte fühlt sich nach dem Essen schlecht, weil ich zuviel gegessen habe. Bezüglich der Ernährung fühle ich viele Spannungen in mir. . . Ich bin immer wieder erstaunt, wie sie mit ihrer Nahrung spielen kann ohne sie zu essen. Für sie ist es leicht zu sagen, daß sie keinen Hunger hat oder daß sie genug gegessen hat und jetzt spielen will. Ich glaube, was es für mich so schwierig macht, ist, daß ich, als ich klein war auch so war, mir aber diese Umgehensweise mit Nahrung genommen wurde. Mir wurden Einsichten beigebracht, daß es wichtig sei zu essen. Ohne gegessen zu haben, durfte ich nicht spielen. Es gibt also wahrscheinlich auch so eine Art Eifersucht.

Wenn Eltern nicht aufpassen, können solche Gefühle sie dazu bringen, ihr Baby zu unterdrücken, indem sie es durch eine Taktik zum Essen bringen. Dies verursacht nur Eßschwierigkeiten, wo früher keine bestanden. Damit Eltern dem persönlichen Appetit ihres Babys vertrauen können, müssen sie sich darüber klar werden, wie und wann sie selber falsch behandelt wurden, um dann ihre Gefühle, die mit diesen Erinnerungen verbunden sind, ausdrücken zu können.

Übungen

1. Welche Gefühle tauchten beim Lesen dieses Kapitels auf?
2. Wie gestalteten sich die Mahlzeiten, als du selbst noch ein Kind warst (angespannt, entspannt, laut, einsam, hastig usw.)? Wie fühltest du dich im allgemeinen während der Mahlzeiten?
3. Erinnerst du dich daran, daß du umschmeichelt oder gezwungen wurdest, etwas zu essen, was du nicht wolltest? Wie fühltest du dich dabei? Erinnerst du dich daran, daß dir ein Nahrungsmittel verweigert wurde, das du gern gegessen hättest? Welche Gefühle hattest du

dabei? Wurden dir häufig andere Dinge verweigert, die du als Kind haben wolltest? Was empfandest du dabei?

4. Wurdest du jemals gelobt oder belohnt dafür, daß du etwas Bestimmtes gegessen hast oder nicht? Wie fühltest du dich dann? Wurdest du jemals ausgeschimpft, bestraft oder beschämt dafür, daß du etwas gegessen hast oder nicht? Welche Gefühle hattest du? Wurdest du jemals gelobt oder kritisiert hinsichtlich der Art, wie du gegessen hast (schön ordentlich/unordentlich; langsam/zu schnell; ruhig, zu laut, usw.)? Wie fühltest du dich?

5. Als du noch klein warst, gab es da genug oder zu viel zu essen? Welche Gefühle hattest du? Sahst du als Kind, daß man Nahrung verschwendete oder aufbewahrte? Was empfandest du dabei?

6. Erinnerst du dich daran, daß du wirklich hungrig oder übersättigt warst? Welche Gefühle hattest du? Erinnerst du dich daran, daß du ein wirkliches Verlangen nach einer bestimmten Nahrung hattest und *wußtest,* daß dein Körper sie braucht?

7. Welche Informationen erhieltest du als Kind über die Ernährung, über gute und schlechte Qualität gewisser Nahrungsmittel und darüber, was Menschen unterschiedlichen Alters essen »sollten«? Welche Gefühle hattest du dabei?

8. Hast du irgendwelche Eß- oder Gewichtsprobleme? Wenn ja, welche? Wie fühlst du dich dabei (gleichgültig, verärgert, amüsiert, hilflos usw.)?

9. Was empfindest du bei dem Gedanken zu stillen – unabhängig davon, ob du stillst oder nicht? Was fühlst du, wenn du eine Frau siehst, die stillt? Was empfindest du bei der Vorstellung weiblicher Brüste? Über deine eigene Brust (wenn du eine Frau bist)? Hast du schon einmal gesehen, wie ein Krabbler gestillt wurde? Wie fühltest du dich? Wurde dir jemals gesagt, wann man mit dem Stillen aufhören sollte?

10. Fühlst du, daß dein Baby zu häufig gestillt werden möchte – oder die Flasche haben möchte – bzw. nicht häufig genug? Wie fühlst du dich dabei, wenn dein Baby hungrig ist und dich braucht?

11. Was empfindest du bezüglich deiner Fähigkeit zu entscheiden, ob dein Baby hungrig ist oder nicht? Ob dein Baby weinen muß oder nicht (vertraust du ihm, bist du verwirrt usw.)? Wie ist dir zumute, wenn du deinem Baby Milch oder feste Nahrung anbietest und es verweigert sie – falls das geschieht? Was empfindest du, wenn du ganz sicher bist, daß dein Baby weinen muß und du ihm Nahrung oder Milch verweigerst – falls das geschieht? Ist dein Baby übergewichtig, oder glaubst du, es habe eine Ab-

hängigkeit vom Stillen oder Essen entwickelt? Versuche einmal, wenn du denkst, daß es nicht wirklich hungrig ist, ihm die Nahrung zu verweigern. Wie fühlst du dich dabei?

12. Was empfindest du, wenn du ein dickes bzw. dünnes Baby siehst? Glaubst du, daß dein Baby zu dick oder zu dünn ist? Hat schon einmal jemand das Gewicht deines Kindes bewertet? Welche Gefühle hattest du?

13. Vertraust du den persönlichen Nahrungsvorlieben deines Babys? Bekommt es nach deiner Einschätzung genug zu essen? Die richtige Nahrung? Was denkst du über seine Gesundheit?

14. Wenn du glaubst, dazu zu neigen, dein Baby zu überfüttern, versuche folgende Übung. Warte ab, bis du keinen Hunger hast und stelle dir vor, du selbst seist ein Baby. Dann bitte einen Freund oder eine Freundin, dich zu zwingen, entweder ein Babyfläschchen mit Milch oder einen Löffel mit Brei in den Mund zu nehmen. Währenddessen nimm dir die Zeit, die aufkommenden Gefühle zu entlasten. (Erinnere dich daran, daß Lachen zusätzlich zum Weinen und Wütendsein eine wichtige Form der Entlastung ist.)

15. Stehst du in Abhängigkeit zu gewissen Nahrungsmitteln? Versuche, sie für einige Tage zu vermeiden und entlaste die Gefühle, die in dir hoch kommen. (Vergiß nicht die mögliche Abhängigkeit von Kaffee, Tee, Schokolade, Bonbons, Kuchen, Zucker oder Alkohol.) Möchtest du wirklich in Kontakt kommen mit deinen nahrungsbezogenen Verletzungen, versuche einen Tag lang zu fasten (nur mit Wasser) und entlaste dich. (Liegen irgendwelche medizinischen Probleme vor, ist es ratsam, einen Arzt zu befragen. Schwangere und stillende Frauen sollten diese Übung *nicht* ausprobieren.)

5 Spiel: Laß dein Baby lernen

> »Da die Beschäftigung mit dem Spielzeug das Kind glücklich
> macht, nennen wir es Spielen und kaufen ihm mehr Spiel-
> zeug. Aber nicht *der Besitz* des Spielzeugs ist der Spaß; das
> Lernen und Erleben der Wahrheit macht glücklich.«
>
> *P. B. Berends*

Wie wichtig sind die ersten Jahre für die Ausbildung der Intelligenz?

Noch vor kurzem herrschte die Annahme vor, der Mensch würde
mit einer festgelegten Intelligenz geboren, die durch das geneti-
sche Erbmaterial bestimmt wäre und durch die Lebensbedingun-
gen keiner großen Veränderung unterläge. Heute wird von den
meisten Fachleuten anerkannt, daß Erfahrung und Anregung für
den wachsenden Organismus notwendig sind, um intellektuelle
Fähigkeiten zu entwickeln, und daß die Art der Erfahrung die
Fähigkeiten des Erwachsenen bestimmt.[1]

Aus verschiedenen Gründen erscheinen die frühen Erfahrungen
für die Ausbildung der Intelligenz besonders wichtig zu sein.
Tierexperimente haben gezeigt, daß erste Erlebnisse die Gehirn-
struktur verändern können, also Wahrnehmung und Fähigkeiten
entweder begrenzen oder steigern. Katzen, die in speziell gestal-
teter, nur mit waagerechten Streifen versehener Umgebung aufwuchsen, konnten als ausgewachsene Tiere in ihrem Sehsystem
nur waagerechte Linien wahrnehmen. Diese Katzen stießen
gegen senkrechte Stuhlbeine, als wären sie gar nicht vorhanden.[2]

Ebenso wie es bei Säuglingen sensitive Perioden für bestimmte
frühe Bedürfnisse gibt, scheint es auch sensitive Phasen für die
intellektuelle Anregung zu geben. Als gutes Beispiel einer solchen Periode kann der Spracherwerb dienen. Um Sprechen zu

lernen, muß ein Kind vor dem zehnten Lebensjahr dem Einfluß der Sprache ausgesetzt sein. Nach diesem Zeitpunkt ist es zu spät, und eine nicht vor der Pubertät erlangte Sprechfähigkeit bleibt meist ein Leben lang unzureichend.[3]

Ein weiterer Grund für die Bedeutung früher Lernerfahrungen besteht darin, daß das Baby in den ersten zwei Jahren eine Grundhaltung dem Lernen gegenüber erlangt, die jedes spätere Erkennen und Begreifen beeinflußt. Die Pädagogin Maria Montessori beobachtete, daß viele Kinder schon mit dem dritten Lebensjahr den Wunsch zu lernen und die Fähigkeit, sich zu konzentrieren, verloren hatten. Sie betrachtet ihre Schule als eine Art Therapie, Kinder wieder auf den Pfad des Lernens zurückzuführen.[4]

Wie anhaltend die Auswirkungen früher intellektueller Vernachlässigung oder früher traumatischer Lernerfahrungen wirklich sind, wissen wir nicht genau. Macht man jedoch von den natürlichen Heilmechanismen der emotionalen Entlastung Gebrauch, können viele Schäden rückgängig gemacht werden. Trotzdem kann darüber kein Zweifel bestehen, daß dem Baby das Begreifen leichter fällt, wenn es gleich von Anfang an eine angemessene Stimulation erfährt und positive Lernerfahrungen erlebt.

Die wichtigsten Lernerfahrungen, die der Mensch macht, sind diejenigen der ersten Jahre. Zum Glück haben die meisten Familien die hierfür notwendigen Voraussetzungen. Eine gute Förderung verlangt weder besonders viel Geld noch irgendein Wissen über Entwicklungspsychologie; ja nicht einmal, daß die Eltern ihrem Baby etwas beibringen. Alles was man braucht, sind ein paar Haushaltsgegenstände, eine Menge Aufmerksamkeit, viel Geduld und die Fähigkeit, sich nicht einzumischen. Mehr hiervon jedoch später.

Muß ich mein Baby dazu bringen, etwas zu lernen?

Viele Psychologen gehen davon aus, daß ein Baby nur dann lernt, wenn es nachher belohnt wird, beispielsweise durch etwas zu essen oder eine verbale Anerkennung. Diese Lerntheorie – bekannt als Behaviorismus – wurde hauptsächlich aus Studien mit Ratten und Tauben abgeleitet. Wissenschaftler wie Jean Piaget, die Kinder gründlich studiert haben, sehen in diesen Erklärungen jedoch keinen angemessenen Beweis für die meisten der stattfindenden Lernschritte. Statt dessen gehen sie davon aus, daß der Mensch mit einer natürlichen, spontanen Neigung geboren wird, auf die vielfältigste Art seine Umwelt zu erkunden. Er entwickelt dabei neue Fähigkeiten und eignet sich Wissen an. Mit anderen Worten, Babys brauchen weder belehrt noch belohnt zu werden. Sie brauchen einfach nur den Zugang zu den verschiedensten Gegenständen und die Erlaubnis zum Spiel. Durch das Spiel erlangen sie die Grundlagen einer praktischen Intelligenz, auf der sich jedes spätere Lernen aufbaut.

Das folgende Beispiel, das die systematische Übung der Hand-Augen-Koordination beinhaltet, zeigt, wie entschieden und aus sich selbst heraus motiviert Babys sein können:

Mit viereinhalb Monaten lag mein Sohn neben mir und bewegte seine Hand zu einem der großen blauen Knöpfe an meiner Jacke. Er befühlte ihn eine Zeitlang, ließ seinen Arm wieder zurückgleiten, wiederholte den Ablauf der Handlung *über fünfzig Mal*. Er berührte immer denselben Knopf mit äußerster Konzentration.

Dieses Beispiel zeigt sehr schön, daß er keine Belohnung benötigte. Belohnungen sind nicht nur unnötig, sondern können sogar ernste negative Auswirkungen nach sich ziehen. Ein interessantes Experiment zeigte, daß Vorschulkinder, die eine erwartete Belohnung für eine Zeichnung erhielten, später, als die Belohnung ausblieb, jegliches Interesse an dieser Aktivität verloren. Auf der anderen Seite verloren die Kinder, die nicht durch eine Belohnung motiviert waren, ihr Interesse nicht.[5]

Ein weiterer Irrtum wäre es, von der Annahme auszugehen, daß Kinder nur dann lernen, wenn Erwachsene es ihnen beibringen.

Unaufgefordertes Lehren stört im allgemeinen den natürlichen Lernprozeß, indem es dem Baby die Möglichkeit nimmt, zu denken, zu entdecken und auf seine Art die Dinge auszuprobieren. Die beste Möglichkeit, einem Baby beim Lernen behilflich zu sein besteht darin, ihm eine Vielfalt von Anregungen anzubieten und es dann zu beobachten. Wichtiges Lernen setzt dann ein, wenn es an einer Handlung seiner Wahl Interesse bekundet.[6]

Viele Eltern übersehen die Bedeutung von Bewegungen und Handlungen in den ersten Jahren und warten ungeduldig darauf, daß ihr Kind etwas »Richtiges« lernt, wie Lesen und Mathematik. Das Gehirn wird nicht in der Lage sein, akademische Themen aufzunehmen, wenn es nicht adäquat darauf vorbereitet wurde. Piagets genaue Analyse der Entwicklung sensomotorischer Intelligenz in den ersten zwei Jahren zeigte, daß die spontanen Handlungen des Babys mit Gegenständen und dem eigenen Körper die Grundlage für jedes weitere Lernen darstellen.[7] Eine Person kann keine abstrakten, mathematischen Begriffe erlernen, wenn sie nicht als Baby die Gelegenheit hatte herumzukrabbeln, Dinge zu ergreifen und fallen zu lassen, Gegenstände in Behälter zu stecken, sie in Gruppen einzuordnen und diese Gruppen wieder auseinanderzulegen, sie zu stapeln und mit ihnen zu bauen. Babys wissen sehr genau, wie sie ihr Gehirn für höheres Lernen vorbereiten müssen und tun dies spontan und voller Freude.

Zusätzlich können Eltern ihrem Baby beim Lernen helfen, indem sie ihm die Möglichkeit geben, seine schlechten Gefühle und Spannungen loszulassen, die seine Aufmerksamkeit in Anspruch nehmen. Die Ermutigung zu weinen und andere Formen der Entlastung sind hierbei vorteilhaft. Haben Säuglinge schlechte Gefühle aufgestaut, wird ihre Aufmerksamkeit so sehr von den emotionalen Schmerzen aufgesaugt, daß sie beim Lernen beeinträchtigt werden.

In einer Studie über Heimkinder konnte festgestellt werden, daß die Ausbildung der Hand-Augen-Koordination und der damit verbundenen Fähigkeit abhängig ist von Abwesenheit oder Gegenwart bestimmter Stimulationsarten. Dadurch wurde die Entwicklung dementsprechend beschleunigt oder verlangsamt.[8] Eine angemessene Stimulation ist also sehr wichtig – ein Mangel kann die Entwicklung verzögern.

Für viele Eltern scheint die Aufgabe überwältigend, für die intellektuelle Anregung ihres Kindes vollkommen verantwortlich zu sein. Dabei ist es wirklich ganz einfach. Die beste Methode besteht darin, das Baby sorgfältig zu beobachten. Kann es von einem bestimmten Spielzeug nichts mehr lernen, wird es kein Interesse mehr daran haben. Ist für seine Entwicklung aber ein bestimmtes Spielzeug wichtig, und kann es dabei etwas lernen, wird man es kaum vom Spiel damit abhalten können. Wie bei der Nahrung scheinen Babys aus sich heraus zu wissen, welches Spielzeug oder welche Aktivität in jedem Moment für sie am besten ist. Daher ist die einzig verläßliche Richtlinie für die Art der Stimulation die, die das Baby selbst zeigt.

Oft versuchen Eltern durch Bücher oder Artikel über Kindererziehung die richtige Stimulation auszuwählen und geben dann ihrem Baby Spielzeug, das für sein Alter als angemessen beschrieben wurde. Diese Methode ist deshalb fraglich, weil jedes Baby sich unterschiedlich entwickelt. Es führt auch oft dazu, daß Eltern sich über eine normale Entwicklung ihres Kindes sorgen. Eine Mutter von drei Kindern berichtete mir:

Besonders über mein erstes Kind machte ich mir Sorgen, da es alles später lernte als es sollte. Erst nach dem achtzehnten Monat fing es an zu laufen, und nach dem zweiten Lebensjahr lernte es sprechen. Aber jetzt ist es sechs, und in der Schule verläuft alles gut. Auch meine anderen Kinder lernten alles sehr spät, aber ich sorgte mich nicht mehr so darüber. Es scheint einfach in unserer Familie zu liegen. Mein Mann lernte auch erst mit zwei Jahren laufen und ist völlig normal.

Liest man zuviel über »normale« oder »durchschnittliche« Babys, besteht die Gefahr, daß die Eltern ihr Baby drängen, bestimmte Fähigkeiten oder Begriffe zu lernen, zu denen es noch nicht bereit ist. Bemühungen, jemandem etwas beizubringen, für das er nicht bereit ist, stoßen meist auf Widerstand und schlagen mit großer Wahrscheinlichkeit fehl. Dies kann vernichtende Auswirkungen auf die Lernhaltung des Säuglings haben, und auch die Eltern-Kind-Beziehung kann darunter leiden.

Ein wichtiges Lernprinzip, das man für die angemessene Stimulation des Babys benutzen kann, ist folgendes: *Menschen können nichts Neues lernen, wenn sie es nicht mit etwas schon Bekanntem in Verbindung bringen können.*[9] Diesen Prozeß der Neuaufnahme von Informationen in Verbindung zu schon bekanntem Wissen hat Piaget[10] in genauen Einzelheiten beschrieben. Er nennt es »Assimilation«, aber wir können es auch einfach »Verstehen« nennen. Angenommen, wir geben dem Säugling, der weiß, was er mit einer Rassel machen kann, einen Behälter mit getrockneten Bohnen. Er schüttelt ihn, hört Töne und erkennt, daß das neue Spielzeug seiner alten Rassel ähnelt; es macht Geräusche, wenn man es schüttelt. Die Verbindung zu dem neuen Gegenstand ist für ihn »verständlich« und erfreut ihn. Das Baby lernt, daß seine alte Rassel nicht der einzige Gegenstand auf der Welt ist, der Geräusche macht, und es lernt weiter, daß unterschiedliche Gegenstände unterschiedliche Geräusche machen. Durch diese Erfahrung hat es sein Wissen über die Welt vergrößert.

Ein neues Spielzeug, das das Baby nicht mit etwas Bekanntem in Verbindung bringen kann, hat wenig Nutzen. Ein Ball ist für ein Neugeborenes sinnlos. Es hat noch nicht gelernt, ihn zu rollen oder zu werfen, und in seiner persönlichen Erfahrung gibt es nichts, was es mit diesem neuen Phänomen in Verbindung bringen kann.

In der Praxis beinhaltet die Richtlinie, die auf diesem Lernprinzip basiert also eine sorgfältige Beobachtung dessen, was das Baby schon weiß. Dann kann man ihm neues Spielzeug oder neue Aktivitäten anbieten, die sich nur leicht vom Alten unterscheiden, aber auf demselben Prinzip beruhen. Eltern sollten bei neuen Anregungen oder Aktivitäten nicht übermäßig viele Anleitungen geben und ihr Kind in dem augenblicklichen Spiel nicht unterbrechen.

Natürlich muß es einige Anregungen geben, mit denen das Baby anfangen kann. Hat es jedoch freien Zugang zu einer Vielzahl von Gegenständen, bietet ein Durchschnittshaushalt jede nötige Stimulation, um die meisten Aspekte der praktischen Intelligenz in den ersten Jahren ausbilden zu können. Neue Fähigkeiten tauchen oft sehr spontan auf, entweder durch ein reifer werdendes Nervensystem, durch zufällige Versuche und Irrtümer, oder durch Nachahmung. Babys versuchen ständig, neue Wege zu erforschen, mit Dingen umzugehen. Hat das Baby sein Interesse an einem Gegenstand gezeigt, ist es nun die Aufgabe der Eltern, es mit Dingen oder Handlungen zu versorgen, die auf demselben Prinzip basieren und ihm behilflich sind, seine Geschicklichkeit und Kompetenz zu vergrößern.

Woran kann ich erkennen, ob mein Baby über- oder unterfordert ist?

Im zweiten Kapitel erwähnte ich, daß die Überstimulation das Baby veranlassen kann zu weinen. Überstimulation geschieht dort, wo es vielen neuen Gegenständen, Ansichten und Geräuschen ausgesetzt ist, die es noch nicht verstehen kann, die es aber dennoch beachtet. Schläft es oder beachtet es den Reiz nicht, wird es wahrscheinlich nicht davon beeinflußt. Es wird nur dann überfordert, wenn es neue sensorische Informationen aufnimmt und versucht, sie zu verstehen. Eltern können davon ausgehen, daß ein überfordertes Baby weinen wird, da es frustriert und verwirrt ist von Informationen, die keine verständliche Bedeutung haben. Das Weinen löst den Schmerz und läßt das Baby offen sein für neue Lernerfahrungen. Ein Baby braucht die liebevolle Beachtung eines anderen Menschen, während es weint. Versucht man jedoch es abzulenken oder gibt ihm neue

Reize, verschiebt sich das Weinen lediglich, oder man gibt ihm sogar noch zusätzliche Gründe zu weinen. Im folgenden ein Beispiel für eine Informationsüberlastung:

Als mein Sohn sieben Wochen alt war, nahm ich ihn mit auf ein Volksfest. Zwei Stunden lang – unterbrochen von einer kurzen Stillzeit – war er wach und schaute sich alle Aktivitäten an. Dann weinte er eine halbe Stunde lang heftig und schlief ein.

Kann ein neuer Gegenstand oder ein Geräusch jedoch verbunden werden mit etwas, was das Baby schon kennt, ist diese Information ein Vergnügen.

Mit fünfeinhalb Monaten nahm ich meinen Sohn in einen Supermarkt mit. Als wir durch die Milchproduktabteilung gingen, fing er plötzlich an, Töne zu machen und streckte seine Arme lächelnd nach Joghurt-Kartons aus. Ich hatte ihn kürzlich mit Joghurt aus ähnlichen Bechern gefüttert und ihm dann die leere Dose zum Spielen gegeben. Er war sichtlich erfreut, in dieser ihm sonst vollkommen fremden Umgebung einen Gegenstand wiederzuerkennen.

Es ist aber auch möglich, ein Baby zu unterfordern. Unterforderung findet dort statt, wo die Umgebung alt und bekannt ist und neue Erfahrungen und Spielzeuge fehlen. Das Baby »verhungert« intellektuell und weint möglicherweise, bis es einen neuen Anreiz erfährt. Durch das Weinen drückt es sein großes Bedürfnis nach Stimulation aus.

Wenn Babys nun weinen, sowohl weil sie unter- als auch weil sie überfordert sind, wie können Eltern diese beiden Formen unterscheiden? Wie sollen sie wissen, wann sie mehr Anregungen anbieten müssen, oder wann sie damit aufhören und dem Baby die Möglichkeit zu weinen geben sollen? Dies ist keine leicht zu beantwortende Frage, doch eine sinnvolle Richtlinie ist hierbei das Alter.

Neugeborene kann man besonders leicht überfordern, da alles neu und unverständlich ist, ausgenommen die Geräusche des menschlichen Körpers und ständige Bewegung. Neugeborene erfahren besonders dann ausreichende Stimulation durch die normale tägliche Fürsorge, wenn sie, wie im ersten Kapitel beschrieben, viel getragen oder im Arm gehalten werden. Sie müssen sich an Licht und Farben gewöhnen, an Geräusche, Temperaturwechsel, Nässe und Trockenheit, Ruhe und Bewegung. Sie erleben Anregung durch Streicheln, Windeln wechseln, Waschen, Ankleiden und Getragen-Werden. Neue Erlebnisse wie Saugen, Verdauen, Atmen, Urinieren, Stuhlgang, Aufstoßen und Riechen nehmen Zeit in Anspruch, da sich dies alles von den Erfahrungen im Mutterleib unterscheidet. In den ersten Monaten wird deshalb häufig durch Überstimulation Weinen verursacht. Als allgemeiner Hinweis gilt: je jünger ein Baby, je leichter wird es überfordert.

Im Alter von zwei bis drei Monaten wächst das Bedürfnis nach Anregung. Den Säugling interessieren neue Reize mehr als schon bekannte. Vor diesem Alter hat er alte wie neue Bilder gleich begierig angeschaut oder sogar die bekannten vorgezogen. Nichts schien ihn zu langweilen.[11] Nach einigen Lebensmonaten interessiert er sich für neue Anreize, aber vor allem für solche, die sich nur leicht von schon bekannten Erfahrungen unterscheiden. Es ist die Aufgabe der Eltern, den Hunger nach Anregungen zu stillen, da Babys in diesem Alter noch nicht selbständig handeln können. Später, wenn sie mobiler werden, krabbeln sie herum, schauen sich Dinge an, spielen damit und schaffen sich ihre eigenen Anregungen. Dies ist eine mögliche Erklärung dafür, warum Babys im Alter zwischen drei und sechs Monaten als besonders fordernd gelten. Ihr Bedürfnis nach Anregung ist sehr groß, sie sind jedoch noch recht hilflos. Immer noch haben sie das Bedürfnis nach sozialen Anreizen. Sie haben es gern, wenn man mit ihnen spricht, ihnen etwas vorsingt, sie anlächelt, herumträgt und berührt, aber ebenso brauchen sie Gegenstände, nach denen sie schlagen, greifen, die sie in den Mund stecken oder schütteln können. Die Sorge der Eltern, daß sie ihr Baby verwöhnen, wenn sie es in diesem Alter zu sehr unterhalten, ist unbegründet, da es nur um Anregungen bittet, wenn es sie braucht. Es kann nicht dadurch, daß man ihm das gibt, was es braucht, verwöhnt werden. Wird das Baby erst mobiler, verringert sich auch die Möglichkeit der Unterforderung, vorausge-

setzt, es gibt ausreichend viel Spielzeug und Handlungsmöglichkeiten, die seinen gegenwärtigen Interessen genügen. Hierfür ist
es beispielsweise auch wichtig, daß es nicht hinter den Stäben
eines Bettchens oder in einem Laufstall eingesperrt wird, wenn es
wach ist.

Die Gefahr der Überforderung bleibt während des gesamten
Säuglingsalters bestehen. Babys, die ständig überstimuliert werden und nicht genügend weinen dürfen, können mit ernsthaften
Problemen aufwachsen, die ihre Lernfähigkeit schmälern. Sie
neigen dazu, ängstlich auf neue Orte und Erlebnisse zu reagieren,
haben wenig Selbstvertrauen in ihre Fähigkeit, Neues zu lernen
und zu verstehen, und sie können unter einem chronischen
Gefühl der Verwirrung leiden.

Häufig wird das Weinbedürfnis als Langeweile fehlinterpretiert.
Es ist unwahrscheinlich, daß sich ein Säugling in einem Zimmer
voller Gegenstände langweilt. Jedes unerklärliche Quengeln ist
eher ein Bedürfnis zu weinen, und die »Langeweile« wird
erstaunlicherweise verschwinden, ohne daß man die Umgebung
wechseln muß.

Ist es in Ordnung, ein Laufställchen zu benutzen?

Ohne Zweifel ist es für Eltern bequem, wenn sie ihr herumkrab-
belndes Kind in einen Laufstall setzen können, doch ist es vom
erzieherischen Standpunkt nicht ratsam. Aus verschiedenen Studien geht hervor, daß sich intellektuelle Fähigkeiten besser
entwickeln, wenn das Baby viel Bewegungsfreiheit und Ent-
deckungsmöglichkeiten hat.[12] Kinderställchen können die intellektuelle Entwicklung beeinträchtigen. Die natürliche Neugier
und Entdeckungsfreude eines Babys wird entmutigt und verringert, setzt man es in einen Kinderstall, denn viele wichtige
Erkenntnisse haben ihre Wurzeln in der spontanen Beweglichkeit
des Säuglings. Diese Erkenntnisse beinhalten Entfernung, Geschwindigkeit und Zeit ebenso wie räumliche Wahrnehmung.[13]

Ein weiterer Vorteil der Bewegungsfreiheit ohne Begrenzung besteht darin, daß das Baby mit vielfältigen Wahrnehmungsreizen experimentieren kann. Es kann zum Fenster krabbeln und hinaussehen; hören, daß die Töne des Radios leiser werden, wenn es sich von ihm weg bewegt, oder einen Tisch aus unterschiedlichen Perspektiven betrachten. Bei Säuglingen, die in Laufställchen festgehalten wurden, konnten Wahrnehmungsstörungen festgestellt werden.[14] Voraussetzung allerdings ist, Wohnungen so sicher zu gestalten, daß das Kind seinem Entdeckungsbedürfnis frei nachgehen kann.

Soll ich meinem Baby helfen, wenn es etwas noch nicht kann?

Das Lernen kann empfindlich gestört werden, wenn man dem Baby bei einer Sache behilflich ist, die noch zu schwierig ist. Frustration und Fehler sind wichtige Aspekte jedes Lernprozesses. Jedesmal, wenn man dem Baby etwas abnimmt, was es selbst hätte tun oder lernen können, verweigert man ihm die Erfahrung, etwas vollbracht zu haben, die dann erlebt wird, wenn man eine schwierige Aufgabe gemeistert hat. Tatsächlich wird ihm dann die Gelegenheit genommen, etwas zu lernen. Kann ein Baby aus drei Holzklötzchen keinen Turm bilden, ist es nicht sehr sinnvoll, wenn die Eltern dies für es tun, da die Freude nicht dadurch entsteht, einen Holzklötzchen-Turm zu sehen, sondern dadurch, sich zu bemühen, ihn selber zu bauen und darin auch erfolgreich zu sein.

Ein Baby, das sich bemüht, etwas zu tun und dabei frustriert wird, weint normalerweise oder bekommt einen Wutanfall. Jetzt können die Eltern helfen, *nicht,* indem sie das machen, was ihr Kind nicht kann, sondern indem sie es weinen lassen und aufmerksam bei ihm bleiben. Sie können ihm zeigen, daß sie seine Gefühle verstehen. Dann, nachdem es heftig geweint hat und ruhiger wird, ist es plötzlich in der Lage, das zu tun, was es vorher nicht konnte. Einem frustrierten Säugling zu helfen, verwehrt ihm nicht nur die Gelegenheit etwas zu lernen, sondern mag ihn sogar davon abhalten, Frustrationsgefühle, die *schon bestehen* loszulassen. Diese Gefühle verursachen so lange Spannungen in ihm, bis sie entlastet sind.

Säuglinge sind auch dann frustriert, wenn die Welt nicht gemäß ihren Erwartungen funktioniert, z. B. dann, wenn ein rundes Holz nicht in eine quadratische Vertiefung paßt. Jetzt müssen sie weinen und wüten. Natürlich sind sie auch dann nicht in der Lage, das zu tun, was sie vorhatten, aber sie werden fähig sein, diese neue und erstaunliche Information über die Welt zu verstehen und zu akzeptieren.

Obwohl Hilfe den Lernprozeß stören kann, kann es manchmal aber doch wichtig sein zu helfen. Ist eine Aufgabe so schwierig, daß der Säugling enttäuscht aufgibt, oder *bittet* er klar um Hilfe, dann ist es erforderlich, sofort darauf zu reagieren und ihm dabei behilflich zu sein, die Schwierigkeiten zu überwinden. Jemand, der das Baby kennt und sensibel ist für seine Zeichen, wird wahrscheinlich in der Lage sein zu entscheiden, ob und wieviel Hilfe es braucht.

Soll ich die Handlungen meines Babys lenken?

Dem Säugling ständig zu sagen, womit er spielen oder was er machen soll, ist eine andere Möglichkeit, den Lernprozeß zu stören. Anstatt zu fragen: »Was möchtest du gern machen?« sagen viele Eltern: »Komm, wir bauen einen Turm«, oder »Komm, wir lesen ein Buch«. Sie haben das Gefühl, ihr Baby weiß nicht, was es machen soll, wenn sie es nicht anleiten. Doch gibt man ihm die Gelegenheit und ist bewußt und aufmerksam bei ihm, ergreift der Säugling spontan die Initiative und zeigt, was er gern machen möchte. Wir können ihm vertrauen, daß er seinen eigenen intellektuellen Anreiz wählt. Oft ist allerdings seine Wahl nicht die, die seine Eltern im Sinn hatten. Bekommt er ein neues Spielzeug, ist es nicht unüblich, daß er sich mehr für die Schachtel als für das Spielzeug interessiert!

Sagt man einem Baby häufig, wie und was es spielen soll, kann es in eine Abhängigkeit geraten von jemandem, der ihn anleitet; dies kann zum Verlust von Spontaneität und Initiative führen, und es kann lustlos und gelangweilt werden, wenn niemand da ist, der ihm Vorschläge macht. Da es beständig Aufmerksamkeit fordert, wird man es als »verwöhnt« bezeichnen, und es wird nicht einfach sein, mit ihm zu leben.

Bewußte, nichteinmischende Aufmerksamkeit wird ein Baby nicht verwöhnen. Gibt man ihm die Gelegenheit, die Initiative zu ergreifen, wenn die Eltern bei ihm sind, wird es auch so handeln können, wenn es allein ist.

Manchmal wollen natürlich auch Eltern Handlungen vorschlagen, beispielsweise wenn sie ihrem Baby ein neues Spiel zeigen. Doch sollten sie dabei zurückhaltend sein, um seine Signale wahrnehmen zu können: will es so weiterspielen oder nicht. Was auf Initiative der Eltern mit einem Bilderbuch beginnt, kann auf Betreiben des Babys ein Herumtoben im Bett werden. Eltern sollten also flexibel und bereit sein, eine Aktivität sofort aufzugeben, auch dann, wenn sie diese selbst sehr genießen!

Soll ich mein Baby kritisieren oder loben?

Bekommt man ständig mitgeteilt, daß man den Löffel falsch hält, schiefe Türme baut oder Worte nicht richtig ausspricht, kann das eine entscheidende Erfahrung sein, die das Bedürfnis zu lernen und neue Dinge auszuprobieren ernsthaft beeinträchtigt. In bezug auf den Spracherwerb konnte festgestellt werden, daß Korrekturen im Bereich der Grammatik keine fördernde Wirkung haben.

Der größte Wunsch des Babys ist, die Dinge so zu machen, wie Erwachsene es tun. Es ist sich wahrscheinlich schon schmerzhaft der Tatsache bewußt, daß seine Leistung einem Vergleich mit der eines Erwachsenen nicht standhält, doch korrigiert es sich selbst und verbessert seine Geschicklichkeit und Fähigkeit, ohne daß es jemand auf seine Fehler hinweist.

Viele Menschen haben das Gefühl, Säuglingen und Kindern durch Lob behilflich zu sein und ihnen damit etwas Gutes zu erweisen; aber zu viel Lob ist ebenso schädlich wie Kritik. Wie schon vorher erwähnt, können Lob und Belohnung den Wunsch, etwas zu lernen, eher *verringern* als steigern. Da Babys das Lernen und Zustande-Bringen neuer Tätigkeiten an und für sich genießen, ist ein Lob oft überflüssig. Säuglinge kümmern sich nicht darum, ob das, was sie machen, »gut« ist oder nicht. Der Begriff »gut« beinhaltet, daß sie etwas schlecht gemacht haben könnten, und sobald sie die Bedeutung dieser Worte verstanden haben, sind sie verwirrt. Der Lernprozeß funktioniert am besten ohne irgendein wertendes Urteil.

Manchmal unterbreche ich das Spiel meines Babys wegen notwendiger häuslicher Routine; kann sich das negativ auswirken?

Viele Eltern betrachten das Spiel nicht als die wichtige Arbeit, die sie in Wirklichkeit ist und können nicht verstehen, warum ihr Baby aufgebracht reagiert, wenn sie es unterbrechen. Sogar wenn ein Säugling hungrig ist, kann es manchmal für ihn wichtiger sein, erst alles in die Schachtel zurückzustecken. Wird er vorher von einem unaufmerksamen Erwachsenen in seinen Kinderstuhl gesetzt, kann es sein, daß er weint oder schreit.

Normalerweise sind Säuglinge sehr konzentriert, wenn sie spielen, und sie haben das Bedürfnis, Dinge zu Ende zu bringen. Unterbricht man einen sich konzentrierenden Säugling, vermittelt man ihm, daß seine Tätigkeit als unwichtig angesehen wird. Diese Erfahrung kann späteres Lernen sehr negativ beeinflussen.

Der Wunsch und das Bedürfnis zu lernen ist bei Säuglingen so groß, daß sie zuweilen Orte und Zeiten dazu benutzen, die für Eltern sehr unbequem sind. Sie wollen die Badewanne nicht verlassen, weil sie eifrig die Eigenschaften des Wassers erforschen. Sie krabbeln über den Fahrweg, um Beschaffenheit und Geschmack von Kies zu erkunden und lassen Nahrung auf den Boden fallen, um die Gesetze der Schwerkraft zu studieren. Betrachtet man diese Handlungen als Lernen und nicht als Fehlverhalten, ist es einfacher, mit dem Baby in nicht unterdrückkender Art und Weise umzugehen und so die Bedürfnisse aller zu erfüllen (siehe hierzu v. a. Kapitel sechs).

Wie kann ich meinem Baby beim Spielen helfen?

Die meisten Säuglinge spielen nicht gern allein. Sie spielen länger, konzentrieren sich besser, lernen schneller und werden kreativer, wenn eine andere Person sich für ihre Handlungen interessiert. So fühlen sie sich sicher, geliebt und bekommen vermittelt, daß das, was sie machen, wichtig ist und können ihre ganze Aufmerksamkeit auf den Lernprozeß richten. Manchmal brauchen sie auch die aktive Teilnahme der Eltern an ihren Handlungen, später wollen sie dann vielleicht Dinge wieder allein machen. Aber auch da sollten Eltern für ihr Baby da sein, sich jedoch in sein Lernen nicht einmischen.

Ab einem gewissen Alter lernen Säuglinge viel durch Beobachtung und Nachahmung. In diesem Entwicklungsstadium bitten sie um Hilfe, um ihre Eltern als Vorbild handeln zu sehen.

Während es lernt, können die Eltern auf ihr Baby einwirken, indem sie Vergnügen und Erfolge teilen und Verständnis und Sympathie vermitteln, wenn es Fehler macht. Ohne Werturteil erfährt der Säugling, daß seine Taten beachtet werden. Sagt man beispielsweise: »Du hast es geschafft!« oder »Das war schön, nicht wahr!«; »Das ist nicht lustig, wenn die Klötzchen nicht da hinein passen, wo sie rein sollen, nicht?« vermittelt man dem Baby, daß seine Frustrationsgefühle verstanden werden. Eine

solche Haltung ist hilfreicher im Lernprozeß als Werturteile wie
»Das war sehr gut« oder »Das war falsch«.

*Ab welchem Alter kann ich von meinem Baby erwarten, daß
es alleine spielt?*

Im ersten Kapitel wurde eine Studie erwähnt, in der Mutter-Kind-
Paare im ersten Säuglingsjahr beobachtet wurden. Die Studie
zeigte, daß Säuglinge, die in den ersten drei Monaten sehr viel
von den Müttern auf dem Arm getragen wurden, mit einem Jahr
unabhängig spielen konnten.[16]
Es gibt jedoch noch andere Faktoren, die bestimmen, ob das
Baby allein spielen will. Es muß angemessenes Spielzeug, von
dem es etwas lernen kann, vorhanden sein. Ein weiterer Faktor ist
die Qualität und das Ausmaß der Aufmerksamkeit, die das Baby
in früheren Spielsituationen erfahren hat. Wird es oft gestört,
verliert es seine Spontaneität und die Fähigkeit, Handlungen
selbständig zu beginnen. Interpretieren Eltern fälschlicherweise
das Weinen ihres Kindes als Unterhaltungsbedürfnis, kann das
ein zusätzlicher Grund für ständige Aufmerksamkeitsforderun-
gen sein. Die Eltern spielen mit ihm und lenken es so zeitweise
vom Weinbedürfnis ab. Wenden sie sich dann zum Beispiel ihrer
Hausarbeit zu, besteht die Ablenkung nicht länger, und das Baby
beginnt zu weinen. So kann das Spiel zu einem Kontrollmuster
werden.
Säuglinge, die genügend weinen, spielen zur Erleichterung ihrer
Eltern auch oft allein. Dabei ist es wichtig zu beachten, daß man
von Babys unter zwei Jahren nicht erwarten kann, daß sie dann
allein spielen, wenn die Entscheidung von den Eltern getroffen
wird. Wann und wie lange es alleine spielen will, sollte das Baby
entscheiden.
Säuglinge leben im Hier und Jetzt und sind nicht fähig, ihre
Bedürfnisse in die Zukunft zu verlagern. Sie haben weder die
geistige Fähigkeit, mit Aufschiebungen umzugehen noch die,

Bedürfnisse anderer Menschen zu verstehen und zu respektieren. Später können sie auf die Zuwendung der Eltern warten, aber von einem Säugling unter zwei Jahren ist das zuviel verlangt. Wichtige Veränderungen beginnen um den achtzehnten Lebensmonat, wenn das Baby in ein neues Entwicklungsstadium eintritt, das des symbolischen Denkens.[17] Sie fangen langsam an weiterzudenken, können Konsequenzen voraussehen, Gefühle und Motive anderer Menschen verstehen und ihre Bedürfniserfüllung aufschieben. Aber es werden noch einige Jahre vergehen, bis die Denkfähigkeit des Kindes so herangereift ist, Dinge vom Standpunkt eines anderen Menschen betrachten zu können. Aus diesem Grunde erscheinen Säuglinge und Kleinkinder egozentrisch. Nicht weil sie »schlecht« und »verwöhnt« sind. Es ist ihre Natur, so zu handeln; ihnen fehlt die Fähigkeit, anders zu agieren.

Man kann von einem Baby erwarten, daß es zuweilen allein spielt, aber man darf nicht versuchen, es ihm beizubringen. Es kann sich allein unterhalten, wenn es sich danach fühlt, und wenn es keine Gefühle zurückhält, die entlastet werden müssen. Jeder Versuch, es zum Alleinspiel zu zwingen, untergräbt sein Vertrauen zu seinen Eltern. Ein Säugling muß wissen, daß Menschen für ihn da sind, wenn er sie braucht. Er wächst dann mit hoher Selbstachtung auf.

Wie kann ich feststellen, ob die Stimulation mein Baby vom Weinen abhält?

Anregungen werden von wohlmeinenden Eltern, die das Weinbedürfnis ihres Babys nicht verstehen, als Ablenkung benutzt. Es gibt Babys, die weinen, obwohl sie geschaukelt und herumgetragen werden. Andere lassen sich leichter ablenken und verschieben ihr Weinen eine Zeitlang.

Das Bedürfnis nach Anregung ist so stark, daß es manchmal mit dem Weinbedürfnis in Konflikt geraten kann. In einem solchen Fall weint das Baby eine Weile, schaut sich dann um, greift –

abhängig vom Alter – nach einem Gegenstand und weint dann möglicherweise weiter. Manchmal braucht es eine Reizverringerung, um weinen zu können. Derselbe Reiz kann einmal als Ablenkung und ein anderes Mal als tatsächliches Bedürfnis dienen. Zwei Beispiele sollen dies verdeutlichen. Im ersten Fall wirkte die visuelle Stimulation als Ablenkung, um das Baby vom Weinen abzuhalten, im zweiten Fall war sie ein echtes Bedürfnis:

Im Alter von drei Tagen mußte meine Tochter wegen eines erhöhten Bilirubinwertes drei Tage in einem Brutkasten unter blauem Licht liegen. Ich konnte sie herausnehmen, um sie zu stillen. Jedes Mal, wenn sie wieder in den Inkubator zurückgelegt wurde, mußte sie zum Schutz ihrer Augen eine Binde tragen. Sie war ein sehr waches Baby, doch die Binde wurde auch dann über ihre Augen gebunden, wenn sie geschäftig herumschaute. Sie weinte und schrie und schlug mit den Armen um sich und versuchte, sich von ihr zu befreien. Die Binde war nicht nur unbequem und hielt sie vom Herumgucken ab, sondern wurde auch mit dem Verlust ihrer Nähe zu mir verbunden. Als wir schon eine Woche zu Hause waren, bemerkte ich, daß sie zu weinen anfing, als ich eines Abends das Licht ausdrehte. Wenn ich es wieder anknipste, hörte sie auf zu weinen, drehte ich es ab, fing sie wieder an. Mir kam der Gedanke, daß die plötzliche Dunkelheit sie an die Erfahrung mit der Binde erinnern könnte, und daß sie noch mehr darüber und über ihren Aufenthalt im Brutkasten weinen müßte. Ich löschte das Licht und nahm sie – während sie weinte – in den Arm. Manchmal ließ ich das Licht an, manchmal löschte ich es und ließ sie bei mir weinen. Mit acht Wochen verursachte plötzliche Dunkelheit bei ihr kein Weinen mehr, und sie war völlig zufrieden, wenn ich sie im Dunkeln in den Arm nahm.
Als mein Sohn sieben Wochen alt war, bekamen wir ein Bettchen mit einer neuen, hellgelben Decke, die mit Tierbildern bedruckt war. Abends legte ich ihn zum ersten Mal hinein und er starrte auf die Decke und gab Entzückensschreie von sich. Ich drehte dann das Licht aus, in der Hoffnung, daß er ruhiger würde und einschliefe. Er fing sofort an zu weinen. Sobald ich das Licht wieder angedreht hatte, machte er wieder diese glücklichen Töne und beguckte die Decke. Für mich war es klar, daß er einfach mehr Zeit brauchte, um diesen neuen, interessanten Gegenstand zu untersuchen und ließ das Licht brennen.

Diese Beispiele zeigen, daß es notwendig ist, die vergangenen Erfahrungen eines Babys in Betracht zu ziehen, wenn man eine Entscheidung über sein Weinbedürfnis fällt. Die Person, die seine Geschichte kennt und empfindsam seine Zeichen aufnimmt, ist für diese Entscheidung am besten geeignet. Fehler werden gemacht, aber auch wenn der Entzug der Stimulation aus Versehen neuen Schmerz verursacht, bleibt wenigstens dann kein dauerhafter Schaden, wenn man dem Säugling Gelegenheit zu weinen gibt.

Eine Möglichkeit zu entscheiden, ob ein Baby Tränen vergißt, weil es spielen möchte, ist, es zu halten, ohne es abzulenken und dann zu sehen, was passiert. Muß es weinen, hat es jetzt Gelegenheit dazu, wenn nicht, findet es sicher einen Weg, sich zu vergnügen, während man es auf dem Arm hält. Man kann auch darauf achten, wie das Baby um Aufmerksamkeit bittet. Zeigt es auf ruhige, vergnügte Weise, daß man mit ihm spielen soll, muß es wahrscheinlich nicht weinen; fordert es jedoch quengelig und drängend dazu auf, braucht es eher Aufmerksamkeit zum Weinen, und das Spiel würde es nur ablenken und die Entlastung aufschieben. Wird ein Baby ständig durch Unterhaltung vom Weinen abgelenkt, kann dies zu einer unangenehmen Situation für die ganze Familie führen. Es vermag so fordernd zu werden, daß Eltern sich durch jede Minute belastet fühlen, die sie mit ihm verbringen.

Sind Eltern sich sicher, daß es die Vergnügungen als Kontrollmuster benutzt, ist es für jeden eine Erleichterung, wenn das Baby zum Weinen ermutigt wird. Hier ein Beispiel für ein Kontrollmuster, das aus einem fortwährenden Unterhaltungsmuster besteht, und wie es möglich ist, das Baby zum Entlasten zu ermutigen:

Eine Mutter mit einem zwölf Monate alten Jungen, der ununterbrochen Aufmerksamkeit forderte, konnte nicht mehr abwaschen und den Haushalt führen, ohne daß er weinerlich hinter ihr herlief. Sie bat einen Freund um Hilfe, der Erfahrung im Re-Evaluation Counseling hatte. Dieser Freund war eines Tages zu Besuch. Die Mutter wollte abwaschen, sagte ihrem Sohn, daß sie ihn liebe, ihn aber unmöglich auf den Arm nehmen könne, wenn sie arbeite. Weiter sagte sie noch, daß er ruhig weinen könne. Das Kind weinte heftig, über eine Stunde, während die Mutter ihm versicherte, daß sie es liebe. Der Freund war aufmerksam für beide da. Nach dem Weinen ging der Junge zufrieden zu seinem

Spielzeug und spielte eine halbe Stunde lang für sich allein. Das war das erste Mal, daß er sich selbständig unterhalten hatte![18]

Wenn mein Baby spielt, ist es für mich schwierig, sein Bedürfnis nach Aufmerksamkeit zu erfüllen

Für manche Eltern ist es schwierig, ihrem Baby Aufmerksamkeit zu geben, während es spielt und lernt. Ein Grund hierfür liegt darin, daß viele Menschen in ihrem eigenen Lernen ernsthaft gestört wurden, als sie jung waren. Die lernbezogenen Verletzungen, die wir in unserer Kultur erfahren, sind zahlreich. Wir werden geprüft, gelobt, eingestuft, verglichen, kritisiert, lächerlich gemacht und bestraft; Neugierde und Entdeckungsdrang wurden immer und immer wieder erstickt; es wird bestimmt, was, wann, wie und wo zu lernen ist; durch mangelnde Anregung oder den Zwang, lange Zeit stillzusitzen entsteht Langeweile; es dürfen keine Fehler gemacht werden, und die Konzentration wird immer wieder von außen unterbrochen. Aufgrund dieser Verletzungen ist es möglich, daß Eltern nicht in der Lage sind, ihrem Baby die notwendige Aufmerksamkeit zu geben. Vielleicht wird eine Mutter, die von ihren Eltern ständig auf ihre Fehler aufmerksam gemacht wurde, an ihre eigenen vergangenen Fehler erinnert, wenn sich ihr Kind ihrer Meinung nach falsch verhält. Diese Erinnerungen lösen die Kritik ihrer eigenen Eltern aus, die sie dann weitergibt. Die Mutter eines Kleinkindes beschreibt, wie stark ihr Bedürfnis ist, sich in sein Spiel einzumischen, obwohl sie weiß, wie schädlich das ist:

In Spielsituationen fühle ich immer einen starken Drang, mich einzumischen, weil ich möchte, daß mein Sohn *alles richtig macht* (sie lacht). Ich weiß, daß das nicht geht. Ich weiß, daß ich mich nicht so verhalten sollte, aber es beunruhigt mich, wenn ich ihn so mit einer Sache kämpfen sehe oder auch, wenn er nicht weiß, wie er es machen soll. Ich denke dann, ich müßte es ihm zeigen. Aber manchmal, wenn ich es ihm vormache, macht er es trotzdem nicht so, weil er es selber herausbekommen will. Dann erst macht er es richtig. Es ist für mich sehr schwer, ihm nicht zu zeigen, wie es geht. Ich sage beispielsweise: »So mußt du es

145

machen, du mußt es so zusammenstecken«, oder »So mußt du es wegnehmen«. Es ist schwierig, ihn seine eigenen Fehler machen zu lassen.

Um diese Verletzungen nicht an das Baby weiterzugeben, müssen Eltern ihre eigenen lernbezogenen Schmerzen entlasten, die sie durch Schule und Eltern erfahren haben. Die Übungen am Ende dieses Kapitels können ihnen dabei helfen.

Ein anderer Aspekt dieses Problems besteht darin, daß Eltern sich mit ihrem Baby einfach langweilen und sich weigern, ihm Aufmerksamkeit zu geben. Traditionellerweise wird diese Arbeit als reine Frauenarbeit betrachtet, zu der keine besonderen Fähigkeiten notwendig sind. Das ist ein Grund dafür, daß das »Zu-Hause-bei-dem-Baby-Bleiben« als lästig und langweilig empfunden wird. Daher ist es kein Wunder, daß so viele Mütter darauf bedacht sind herauszukommen, dahin, wo sie das »richtige Leben« vermuten.[19] Würde sich diese kulturelle Haltung grundsätzlich ändern, würde Kindererziehung als die wichtige, herausfordernde und interessante Tätigkeit, die sie ist, betrachtet. Gäbe man den Eltern sowohl finanzielle als auch emotionale Unterstützung für eine verantwortliche Betreuung und Erziehung ihrer Kinder, gäbe es sicherlich auch weniger gelangweilte Eltern. Wäre es eine gutbezahlte Arbeit, bestünde wohl eine große Nachfrage, denn was ist aufregender als die Gelegenheit, einen Menschen beim Lernen und Entdecken zu beobachten? Die Entfaltung der kindlichen Intelligenz ist in meinen Augen doch der Ort, wo das »richtige Leben« stattfindet.

Unabhängig davon, wie die gesellschaftliche Haltung auch sein mag, so stellt die Kindererziehung trotzdem eine äußerst fordernde Arbeit dar, und man kann von keinem Menschen erwarten, daß er zehn, zwölf oder mehr Stunden, Tag für Tag, auf Abruf für ein Baby zur Verfügung steht, um ihm gute und qualifizierte Aufmerksamkeit zu geben. Für einen, selbst für zwei Menschen, ist diese Arbeit zu schwierig. Eltern benötigen deshalb Hilfe. Wie man Menschen finden kann, die mit Aufmerksamkeit bei einem Baby bleiben, wird im siebten Kapitel besprochen.

Viele Eltern bekommen Schuldgefühle, wenn sie sich beim Spielen mit ihrem Baby langweilen, anstatt sich angeregt und dankbar zu fühlen. Diese Gefühle sind jedoch sehr verständlich und es ist auch nicht leicht, mehr als einige Stunden aufmerksam mit einem Baby zusammenzusein. Eine Mutter, die ich interviewte, erzählte:

Ich kann aufmerksam bei meiner Tochter sein, wenn es sich um eine kurze Zeit handelt. Es fühlt sich jedoch nie so an, als würde ich jemals genug mit ihr spielen oder ihr wirklich Aufmerksamkeit geben. Ich habe auch nie das Gefühl, genug Zeit für mich zu haben, und Spannungen bauen sich auf. Wenn ich jedoch drei Stunden nur für mich habe, bin ich für sie und meine Familie viel aufmerksamer.

Welche Bedeutung hat das Lachen?

Für das Lachen gibt es verschiedene Gründe. Eine Form taucht aus reiner Freude auf, beispielsweise wenn das Baby etwas verstanden oder herausgefunden hat. Tiefes anhaltendes Lachen hat aber eine andere Bedeutung. Nach der Theorie des Re-Evaluation Counseling ist das Lachen ebenso wie das Weinen eine Möglichkeit, negative Gefühle zu entlasten.[20] Beunruhigung und leichte Ängste werden durch den Mechanismus des Lachens losgelassen – sehr tiefe Furcht wird durch Weinen und Zittern entlastet. Gelächter, ebenso wie Weinen, zeigt also an, daß sich Spannungen lösen. Für Säuglinge ist es äußerst wichtig zu lachen und diese Form der Entlastung ist in unserer Kultur auch völlig akzeptiert.

In einer Studie über die Entwicklung des Lachens während des ersten Lebensjahres zeigte sich als stärkster lachenverursachender Anreiz die Situation, in der die Mutter sagt: »Jetzt krieg ich dich«, wobei sie sich gleichzeitig zum Baby beugt und es um die Taille faßt.[21] Ohne Zweifel hatten die Babys bei dieser Erfahrung Angst, und das Lachen erlaubte ihnen, die Angst zu lösen. Ein anderer in dieser Studie angewendeter lachenverursachender Stimulus war das Tragen einer Maske durch die Mutter. Trug jedoch die Person, die die Studie durchführte die Maske, weinten die Babys. Das zeigt, wie nah das Lachen dem Weinen ist. Babys genießen Spiele, die das Lachen fördern, weil sie dadurch schon vorhandene Ängste auflösen können. Damit diese Spiele Lachen hervorbringen, dürfen sie jedoch keine neuen Ängste verursachen, und der Säugling darf die Situation nicht als wirklich bedrohlich ansehen.

So ein »Angriff« erinnert ihn möglicherweise an seine Hilflosigkeit und Ohnmacht. Die Mutter mit der Maske erinnert ihn vielleicht an verwirrende und beängstigende Erfahrungen durch fremde Menschen oder neue Situationen, die er nicht verstanden hat.

Werden solche traumatischen Erfahrungen und Gefühle in einer sicheren Spielsituation noch einmal angesprochen, ist das für das Baby sehr hilfreich, denn es weiß, daß sie keine Realität sind und fühlt sich dadurch nicht bedroht. Die Eltern schaffen eine heilende Situation, wenn sie ihr Baby durch solche Spiele zum Lachen bringen.

Fängt das Baby jedoch bei diesem Spiel zu weinen an, ist das ein Anzeichen, daß es eine neue Verletzung erfährt: ein neuer Beweis seiner Ohnmacht oder eine neue, verwirrende Erfahrung oder beängstigende Situation. Die Balance zwischen einer sicheren Situation und einer, die neuen Schmerz verursacht, ist sehr heikel, und das Baby selbst zeigt, wie lange es damit umgehen kann. Beginnt das Baby zu weinen, ist es wichtig, sofort mit dem Spiel aufzuhören oder es zu verändern, so daß es sich wieder sicher genug fühlen kann. Es gibt auch Situationen, in denen es noch lacht, aber durch andere Zeichen bekundet, daß es das Spiel beenden möchte. Es befindet sich dann oft an der Grenze zum Weinen.

Spiele, die Lachen verursachen, können für spezifische Ängste, die das Baby hat, therapeutisch genutzt werden. Das folgende Beispiel zeigt dies:

Mein Sohn hatte mit neunzehn Monaten Angst vor bellenden Hunden, da er schon zweimal unvorbereitet angebellt worden war. Zusätzlich war er von einem stürmischen jungen Hund umgerissen worden. Eines Tages krabbelte ich auf allen Vieren bellend zu ihm und er lachte hysterisch und rannte davon, kam aber immer wieder, so daß ich ihn noch ein bißchen anbellen konnte. Das ging eine ganze Zeit lang so weiter und er zeigte lachend auf mich und sagte: »Mama, Mama!« – vielleicht um sich selbst noch einmal zu versichern, daß ich seine Mutter und kein Hund sei? Später wollte seine sieben Jahre alte Cousine, die uns beobachtet hatte, das Spiel mit ihm wiederholen, aber das ängstigte ihn zu sehr, und er kam weinend zu mir gelaufen.

In einem anderen Spiel dieser Art können sich die Eltern von ihrem Kind umwerfen lassen und gekonnt hinfallen. Oft ertönt dann ein unbändiges Lachen, und der Vorgang soll immer wieder wiederholt werden. Hierbei handelt es sich um den Widerspruch zu den täglichen Erfahrungen mit Macht und Stärke der Erwachsenen, der das Lachen verursacht. Säuglinge müssen mit der Tatsache leben, daß man sie von jedem Ort wegtragen kann, ob sie es nun wollen oder nicht. Gibt man ihnen endlich einmal die Gelegenheit, so stark zu sein, daß sie einen erwachsenen Menschen »umwerfen« können, fühlen sie sich sicher genug, um ihre Ängste und Spannungen durch den Entlastungsmechanismus des Lachens zu lösen.

Ist Versteckspielen mit Angst verbunden?

Das Versteckspiel ist ein anderes wichtiges therapeutisches Spiel, das versucht, mit Ängsten des Säuglings spielerisch umzugehen. Die Eltern verstecken sich kurz oder bedecken ihr Gesicht, »tauchen« dann wieder auf und sagen: »Guck, guck!« In einer Abänderung dieses Spiels wird das Gesicht des Babys bedeckt, doch das Prinzip bleibt bestehen: der visuelle Kontakt zwischen Eltern und Kind wird unterbrochen. Die Angst, die hier angesprochen wird, ist die vor dem Verlust einer geliebten Person. Der Säugling lacht und genießt das Spiel, solange er weiß, daß die Person nicht wirklich verschwindet. Es ist ein sehr wichtiges Spiel, weil es ihm die Gelegenheit gibt, hiermit verbundene ängstliche Gefühle aufzulösen. Wie auch bei anderen Spielen dieser Art muß man sorgfältig darauf achten, keine neuen Schmerzen zu verursachen, da diese Spiele tiefe Gefühle berühren. Bleibt ein Elternteil zu lange versteckt, kann das Baby Anzeichen von wirklichem Kummer äußern.

Es ist eine interessante Tatsache, daß Säuglinge, die in Heimen leben, auf das Versteckspiel nicht mit starkem Lachen reagieren[22], wahrscheinlich, weil sie keine Möglichkeit haben, zu einer Person eine tiefe Zuneigung aufzubauen und daher auch keine Angst haben, jemanden zu verlieren.

Ist es in Ordnung, wenn ich mein Baby kitzle?

Auch das Kitzeln bewirkt Lachen. Aber es ist eher ein Angriff, der Gefühle von Ohnmacht hervorruft (man kann sich nicht selber kitzeln!). Da es sich nur um einen Scheinangriff handelt, fühlt man sich nicht wirklich bedroht, es sei denn, das Kitzeln wird zu lange ausgedehnt. Wie andere »Lachspiele«, kann auch das Kitzeln therapeutischen Wert haben, Gefühle von Angst und Ohnmacht zu überwinden.

Kitzelt man ein Baby, muß man sehr vorsichtig sein. Das Kitzeln wird häufig – besonders mit kleinen Babys – übertrieben und so zur *Ursache von* Ohnmachtsgefühlen. Die Trennungslinie zwischen einer therapeutisch wertvollen Situation und einer neuen Verletzung ist auch hier sehr fein. Sie ist abhängig von Alter und Stimmung des Babys. Auch die Beziehung zu der kitzelnden Person spielt eine Rolle. Je jünger das Baby, desto risikoreicher ist das Kitzeln. Babys, die noch nicht krabbeln oder laufen, können sich nicht verteidigen und sind auf das Wohlwollen anderer angewiesen. Das Bedürfnis, gestreichelt und berührt zu werden, ist besonders im ersten Lebensjahr so groß, daß es schade wäre, Zeit mit Kitzeln zu verschwenden und Gefühle von Ohnmacht zu riskieren. Man sollte ein Baby unter einem Jahr nicht kitzeln.

150

Erwachsene, die das Bedürfnis verspüren, ein Baby zu kitzeln oder andere rauhe Spiele zu spielen, handeln aus einem unbewußten Wunsch nach Macht und Herrschaft. Sie wollen jemanden, der wehrlos ist, überwinden, weil sie selbst hilflos gemacht wurden, als sie klein waren. Ein Kleinkind, das Kitzelspiele genießt und nach ihnen verlangt, erfährt wahrscheinlich keinen Schaden, da es – anders als ein Baby – weglaufen kann, wenn es genug hat. Aber auch für ein Kind ist es wichtig, bevor es gekitzelt wird, darüber informiert zu werden. Sieht man eindeutig, daß es das Spiel genießt, kann die Handlung fortgeführt werden; spannt sich der Körper jedoch an und versucht es, die Hand abzuwehren oder zu entkommen, selbst wenn es lacht, hat es genug.

Einige Babys scheinen das Kitzeln zu genießen, jedoch nur deshalb, weil es die einzige Art der Berührung ist, die sie jemals erfahren haben. Kitzeln ist immer noch besser als gar kein Körperkontakt. Im Grunde haben diese Babys ein großes Bedürfnis, gestreichelt zu werden. Zuerst kann es sein, daß sie auf sanfte Berührungen ebenso wie auf das Kitzeln reagieren – durch Lachen, Kreischen oder Anspannung der Muskeln. Es kann einige Zeit in Anspruch nehmen, bevor sie so viel Vertrauen entwickelt haben, daß sie sich bei der Berührung entspannen können.

Übungen

1. Was hast du beim Lesen dieses Kapitels empfunden?
2. Erinnerst du dich daran, für gutes Lernen belohnt worden zu sein (durch Lob, Titel, Geld usw.)? Welche Gefühle hattest du? Erinnerst du dich, daß du aus reinem Vergnügen am Lernen gelernt hast mit dem Wissen, daß du keine Belohnung und keine Bewertung erhältst? Wie fühlte es sich an?
3. Erinnerst du dich an Zeiten, in denen du a) ein Spielzeug erhieltest, das du wirklich haben wolltest, b) ein Spielzeug, das du haben wolltest, nicht bekamst und c) ein Spielzeug erhieltest, das du nicht

haben wolltest? Wie fühltest du dich? Hattest du als Kind ein Lieblingsspielzeug? Wenn ja, welches? Welche Gefühle haben dich damit verbunden? Ganz allgemein gefragt, glaubst du, daß du als Kind genug Spielzeug hattest? Zu viel Spielzeug? Das richtige Spielzeug? Welche Gefühle hast du dazu?

4. Welche Informationen hattest du als Kind in bezug auf den Lernprozeß? Welche Gefühle sind damit verbunden?

5. Erinnerst du dich daran, daß du dich angestrengt hast, etwas zu machen oder etwas herauszufinden, und es schließlich ganz allein geschafft hast? Wie fühltest du dich? Erinnerst du dich daran, daß du etwas allein machen wolltest und jemand sich einmischte, um dir zu »helfen«? Wie fühltest du dich?

6. Wurde dir jemals gesagt, womit oder wie du spielen solltest? Hat schon jemals jemand versucht, dir etwas beizubringen, woran du nicht interessiert warst? Welche Gefühle bekamst du dann?

7. Erinnerst du dich, daß du für nicht gutes Lernen kritisiert, lächerlich gemacht oder bestraft wurdest? Welche Gefühle hattest du?

8. Erinnerst du dich, daß du als Kind gestört wurdest, während du dich konzentriertest? Wie fühlte es sich an?

9. Erinnerst du dich, als Kind allein gespielt oder in Gegenwart eines aufmerksamen Menschen gespielt zu haben? Wie fühlte es sich an, allein zu spielen? Wie fühlte es sich an, Aufmerksamkeit zu bekommen?

10. Hattest du als Kind einen Lieblingslehrer? Erzähle von ihm. Was machte er, das dir gefiel? Wie fühlte es sich an, wenn du bei ihm warst? Was lerntest du von ihm?

11. Hatten deine Eltern bestimmte Erziehungsziele für dich? Welche Gefühle hast du dabei?

12. Hast du für dein Baby bestimmte Erziehungsziele? Was wünschst du dir insgeheim, was dein Baby, wenn es erwachsen ist, einmal werden soll? Wie fühlst du dich bei der Verantwortung der frühen Erziehung und intellektuellen Anregung für dein Baby? Welche Gefühle hast du im Hinblick auf das Entwicklungspotential und die gegenwärtigen Fähigkeiten deines Babys?

13. Wie fühlst du dich, wenn dein Baby a) etwas gut macht, b) einen Fehler oder etwas nicht richtig macht, c) sich bemüht, etwas Schwieriges zu vollbringen, d) ein Spielzeug, das du ihm anbietest, ablehnt, e) sich nicht stören läßt? Was würdest du am liebsten machen? – Das ist nicht immer das, was du machen *solltest*!

14. Wie fühlst du dich, wenn dein Baby Aufmerksamkeit von dir verlangt? Versuche deinem Baby eine Stunde lang vollkommen

ungeteilte Aufmerksamkeit zu geben ohne dich einzumischen, so daß es machen kann, was es möchte. Wie fühlst du dich? Was ist schwierig?

15. Wähle dir eine Tätigkeit, die du noch nicht beherrschst (das Auswechseln eines elektrischen Schalters, Stricken usw.) und versuche einen Freund oder eine Freundin zu finden, der/die dies kann. Bitte sie, es dir beizubringen, gib aber Anweisungen, dich anzuleiten, zu kritisieren, ungeduldig zu werden, zu helfen, wenn du keine Hilfe brauchst, nicht zu helfen, obwohl du Hilfe brauchst und ganz allgemein ein so schlechter Lehrer zu sein, wie es ihr/ihm möglich ist! Während dieses Lernens versuche, jedes Gefühl von Ärger, Frustration, Trauer, Verwirrung, Hilflosigkeit, Angst, Schuld usw. auszudrücken. Jetzt wähle dir eine Tätigkeit, die du auch noch nicht kannst, und bitte den Freund oder die Freundin, ein perfekter, geduldiger Lehrer zu sein, während du handelst. Vergiß auch jetzt nicht zu entlasten, wenn nötig.

16. Erinnerst du dich, daß du lachen mußtest, als du Angst vor etwas hattest? Wie fühlst du dich, nachdem du lange und ausgiebig gelacht hast?

17. Erinnerst du dich, gegen deinen Willen gekitzelt worden zu sein? Wie fühlte es sich an? Kitzelst du dein Baby? Wenn du das nächste Mal dein Baby kitzeln möchtest, versuche es statt dessen liebevoll zu berühren! Wie fühlt es sich an?

18. Beschreibe ausführlich zwei oder drei der schönsten Lernerfahrungen, die du hattest.

6 Konflikte: Dein Baby möchte ernst genommen werden

>»Das Wesen der Unterdrückung besteht darin, daß die, die mehr Macht haben, sie gegen die benutzen, die weniger Macht haben ...«
>
> *B. Yarnell*

Soll ich mein Baby bestrafen?

Jede Art von Bestrafung verursacht emotionale Schmerzen, aber körperliche Strafen lösen zusätzlich körperliche Schmerzen aus. Ein Baby, dessen einzige Liebesquelle von den Eltern ausgeht, muß sehr verunsichert und verwirrt sein, wenn diese ihm aggressiv und verletzend begegnen. Es verliert augenblicklich das Gefühl, geliebt zu werden und hat niemand anderen, an den es sich wenden kann. Mehr als alles andere kann dies den Sinn für Sicherheit und Vertrauen zerstören, der so wichtig für das emotionale Wohlbefinden ist. Säuglinge brauchen die Gewißheit, daß sie tief und bedingungslos vierundzwanzig Stunden am Tag geliebt werden, unabhängig davon, wie sie sich verhalten. Es kann nötig sein, ihrem Verhalten zu gewissen Zeiten Grenzen zu setzen, aber das geht auch ohne Strafen.

Die Idee der Bestrafung beinhaltet, daß Babys schlecht sind und sich falsch verhalten. *Bei Babys gibt es jedoch kein Fehlverhalten.* Sie verhalten sich auf diese oder jene Weise, um ihre Umgebung kennenzulernen und neue Fähigkeiten zu erlangen. Ihr Vorgehen ist leider manchmal für sie selbst gefährlich oder steht im Konflikt zu den Bedürfnissen anderer, da ihnen wichtige Informationen fehlen oder ihre negativen Gefühle nicht entlastet sind. Hier von »Fehlverhalten« zu sprechen, trifft nicht den Kern der Sache.

Bestraft man ein Baby und stempelt es als »böse« und »ungezogen« ab, entwickelt es eine negative Selbsteinschätzung. Es hat das Gefühl, wirklich schlecht und unzulänglich zu sein und wächst auf, unfähig, sich selbst vollkommen zu akzeptieren. Lebenslange geringe Selbsteinschätzung und Unglücklichsein sind die Folge von Bestrafungen.

Auch die intellektuelle Entwicklung wird durch Strafen ungünstig beeinflußt. Nehmen wir einmal an, ein kleines Mädchen wirft aus seinem Stühlchen ein Stück Brot auf den Boden und wird dafür geschlagen. Es wird wahrscheinlich den genauen Grund der Strafe nicht verstehen, da es verschiedene Interpretationsmöglichkeiten gibt, die, von seinem Standpunkt aus betrachtet, alle plausibel erscheinen. Heißt es, daß es Gegenstände, die es aufgehoben hat, nicht loslassen darf? Heißt es, daß es nichts auf den Boden fallen lassen darf? Heißt es, daß es aufhören muß, sich über das Gesetz der Schwerkraft zu wundern? Heißt es, daß es nichts mehr ausprobieren darf?

Säuglinge lernen wahrscheinlich *alle* Bestandteile des Verhaltens zu unterdrücken, die der Strafe vorausgegangen sind, und nicht nur den, den die Eltern beabsichtigen. Da Neugierde und Entdeckungsdrang untrennbare Komponenten des Säuglingsverhaltens sind, ergibt sich aus zu vielen »Nein« und Schlägen ein verringertes Lern- und Entdeckungsbedürfnis, was dazu führt, daß sich die gesamte intellektuelle Entwicklung des Babys verzögert, ein Ergebnis, das die wenigsten Eltern beabsichtigen, viele jedoch versehentlich verursachen. Eine Studie von Ainsworth/ Bell zeigte einen Zusammenhang zwischen Intelligenz und Anwenden von Strafen. Elf Monate alte Säuglinge, die häufig von ihren Eltern bestraft wurden, hatten einen geringeren IQ als Säuglinge, die weniger oft bestraft wurden.[1] Eine mögliche Erklärung hierfür ist, daß Strafen den geringeren IQ *verursachen*.

Ein weiterer negativer Nebeneffekt von Strafe: das unerwünschte Verhalten verändert sich nicht, sondern die gesamte Situation wird vermieden.[2] Als klassisches Beispiel hierfür mag eine schwerwiegende Verstopfung als Ergebnis von Bestrafungen beim Toiletten-Training dienen. Vom Standpunkt des Kindes

155

kann es besser sein, überhaupt nichts mehr auszuscheiden, als etwas am falschen Ort. Ein anderes Beispiel ist ein Baby, das bestraft wird, weil es an einer Pflanze gezupft hat. Es lernt schnell, seine Experimente dann auszuführen, wenn niemand hinschaut; eine Gewohnheit, die den Beginn für Lügen und komplizierte Täuschungsmanöver darstellen kann.

Aber auch Aggressionen können die Folge von Strafen sein.[3] Diese Aggression wird sich gegen den Bestrafenden oder jemand anderen richten. Ein Kleinkind, das ständig von seinen Eltern geschlagen wird, verhält sich wahrscheinlich seinen kleinen Freunden gegenüber ähnlich. Es lernt zu schlagen, wenn es ärgerlich wird. Bitter ist, daß einige Eltern das aggressive Verhalten ihres Babys durch Schlagen verändern wollen und es so noch aggressiver machen! Gewalttätigkeit und Aggression können nicht durch mehr Gewalt und Aggression verändert werden. In einem späteren Abschnitt wird besprochen, wie man mit den Aggressionen eines Babys umgehen kann, ohne es zu unterdrükken.

Aufgrund der bestehenden Bedingungen der physikalischen Welt wird es nie möglich sein, alle schmerzvollen Situationen auszuschalten. Beispielsweise schmerzt es einen Säugling jedesmal, wenn er beim Laufenlernen auf den Boden fällt oder wenn er einen heißen Herd berührt. Diese negativen Folgen gewisser Verhaltensweisen haben jedoch nicht die gefährlichen Nebenwirkungen, die durch das elterliche Strafen verursacht werden.[4]

Zu gewissen Zeiten können solche »Strafen« durch die physikalische Welt wirkungsvoller und langfristig weniger schädlich sein als Schimpfen und Schlagen. Bevor man jedesmal, wenn sich das Kind einer heißen Herdplatte nähert, »nein« ruft oder ihm auf die Finger haut, gibt es auch die Möglichkeit – falls der Herd nicht zu heiß ist –, daß das Kind den Herd anfaßt und so selbst feststellt, wie weh das tut. Vielleicht wird es ihn dann nicht mehr berühren. Durch diese »Strafe« wird es sich nicht ungeliebt, verunsichert, wertlos oder angegriffen fühlen. Sein Entdeckungsdrang wird nicht gedämpft, da es sehr genau weiß, welche Situation es in Zukunft vermeiden muß. Die Beziehung zu seinen Eltern bleibt liebevoll, und gleichzeitig gibt man ihm auch die Gelegenheit, für seine Handlungen Verantwortung zu übernehmen. Man begegnet ihm mit Respekt und Würde, und es steht ihm frei, den Herd zu berühren. Das folgende Beispiel verdeutlicht, wie diese »Strafen« durch die physikalische Welt das Baby wirkungsvoll belehren:

Als mein Sohn gerade laufen konnte, begann er, die Falttüre zur Toilette zu öffnen. Ich war ziemlich in Sorge, daß er sich beim Schließen der Türe zwischen den Türblättern einklemmen könnte. Also versuchte ich, ihn mit verschiedenen Methoden vom Öffnen der Tür abzubringen, was aber nicht gelang. Dann zeigte ich ihm, wie er die Tür schließen könnte ohne sich dabei einzuklemmen, aber er sah darin keinen Sinn. Schließlich gab ich auf und ließ ihn die Tür auf seine Art schließen. Genau wie ich befürchtet hatte, klemmte er sich eines Tages seine Hand schlimm ein. Nachdem er eine viertel Stunde lang mit meiner Aufmerksamkeit geweint hatte, zeigte ich ihm noch einmal, wie er die Tür ohne sich einzuklemmen schließen könnte. Dieses Mal paßte er gut auf und ist seitdem äußerst vorsichtig, wenn er die Tür schließt.

Wenn Babys sich bei ihren Entdeckungen und Experimenten verletzen, ist es sehr wichtig, daß die Eltern sie weinen lassen und aufmerksam bei ihnen bleiben. Haben sie die Gefühle der Verletzung entlastet, sind sie in der Lage zu verstehen, was passiert ist und lernen aus dieser Erfahrung. Es gibt jedoch auch Situationen, die für Experimente zu gefährlich sind. Hier müssen andere Methoden gefunden werden, so daß sie sich nicht verletzen.

Soll ich mein Baby belohnen?

Studien haben gezeigt, daß selbst ganz junge Säuglinge lernen können, ihr Verhalten zu verändern, wenn sie eine Belohnung erwarten.[5] Natürlich soll die Erkenntnis, daß Belohnungen Auswirkungen haben können, nicht heißen, daß Eltern sie als Disziplinierungsmaßnahmen benutzen sollten. Der Einsatz von Belohnungen ist aus verschiedenen Gründen schädlich.

Erstens kann eine Belohnung nur dann wirksam sein, wenn es

sich um etwas handelt, was das Baby haben möchte, d. h., daß es sich in einem Entbehrungszustand befinden muß. Nahrung, Spielzeug, Umarmung oder Aufmerksamkeit können nur dann wirkungsvolle Belohnungen sein, wenn das Baby sie zu dieser Zeit entbehrt. Belohnungen sind Bestrafungen tatsächlich sehr ähnlich, da sie, werden sie nicht gegeben, als Bestrafung empfunden werden. Säuglinge, die häufig für ihr »gutes« Verhalten gelobt werden, entwickeln, ebenso wie bestrafte Babys, eine geringe Selbsteinschätzung. Sie fühlen sich ungeliebt und wertlos, wenn ihr Verhalten den Anforderungen der Eltern nicht genügt.

Es ist oft so, daß die Belohnungen eher aus »Extras« wie Bonbons und Kuchen bestehen. Der Gebrauch solcher Nahrung als Belohnung – um das Säuglingsverhalten zu manipulieren – ähnelt in etwa der Belohnung eines Alkoholikers durch einen Schnaps. Ein Baby, das ein ausgeprägtes Verlangen nach Dingen wie Bonbons hat, zeigt, daß es schon verletzt wurde, indem es nicht genügend weinen durfte.

Belohnungen sind auch deshalb gefährlich, weil sie trügerisch sind: sie bringen das Baby dazu, das zu machen, was die Eltern wollen, ohne das Problem zu lösen. Ein Kleinkind, dem man nur unter der Bedingung, daß es sein Spielzeug wegräumt, ein Bonbon gibt oder eine Gute-Nacht-Geschichte erzählt, lernt sicherlich sein Spielzeug aufzuräumen, aber es lernt nicht zwangsläufig, Schönheit und Ordnung an sich zu respektieren. Diese Werte entstehen spontan, sobald das Kind seine Verletzungen ausreichend entlastet hat, so daß es eine Bewußtheit über und einen Bezug zu seiner Umgebung bekommt. Eltern, die sich auf Belohnungen – oder Bestrafungen – verlassen, um das Verhalten des Babys zu verändern, sollten nicht davon ausgehen, daß sie bestimmte Werte vermittelt hätten. Sie haben ihrem Baby lediglich beigebracht, brav zu gehorchen. Benutzt man diese Methode, hält das »gute« Verhalten der Kinder nur so lange, wie sie belohnt werden, an; d. h. bis Eltern »keine Belohnungen mehr zu ihrer Verfügung haben, sie eines Tages vergessen oder die jungen Menschen nicht mehr an ihnen interessiert sind – oder bis jemand – vielleicht ein Junkie oder ein Hitler – ihnen noch interessantere Belohnungen anbietet«.[6]

Viele Verhaltensweisen, die Eltern durch Belohnung oder Bestrafung zu verändern suchen, bedürfen gar keiner Veränderung: »Du bekommst das Spielzeug, wenn du aufhörst zu weinen«, oder »Du bekommst dein Eis, nachdem du die Möhren gegessen hast«. In den vorhergehenden Kapiteln dieses Buches wurde erklärt, warum der Versuch, ein Baby vom Weinen abzubringen oder es zu zwingen, Nahrung zu sich zu nehmen, die es nicht essen möchte, unterdrückend ist. Die meisten Verhaltensweisen brauchen nicht verändert zu werden und für die, die einer Veränderung bedürfen, werden in diesem Kapitel Methoden beschrieben, die nicht unterdrücken und weder Belohnung noch Bestrafung beinhalten.

Eltern haben im Grunde unbegrenzte Macht über ihr Baby, und durch Belohnungen und Bestrafungen können sie es – soviel sie wollen – kontrollieren und manipulieren. Diese Methoden funktionieren nur, weil das Baby fühlt, daß sein Wohlergehen und Überleben von seinem Gehorsam und seiner Unterwerfung abhängen.

Soll mein Baby Gehorsam lernen?

Es besteht ein weitverbreiteter Glaube, daß Erziehung zum Gehorsam ein wichtiger Aspekt der Elternschaft sei und daß Kindern vom frühesten Alter an beigebracht werden müsse, ihren Eltern und anderen Autoritätspersonen unhinterfragt zu gehorchen. »Tu, was man dir sagt«, ist ein oft gehörter Befehl. In einer Welt, die vor noch nicht allzu langer Zeit Millionen von Hitleranhängern gesehen hat, ist es höchste Zeit, die »Tugenden« einer Erziehung zum Gehorsam zu hinterfragen. Befehle wurden nicht in Frage gestellt, da die meisten glaubten, seine Anordnungen würden ihrem eigenen Wohl und dem der Menschheit dienen. Diese Menschen hatten die Fähigkeit verloren, Autorität zu hinterfragen, für sich selbst zu denken und für ihre eigenen Handlungen Verantwortung zu übernehmen. War dieser absolute Gehorsam eine Besonderheit des deutschen Volkes? Ein Experiment mit erwachsenen Amerikanern jeder Alters- und Beschäftigungsgruppe beweist das Gegenteil. In dieser Untersuchung sollten die Testpersonen einem Mann Elektroschocks versetzen, wenn er in einer Lernaufgabe einen Fehler machte. In Wirklichkeit war der Mann ein Schauspieler, und die Irrtümer in den Lernaufgaben waren abgesprochen. Er erhielt auch nicht wirklich Elektroschocks, aber jede am Experiment teilnehmende Person glaubte, daß er schmerzhaft bestraft würde. Mit jedem zusätzlichen »Irrtum« sollte die Intensität des Schocks verstärkt werden – bis hin zu 450 Volt. Der Schauspieler klagte und schrie, man solle das Experiment beenden, aber der Testleiter bestand auf Fortführung der Untersuchung. Obwohl viele Personen, die an dem Test teilnahmen, nicht einverstanden waren und das Gefühl hatten, daß es nicht richtig sei, was sie machten, *gehorchten die meisten*. Fast zwei Drittel der Personen gaben Elektroschocks bis zu 450 Volt![7]

Dieses erschreckende Experiment zeigt, daß Menschen sogar dann bereit sind, Autoritätspersonen zu gehorchen, wenn die Anordnung sich gegen ihre eigene Beurteilung und ihr eigenes Wertesystem wendet. Eltern wollen mit Sicherheit nicht, daß ihre Kinder aufwachsen, unfähig, wenn sie sich in Opposition befinden, das Richtige zu machen. Trotzdem geben viele Eltern ihren Kindern genau die Erziehung, die diese Art der Gefügsamkeit und des blinden Gehorsams Autoritäten gegenüber hervorbringt.

Viele haben das Gefühl, sie müßten ihr Baby durch Belohnungen und Bestrafungen zum Gehorsam bringen, da es ihrer Ansicht nach spontan und von sich aus nicht mit ihnen zusammenarbeiten würde. Diese autoritäre und manipulierende Methode ist nicht nur äußerst schädlich und gefährlich, sie ist auch unnötig. In Wirklichkeit haben Babys eine angeborene Neigung zur Zusammenarbeit; sie ist Teil ihrer menschlichen Natur.

Aus der folgenden Studie geht hervor, daß Zusammenarbeit

spontan entsteht. Ein Psychologenteam beobachtete Säuglinge von ihrer Geburt bis zum zwölften Lebensmonat und fand heraus, daß jene neun bis zwölf Monate alten Säuglinge am besten kooperierten, deren Mütter sensitiv mit ihren Signalen umgingen, die meisten Verhaltensweisen akzeptierten und ihnen auch nicht ihren Willen aufzwangen. Diese Kinder erfüllten eher die einfachen Anforderungen ihrer Mütter als die Babys, deren Mütter sich grob, zurückweisend oder einmischend verhielten. Mütter, die disziplinierende Maßnahmen wie Schlagen usw. gebrauchten, hatten als Ergebnis dieser »Übung« keine kooperierenden Kinder mehr. Auf das kindliche Verhalten hatte die Erziehung zum Gehorsam keine positive Wirkung, eher war die Qualität der Mutter-Kind-Beziehung ausschlaggebend.[8]

Wünschen Eltern sich kooperative Babys, sollten sie sofort und angemessen auf deren Signale eingehen, so viele Aspekte wie möglich im Säuglingsverhalten akzeptieren und es vermeiden, ihre Babys zu unterbrechen, zu kontrollieren oder ihnen ihren Willen aufzuzwingen. Wird ein Baby liebevoll in dieser Art und Weise von Geburt an behandelt, wird eine Erziehung zum Gehorsam überflüssig. Säuglinge mit einer guten Beziehung zu ihren Eltern, die sich auf die elterliche Liebe verlassen können, *wollen* deren Wünsche erfüllen, vorausgesetzt, diese sind vernünftig, entsprechen den Fähigkeiten des Kindes und halten sie nicht von den realen Bedürfnissen fern. Werden alle diese Bedingungen erfüllt, sind die ersten Zeichen der Zusammenarbeit schon in der zweiten Hälfte des ersten Lebensjahres festzustellen, ungefähr zur gleichen Zeit wie die Fortschritte in der Mobilität.

Die meisten Babys gehen durch eine Periode der Ablehnung hindurch, die im zweiten Lebensjahr beginnt und bis ins dritte andauern kann. Während dieser Zeit scheint ein starkes Verlangen nach Selbstbestimmung die natürliche, kooperative Neigung zu überschatten. Kleinkinder, die in dieser Phase mit Takt, Geduld und Respekt behandelt werden, zeigen jedoch weiterhin Kooperationsbereitschaft.

Wie nachgiebig soll ich mich verhalten?

Erlauben Eltern ihrem Baby, im Namen der Nachgiebigkeit destruktive und nicht-akzeptable Handlungen zu unternehmen, erweisen sie damit niemandem einen Dienst. Sowohl die Eltern als auch das Kind werden darunter leiden.

Hier ein Beispiel: ein Vater läßt das Baby auf seinem Bauch herumkrabbeln, obwohl es ihm unangenehm ist. Aus Angst, das Baby zu frustrieren und seinen Wunsch nach Körperkontakt zu enttäuschen, setzt er keine Grenzen. Das Problem besteht nun darin, daß der Säugling das Unbehagen spürt. In einer solchen Situation erhält er zwei Botschaften: a) die Erlaubnis auf dem Bauch des Vaters herumzukrabbeln und b) den ablehnenden Gesichtsausdruck des Vaters. Wiederholt sich diese verwirrrende Situation des öfteren, kann es sein, daß das Baby anfängt, seiner eigenen Wahrnehmung zu mißtrauen. Es wird denken, daß es sich vertan hat – »Vielleicht war Papas Gesichtsausdruck ja gar nicht ablehnend!« Man kann Babys nicht so leicht täuschen, da sie spüren, wenn Menschen nicht offen und ehrlich mit ihnen umgehen, auch wenn sie diese Gefühle nicht in Worten ausdrükken können. Wird ein Kind fortwährend mit Doppelbotschaften konfrontiert, kann sich sein Sinn für die Wirklichkeit spalten, da es allmählich lernt, daß seine Wahrnehmung nicht mit seinem rationalen Denken übereinstimmt. Wiederholt und bis ins Extrem betrieben, können sich solche widersprechenden Doppelbotschaften als ein Faktor für den Beginn einer Schizophrenie erweisen.[9]

Durch Nachgiebigkeit kann sich auch bei den Eltern ein Problem entwickeln, da sich allmählich Widerstände gegen das Baby aufbauen können. Diese Gefühle sind gefährlich, da sie die beiderseitige Beziehung ernsthaft schädigen.

Allerdings gibt es nur wenige Eltern, die ständig nachgiebig sind.[10] Es passiert indes häufig, daß nachgiebige Eltern zu gewissen Zeiten zu autoritären und strafenden Methoden greifen, wenn ihr Ärger so stark wird, daß sie das Verhalten ihres Kindes nicht länger tolerieren können. Für das Baby ist das verwirrender und schädlicher als Eltern, die gleichmäßig autoritär sind. Verschiedene Untersuchungen haben gezeigt, daß dieses Erziehungsmuster später schwerwiegende Verhaltensprobleme hervorruft.[11]

Um Schwierigkeiten zu vermeiden, die durch Nachgiebigkeit verursacht werden, ist es wichtig, daß Eltern klare und feste Grenzen setzen, sobald sie das Verhalten ihres Kindes nicht akzeptieren können. Regeln und Grenzen sind *an sich* nicht schädlich, vorausgesetzt, die kindlichen Bedürfnisse werden auf andere Art erfüllt.

Wichtig zu wissen ist, daß sowohl autoritäre als auch nachgiebige Methoden schädlich sind; sie sind sich tatsächlich sogar sehr ähnlich. Wie Gordon in seinem Buch »Familienkonferenz in der Praxis« aufgezeigt hat,[12] basieren beide auf den Begriffen »gewinnen« und »verlieren«. Sind die Eltern autoritär, sind sie die Gewinner in einem Konflikt, und das Baby ist der Verlierer. Sind die Eltern nachgiebig, ist das Baby der Gewinner und die Eltern verlieren. Keine der beiden Situationen ist wünschenswert. Jeder kann zur gleichen Zeit Gewinner sein!

Wie kann ich – ohne Strafe oder Belohnung – Grenzen setzen und sie geltend machen?

Eine der größten Herausforderungen im Elterndasein basiert darin, Konflikte zu lösen, ohne die Bedürfnisse des Babys zu enttäuschen und ohne die eigenen Bedürfnisse zu vernachlässigen. Eine grundlegende und nicht unterdrückende Methode, Grenzen zu setzen, besteht darin, das Haus oder die Wohnung babysicher zu gestalten. Die Disziplinfrage taucht meist erst mit der größeren Bewegungsfreiheit des Babys auf. Die Eltern müssen dann entscheiden, womit es spielen kann und womit nicht. Einige Eltern »lösen« das Problem, indem sie das Kind in einen Laufstall setzen, aber ich habe schon zuvor erklärt, warum ich dies unter keinen Umständen empfehlen kann. Die ideale Umgebung für ein Baby wäre natürlich die, in der man nie »nein« sagen müßte. Ich gebe zwei Hinweise für eine babysichere Wohnung: einmal werden zerbrechliche und wertvolle Gegenstände vor möglicher Beschädigung durch das Baby geschützt, zum anderen wird das Baby davor bewahrt, sich an scharfkantigen, harten Gegenständen zu verletzen. Einige Beispiele hierfür: Gitter vor Räumen, die das Baby nicht betreten soll, geschlossene Türen, kindersichere Türschlösser und Klinken, Deckenlampen anstelle von Stehlampen, kindersichere Elektroschalter, Beseitigung leicht umfallender Möbel und zerbrechlicher, kleiner, giftiger und scharfer Gegenstände.

Es gibt noch andere Möglichkeiten, die Umgebung so zu gestalten, daß die Notwendigkeit, Grenzen zu setzen, verringert wird. Viele Konflikte können vermieden werden, wenn Spielzeug an verschiedenen Plätzen vorhanden ist, so daß das Baby spielen kann, wenn die Eltern mit anderen Dingen beschäftigt sind. Eine niedrige Schublade in der Küche, eine Kiste neben dem Telefon, am Kinderstuhl, dort wo die Windeln gewechselt werden oder im Auto.

Selbst wenn man viele Konflikte durch sorgfältige Beachtung der Umgebung vermeiden kann, bleiben auch in einer idealen Umgebung immer noch Reibungspunkte zwischen Eltern und Baby bestehen. Man kann sie in zwei Kategorien einteilen: a) der Säugling macht gewisse Dinge, die die Eltern nicht akzeptieren (die Wand bemalen oder Klötzchen gegen eine Fensterscheibe werfen), und b) der Säugling weigert sich, Dinge zu tun, die die Eltern wünschen (Stillhalten beim Anziehen oder zu einer bestimmten Zeit den Spielplatz verlassen). Da sowohl autoritäre als auch nachgiebige Methoden nicht wünschenswert sind, will ich die rationale Methode zur Konfliktlösung vorschlagen, die außerhalb jeden Machtkampfes steht. Es ist die Methode, bei der keiner verliert und alle gewinnen.[13]

Der erste Schritt, den man gehen muß, um mit der rationalen Methode Konflikte zu lösen, ist der, möglichst genau herauszufinden, was jeder im Moment braucht. Die Eltern können sich zwei Fragen stellen: »Was braucht mein Baby jetzt?« und »Was brauche ich jetzt?« Sind die Bedürfnisse klar, besteht der nächste Schritt darin, die Bedürfnisse des Säuglings so zu erfüllen, daß auch die Bedürfnisse der Eltern erfüllt werden. Die Lösung muß für alle annehmbar sein. Hier ein Beispiel:

Als mein Sohn gerade zu laufen begann, stand er manchmal hinter mir, wenn ich das Essen kochte und wollte auf meinen Arm. Er war zufrieden, wenn ich ihn hochnahm, ich konnte dann aber nicht weiterkochen. Was brauchte er wirklich? Er wollte mir nah sein und zugukken, was ich machte. Was wollte ich? Ich wollte Essen kochen. Lösung: Ich stellte einen Stuhl an die Arbeitsfläche, er krabbelte hoch, konnte mir nah sein und zugucken, während ich das Essen zubereitete. Beide waren wir zufrieden.

Man muß einem Baby also ein anderes, annehmbares Verhalten anbieten, wenn man ein unannehmbares Verhalten unterbricht. Es kann weder seinen Entdeckungsdrang abschalten, noch kann man von ihm erwarten, sein Verhalten von sich aus in akzeptierte Kanäle zu lenken, denn es hat nicht die notwendigen Informationen dazu. Woher soll es wissen, daß ein Fenster zerbricht, ein Teppich aber nicht? Woher soll es wissen, daß es in Ordnung ist, mit einem Ball zu werfen, aber nicht mit einer Tasse? Wie soll es verstehen, warum die Mutter es manchmal auf den Arm nimmt und manchmal nicht? Es ist immer sinnvoller, eine oder mehrere andere Möglichkeiten anzubieten, die mit dem Bedürfnis des Säuglings übereinstimmen.
Oft besteht der schwierigste Teil der rationalen Konfliktlösung darin, herauszufinden, was genau jeder braucht. Sind die Eltern sich nicht sicher was ihr Baby braucht – dies ist im übrigen häufig der Fall –, besteht die Möglichkeit darin, verschiedene Dinge auszuprobieren und zu sehen, wie zufriedenstellend sie für das Baby sind. Sind die Bedürfnisse aber erst einmal bekannt, gibt es beinahe immer eine Lösung, die gleichzeitig auch die Bedürfnisse der Eltern erfüllt. Ein weiteres Beispiel:

Als mein Sohn neun Monate alt war, weigerte er sich plötzlich, sich beim Windelnwechseln hinzulegen. Das ärgerte mich, aber ich konnte ihn durch nichts überzeugen. (Ich hatte ihm vorgesungen, Spielzeug gegeben und versucht, ihn in verschiedenen Räumen umzuziehen). Ich zwang ihn also, sich hinzulegen, und jedes Windelnwechseln war für uns beide eine Qual. Er schrie, und ich fühlte mich schuldig und erschöpft. Ich dachte über eine Möglichkeit nach, die uns beide zufriedenstellen würde und versuchte herauszubekommen, was genau ihm nicht paßte. Ich entdeckte, daß er sich nicht hinlegen wollte. Er hatte gerade erst gelernt, sich in eine aufrechte Position zu bringen und konnte es deshalb nicht ertragen, sich hinzulegen. Als ich versuchte, ihn im Stehen umzuziehen, ging das prächtig, und er stand ruhig, nur war es für mich schwierig, die Windeln zusammenzustecken – ich benutzte Stoffwindeln. Ich überlegte mir also eine elegante Lösung: ich besorgte Bänder, die von selbst klebten und nähte sie an den Ecken der Windeln fest. Nun konnte ich ihn leicht und schnell wickeln, ohne daß er sich hinzulegen brauchte, und unser beider Wünsche waren erfüllt!

Einige Eltern bemühen sich, weder strafend noch nachgiebig zu sein, indem sie ihr Baby mit einem »Nein« von dem risikoreichen Ort wegtragen oder den gefährlichen Gegenstand fortnehmen. Aber auch das ist autoritär, da der Säugling der Verlierer ist. Aus ständigem »Nein-Sagen« ohne den Versuch, ihm eine annehmbare alternative Handlung anzubieten, können zwei negative Folgen erwachsen. Einmal kann das Baby seine Neugierde und seinen Entdeckungsdrang einbüßen, da zu viele seiner Lernversuche unterbrochen werden, was es frustriert und den Verlust seiner Lernbegeisterung nach sich ziehen kann. Zum anderen kann es passieren, daß es rebelliert und sogar die kleinsten Verbote und Bitten der Eltern nicht mehr erfüllt. Die Neigung zu kooperieren zeigt sich in einer liebevollen und auf Vertrauen basierenden Beziehung. Mißbrauchen die Eltern diese Tendenz, indem sie verlangen, daß ihr Baby seiner inneren Natur zuwiderhandelt, kann es sein, daß es nicht nur aufhört, ihre Wünsche zu erfüllen, sondern auch sein Vertrauen in die Eltern verliert.

Muß mein Baby lernen, daß es nicht immer seinen Willen durchsetzen kann?

Diese Annahme ist sehr verbreitet und ähnelt der Sorge, man könne ein Baby verwöhnen. Eltern wollen nicht, daß ihr Baby aufwächst mit der ständigen Forderung, daß seine Bedürfnisse erfüllt werden, ohne andere dabei zu beachten. Viele Eltern glauben, daß einige Entbehrungen und Enttäuschungen gut für ihr Baby sind. Sie denken, es würde ein uneigennütziger Mensch werden, wenn es nicht immer das haben kann, was es möchte.

Diese Befürchtungen sind vollkommen überflüssig, da der Säugling – werden seine Bedürfnisse nicht erfüllt – nichts Sinnvolles lernt. Er lernt lediglich, daß dies eine Welt ist, in der die Menschen ihn überwältigen und nicht beachten, und er wird enttäuscht und verärgert sein. Im späteren Leben wird es für ihn schwierig, Dinge zu teilen oder auf die Bedürfnisse anderer zu achten, da schließlich auch ihn niemand beachtet hat.

Säuglinge müssen erfahren, daß andere auf ihrer Seite stehen. Sie werden sich – wenn all ihre Bedürfnisse beachtet werden – in einem konstruktiven Prozeß zu einem uneigennützigen Menschen entwickeln. Aber in den ersten Jahren brauchen sie diese Erfahrung, damit sich Vertrauen und Sicherheit bilden können, aus denen wahre Uneigennützigkeit erwachsen kann.

In der rationalen Konfliktlösung werden die Bedürfnisse des Babys nicht auf Kosten der Eltern erfüllt. Opfern Eltern sich auf, lernt der Säugling, die Bedürfnisse anderer zu mißachten. Stehen die Eltern jedoch zu sich selbst, lernt er, daß auch andere Menschen Bedürfnisse haben, und diese Erkenntnis ist von unschätzbarem Wert.

Viele Eltern gehen auch davon aus, daß ihr Baby von Anfang an wissen muß, wer »der Boss ist«, damit später keine Schwierigkeiten entstehen. Diese Sorge ist unbegründet, da Kinder nicht den Wunsch haben, ihre Eltern zu tyrannisieren, das Familienleben zu zerstören oder andere zu verletzen. Sie »testen« ihre Eltern oder stellen unvernünftige Forderungen nur dann, wenn sich negative Gefühle, die entlastet werden müssen, angestaut haben. Gibt man ihnen dann dazu die Gelegenheit, werden Harmonie und Zusammenarbeit wieder möglich.

Die Angst, die Kontrolle über das Kind zu verlieren, hat ihren Ursprung in der Kindheit der Eltern, als *ihnen* ihre Kraft und Stärke durch autoritäre Eltern genommen wurde. Man nahm ihnen die Kontrolle über ihr eigenes Leben, und sie haben sich von diesem Verlust nie erholt. Daher ergreifen sie jede Möglichkeit, das Leben ihres Kindes zu kontrollieren. Damit sie ein Gefühl der Sicherheit erhalten, müssen die Kinder sich unterordnen und gehorchen. Für diese Gefühle kann man Eltern nicht verantwortlich machen, aber wenn ihnen dieser Zusammenhang einmal klar ist, wird es sicherlich für sie einfacher, autoritäre Methoden und damit auch die Angst vor Kontrollverlust aufzugeben.

In Konfliktsituationen bin ich mir manchmal über meine eigenen Bedürfnisse nicht im klaren!

Das Leben mit einem Baby ist ein ständiger Entscheidungsprozeß, da Eltern – besonders wenn es ihr erstes Kind ist – sich vorher nie in dieser Situation befunden haben. Sie müssen sich selbst immer und immer wieder fragen: »Was brauche ich jetzt wirklich? Stört mich das Verhalten meines Kindes tatsächlich?« Eltern, die sich ihrer eigenen Bedürfnisse nicht sicher sind, sind unfähig, in Konfliktsituationen mit ihrem Baby positive und produktive Entscheidungen zu treffen. Deshalb ist es äußerst wichtig, zu sich selbst und zu seinem Kind ehrlich zu sein, damit keine sich widersprechenden Botschaften vermittelt werden.

Eine Möglichkeit für Eltern, ihre Bedürfnisse herauszufinden, besteht darin, mit einem anderen Erwachsenen über die Gefühle zu sprechen, die während eines Konfliktes mit dem Baby auftreten. Sind die Gefühle erst einmal ausgedrückt und entlastet, werden die eigenen Bedürfnisse klarer.

Manchmal werden die Dinge auch deshalb kompliziert, weil

Eltern meinen, sie brauchen etwas Bestimmtes, obwohl sie es nicht wirklich benötigen. Falsche elterliche Bedürfnisse können Konflikte verursachen, wo normalerweise keine sind. Hierzu drei Beispiele: 1. Eine Mutter »braucht« es, daß ihr Baby jeden Abend um Punkt sieben Uhr schläft. 2. Ein Vater denkt, er »braucht« es, daß sein Kind spätestens zu seinem zweiten Geburtstag sauber ist. Ein Konflikt entsteht, wenn es sich weigert, auf den Topf zu gehen. 3. Eine Mutter hat das Gefühl, daß ihre Wohnung zu jeder Zeit aufgeräumt sein »muß«. Ein Konflikt entsteht, wenn ihr Baby Spielzeug im Wohnzimmer liegen läßt.

Falsche Bedürfnisse sind immer starr, unflexibel und manchmal sogar unlogisch. Sollen Eltern bemüht sein, ihre eigenen falschen Bedürfnisse zu erfüllen? Idealerweise nicht, da es schwierig sein dürfte, den Säugling, ohne ihn zu unterdrücken, an die eigenen Starrheiten anzupassen, aber in der Praxis ist es für Eltern nicht immer einfach, falsche von wahren Bedürfnissen zu unterscheiden. Können sie jedoch darüber sprechen, ohne unterbrochen zu werden oder Ratschläge zu bekommen, und werden sie auch zur Entlastung ermutigt, stellen sie bald fest, daß viele ihrer »Bedürfnisse«, die ihre Wurzeln in ihrer eigenen schmerzlichen Kindheit haben, keine wahren Bedürfnisse sind. Auf diese Weise können sie fast automatisch die kindlichen Verhaltensweisen besser akzeptieren.

Sehr mutige Eltern können auch noch eine andere Methode benutzen, um falsche Bedürfnisse zu überwinden. Ein Beispiel: Um festzustellen, welche Gefühle hochkommen, kann eine Mutter, die sehr empfindlich auf Unordnung reagiert, versuchen, einen Tag lang nicht aufzuräumen. Sie wird ohne Zweifel in dieser Zeit sehr starke Gefühle entwickeln. Jetzt kann sie diese Gefühle entlasten und wird dadurch ihr starres »Bedürfnis« nach Ordnung überwinden. Gleichzeitig heilt sie sich selbst von vergangenen Verletzungen.

*Was passiert, wenn es keine Lösung gibt, die unser beider
Bedürfnisse erfüllt?*

Auch wenn Eltern sich über ihre eigenen, echten Bedürfnisse im
klaren sind, gibt es Situationen, in denen eine befriedigende
Lösung unmöglich scheint. Es gibt offenbar keine Möglichkeit,
die Bedürfnisse des Babys zu erfüllen. Einige Beispiele:

Die Familie muß ein Flugzeug erreichen, aber das Baby ist so mit
seinem Spielzeug beschäftigt, daß es nicht angezogen werden will. Es
ist auch nicht möglich, das Spielzeug mitzunehmen.
Ein zweiundzwanzig Monate altes Baby klettert auf den Küchentisch
und greift nach dem Rollo, mit dem die Eltern immer herumhantieren
und das es interessiert. Es soll nicht mit diesem gefährlichen Gegenstand spielen, akzeptiert jedoch keine Alternative. Es möchte das Rollo
untersuchen und nichts anderes.
Es besteht der Verdacht, daß der Säugling eine Ohrinfektion hat und
man eine Ohrspiegelung machen muß – eine beängstigende Untersuchung. Er weigert sich, stillzuhalten, während der Arzt ihn untersucht.

Der einzige Grund für diese Konfliktsituationen ist der Informationsmangel des Kindes. Es hat noch nicht die geistige Fähigkeit,
Konsequenzen zu erkennen. Haben Kinder erst einmal mehr
Informationen über Dinge wie Flugpläne, Gefahrenquellen und
medizinische Behandlungen, entstehen solche Konflikte seltener.
Selbst in diesen Situationen ist es jedoch nicht nötig, daß Eltern
ihre Zuflucht im Gebrauch von Strafen suchen, aber es *kann* sein,
daß sie ihre Macht benutzen müssen, was das Baby frustriert und
verärgert. Steht fest, daß die Ausübung von Macht notwendig ist,
können Eltern das Trauma für den Säugling verringern, indem sie
folgende vier Hinweise beachten:
1. Sie können das Baby im voraus auf die Handlung vorbereiten,
2. Erklärungen abgeben, 3. fest und beständig bleiben und 4.
dem Baby die Gelegenheit zur Entlastung geben. Jeden dieser
vier Vorschläge erläutere ich einzeln.
Der Gebrauch von Macht kann dann weniger schädlich sein,
wenn der Säugling im voraus weiß, was ihn erwartet. Zum
Beispiel kann man ihm sagen, daß er die Klötzchen noch einmal

aufstapeln kann, bevor es Zeit ist zu gehen. Das ist weniger traumatisch, als ihn plötzlich, ohne Vorwarnung, wegzutragen. – Es gibt natürlich auch Situationen, in denen keine Zeit für eine Warnung besteht, besonders dann, wenn die direkte Sicherheit des Babys angesprochen ist.

Erklärungen sind immer wichtig. Nur so kommen Säuglinge zu neuen Informationen. Man sollte ihnen mitteilen, daß das Flugzeug auch ohne sie abfliegen würde, daß sie sich an den Rollo-Blättern schneiden könnten und daß es für ihr Wohlbefinden notwendig ist, den Arzt ins Ohr schauen zu lassen. Obwohl sie die Erklärungen vielleicht noch nicht verstehen, ist es besser, sich von Anfang an daran zu gewöhnen, etwas zu erläutern.

Weniger verwirrend für das Baby ist es, wenn die Eltern fest und klar auf dem bestehen, was sie auch angekündigt haben. Ändern Sie jedoch ihre Ansicht ständig, hat der Säugling das Gefühl, durch seine Macht die Situation zu bestimmen, um dann wieder festzustellen, daß ihm seine Macht genommen wird.

Der vierte Vorschlag ist sehr wichtig. Babys müssen ihren Ärger und ihre Wut äußern dürfen, wenn etwas gegen ihren Willen geschieht. Eltern können ihnen vermitteln, daß sie ihre Gefühle verstehen – und sie weinen lassen. Ebenso wichtig ist es, aufmerksam dabei zu bleiben und sie nicht abzulenken. In der folgenden Situation beherzigte ich diese Anregungen:

Mit elf Monaten bestand bei meinem Sohn der Verdacht einer Ohrinfektion. Für eine richtige Diagnose war es notwendig, eine Ohrspiegelung machen zu lassen. Ich sagte ihm, daß wir zu einem Arzt gehen würden, der ihm vielleicht helfen könne. Im Wartezimmer erklärte ich genau, was der Arzt machen würde und machte es ihm sogar vor, indem ich in sein Ohr schaute. Auf dem Untersuchungstisch schrie und wand mein Sohn sich, so daß ich ihn sehr festhalten mußte. Ich erklärte ihm ruhig, daß ich ihn halten müsse, damit der Arzt in seine Ohren gucken könne. Er schrie und weinte die ganze Zeit und ich gab ihm meine ganze Aufmerksamkeit. Nachher hielt ich ihn im Arm und er weinte noch ein bißchen.

In einer solchen Situation dem Baby beim Weinen zuzuhören, kann für Eltern sehr schwierig sein, da sie sich möglicherweise direkt für den verursachten Schmerz verantwortlich fühlen. Das Schlimmste wäre jetzt jedoch, dem verletzten oder enttäuschten Baby seine Gefühle abzusprechen. Viel zu häufig hört man noch Äußerungen wie »Das hat doch nicht weh getan«, »Ach, das war ja gar nicht schlimm«, »Es ist doch alles in Ordnung«, »Sei nicht ärgerlich« usw. Säuglinge haben sehr starke Gefühle, die bemerkt, akzeptiert und beachtet werden müssen.

Mit etwa einem Jahr wird es schwieriger, dem Baby einen befriedigenden Ersatz zu verschaffen, wenn es einen neuen Gegenstand untersuchen will. In ihren Wünschen sind Kleinkinder sehr bestimmt, daher ist es ratsam, unangemessene Gegenstände außerhalb ihres Sichtkreises aufzubewahren. Aber selbst das wird immer schwieriger, wenn sie größer werden und die Fähigkeit zu klettern entwickeln.

Den Eltern bleibt dann keine andere Wahl, als feste Grenzen zu setzen, indem sie den Säugling oder den Gegenstand wegtragen, und die Entlastung zu unterstützen in der Hoffnung, das Baby lernt, diesen Gegenstand nie wieder zu berühren. Jedesmal, wenn ihm auf seinem Entdeckungsgebiet Grenzen gesetzt werden, wird das Baby weinen und wüten – und das sollte ihm auch erlaubt werden. Ein Beispiel:

Mit sechzehn Monaten kletterte meine Tochter auf einen Tisch im Wohnzimmer und fing an, Lichtschalter und Birne der eingeschalteten Tischlampe zu untersuchen. Ich war besorgt, daß sie sich verbrennen oder einen elektrischen Schlag bekommen würde, bat sie, diese Teile der Lampe nicht zu berühren und zeigte ihr statt dessen, daß sie den Lampenfuß anfassen könne (ein annehmbarer Verhaltensersatz). Es gelang mir trotz wiederholter Versuche nicht, sie von ihrem Tun abzubringen. Ihr Entdeckungsdrang und ihre Neugierde waren zu diesem Zeitpunkt stärker als ihre Neigung zu gehorchen, und sie spielte weiter mit dem Schalter. Ich entschied mich, meine Macht ins Spiel zu bringen und hob sie sanft, aber bestimmt von der Lampe weg, nahm sie auf den Schoß und erklärte ihr, wie gefährlich es sei, diese Teile der Lampe zu berühren. Sie weinte eine Minute lang sehr heftig und ich gab ihr meine Aufmerksamkeit. Sie ging dann wieder zurück zur Lampe und ich zeigte ihr noch einmal, wie sie den Lampenfuß berühren könne, was sie dann auch tat. Den Schalter berührte sie nicht mehr. Ich hatte ihr eine bestimmte Grenze gesetzt, jedoch ohne unnötige Schmerzen oder Verwirrung zu bewirken.

Schläge würden der Verletzung nur noch eine Beleidigung hinzufügen. Das Kleinkind hat genug Enttäuschung und Ärger durch die Grenzsetzung erfahren.

Kann mein Baby auch ohne Strafen die Gefahrenquellen des Haushalts vermeiden lernen?

Man kann die Tatsache nicht leugnen, daß Strafen sehr wirkungsvoll sind. Schlägt man den Säugling, nachdem er eine Steckdose berührt hat, wird er sie wahrscheinlich in Ruhe lassen. Strafen verursachen Angst, und Angst führt zur Vermeidung der sie verursachenden Situation. Dieser Kreislauf von Schmerz, Angst und deren Vermeidung ist ein Grundmechanismus der meisten Tierarten. Ohne diese Mechanismen hätte unsere eigene Spezies nicht überleben können, aber der Gebrauch von Strafen hat heutzutage so viele negative Nebeneffekte, daß die Nachteile den Nutzen übersteigen. Die Tatsache, daß die Anwendung von Gewalt wirkt, rechtfertigt nicht ihren Gebrauch.
Eltern, die ihr Baby durch die rationale Methode der Erziehung von unannehmbaren zu annehmbaren Verhaltensweisen führen, sind manchmal überrascht, wenn es später mit der gleichen unannehmbaren Handlung fortfährt. Sie sind durch dieses Verhalten verblüfft und nehmen an, daß ihr Baby sich absichtlich schlecht benimmt. Schließlich greifen sie dann doch zu Strafen. Warum hat die rationale Methode nicht die langanhaltende Wirkung bei kleinen Säuglingen, wenn doch Bestrafungen Erfolg haben? Vergessen die Babys, was sie nicht machen sollen? Man kann diese Frage wohl verneinen. Es kann sein, daß sie sich »falsch« verhalten, weil sie den Begriff »nie« noch nicht verstehen können. Jeder Moment ist vollkommen neu für ein Baby. Es weiß nicht, was Zukunft ist, und es kann nicht wissen, daß das, was *damals* galt, auch *jetzt* noch Geltung hat.

Etwa bis zum achtzehnten Monat haben Babys einfach noch nicht die kognitiven Fähigkeiten, allgemeine Regeln zu verstehen, die ihr Verhalten lenken sollen; Regeln, die die Grenzen von Zeit und Raum überschreiten.[14] Bis zu diesem Alter muß jede Situation wie eine vollkommen neue behandelt werden. Das Säuglingsverhalten muß somit ständig geleitet und gelenkt werden. Aus diesem Grund ist es auch wichtig, die Umgebung so zu verändern, daß eine Grenzsetzung überflüssig wird.

Irgendwann zwischen dem achtzehnten und vierundzwanzigsten Lebensmonat ändert sich die Situation deutlich, da sich die Fähigkeit des Babys, Regeln zu verstehen, entwickelt. Diese Fähigkeit wird bei der Sprachentwicklung deutlich. Die Worte in den Zwei-Wort-Sätzen treten häufig in einer festgelegten Ordnung auf, die einer einfachen grammatikalischen Regel entspricht.[15] Ein Kind kann es sogar intellektuell anregend finden, »Spielregeln« herauszufinden, wie das folgende Beispiel zeigt:

Mit einundzwanzig Monaten trommelte mein Sohn mit dem Löffel auf den Tisch. Ich bat ihn, sofort damit aufzuhören, da es Kerben im Tisch hinterlasse, und schlug ihm vor, seine Tellerunterlage zu benutzen. Er trommelte weiter auf alles, was in seiner Reichweite stand und schaute mich jeweils, in Erwartung einer Reaktion, dabei an. Er klopfte auf einen Teller, ein Glas, eine andere Tellerunterlage und einen anderen Teil des Tisches. Ich sagte ihm jedesmal, ob es in Ordnung wäre oder nicht. Nachdem er alle Möglichkeiten in seiner Reichweite ausprobiert hatte, trommelte er zufrieden auf seinem und einem anderen Telleruntersetzer – den beiden einzigen annehmbaren Gegenständen. Er schien zufrieden darüber zu sein, die Regeln für dieses bestimmte Verhalten herausgefunden zu haben.

Ist die Fähigkeit zu verstehen und Regeln zu befolgen erst einmal vorhanden, sind Eltern zuweilen erstaunt, wie fest ein Kind Regeln und Gewohnheiten befolgt. Möchte ein Kind beispielsweise nicht mehr ohne Lätzchen essen, oder will es nur noch an der Hand einer anderen Person über die Straße gehen, besteht es darauf, bis in die letzte Einzelheit alles »richtig« zu machen. Regeln spielen bei Zweijährigen eine besonders wichtige Rolle, und sie werden deshalb auch oft als zwanghaft beschrieben. Sie genießen die Ausübung ihrer neuen geistigen Fähigkeiten und brauchen gewisse Strukturen in ihrem Leben.

Muß ich konsequent sein, wenn ich Grenzen setze?

Eltern, die autoritäre Methoden und Bestrafungen benutzen, müssen konsequent sein. Inkonsequenz würde die Wirksamkeit der Strafe verringern und das Baby verwirren. Ein unregelmäßiger, inkonsequenter Strafgebrauch würde es in einem allgemeinen Zustand von Unwohlsein und Ängstlichkeit belassen. Es wäre ihm nicht klar, was es darf und was nicht. Die Strafen erschienen ihm willkürlich und ohne Bezug zu seinem eigenen Verhalten. Es könnte keine Verbindungen herstellen und auch einfache Regeln nicht begreifen. Es würde lediglich lernen, daß die Eltern manchmal gemein und manchmal nett zu ihm wären, ohne es voraussehen zu können. Es wüchse nicht nur mit all den Verletzungen auf, die Strafen mit sich bringen, sondern würde zusätzlich niemandem vollständig vertrauen können. Ein inkonsequenter Gebrauch von Strafen ist viel schädlicher als ein konsequenter, doch wie schon erwähnt, ist *jeder* Strafgebrauch schädigend.

Wendet man die rationale Erziehungsmethode an, ist es *nicht* notwendig, konsequent zu sein, da jeder Konflikt unterschiedlich behandelt wird und eine neue angemessene Lösung, die die augenblicklichen Bedürfnisse aller erfüllt, gefunden werden kann. Es ist nur natürlich, daß die Grenzen der Eltern sich von Tag zu Tag verändern. Eltern sind Menschen, deren Gefühle und Bedürfnisse sich ändern und entwickeln. Sie wären nicht ehrlich, wenn sie sich immer konsequent verhielten und einen einheitlichen Block bilden würden. Es gibt keinen Grund, im Namen der Konsequenz willkürlich, unehrlich oder unflexibel zu werden. Ein Beispiel: das Baby knallt laut mit dem Löffel auf das Tablett seines Stühlchens. Ob es die Eltern stört, hängt davon ab, wie sie sich fühlen. Fühlen sie sich gut, und haben sie auch kein

175

besonderes Interesse, sich im Moment miteinander zu unterhalten, besteht kein Grund, das Baby aufzufordern, damit aufzuhören. Hat jedoch einer von ihnen Kopfschmerzen, oder möchten sie miteinander sprechen, stört sein Verhalten. Sie möchten zwar nicht, daß es nie mehr auf dem Tablett herumtrommelt, sondern nur in dieser bestimmten Situation soll es damit aufhören. Da sie nicht eine allgemeine Haushaltsregel aufstellen wollen, ist es vollkommen in Ordnung, an unterschiedlichen Tagen verschiedene Grenzen zu setzen. Der große Vorteil der rationalen Erziehungsmethode besteht darin, daß Eltern sich ihrem Baby gegenüber sowohl sehr frei und flexibel aber auch sehr menschlich verhalten können. Eltern, die Strafen anwenden, haben diese Freiheit nicht, da Schmerzen einen sehr starken Einfluß haben. Durch die rationale Methode lernt das Baby Konfliktlösungen, die es sein Leben lang verwenden kann. Es lernt, daß verschiedene Personen unterschiedliche Bedürfnisse haben und daß eine Person zu bestimmten Zeiten verschiedene Bedürfnisse hat. Dieses realistische, lebensnahe Bild des Menschen wird dem Baby nahezu automatisch durch die rationale Methode vermittelt.

In allen Familien gibt es Regeln, die starr sind, und die sich nicht von Tag zu Tag ändern. Für diese Regeln können Eltern konsequent Grenzen setzen. Beispiele für diese Haushaltsregeln mögen sein: Spielverbot am Küchenherd, außerhalb des Badezimmers nicht mit Wasser spielen, die Wände nicht bemalen, nicht mit scharfen, spitzen Gegenständen herumrennen usw. Ganz bestimmt ist es aber möglich, diese auch von Kleinkindern gewollten »Haushaltsregeln« ohne den Gebrauch von Strafen zu lernen und zu befolgen.

Mein Baby verhält sich mir gegenüber ablehnend. Wie kann ich damit umgehen?

Zwischen dem achtzehnten und dreißigsten Lebensmonat reagieren viele Kleinkinder gegenüber ihren Bezugspersonen ablehnend. Sie werden häufig als störrisch, eigensinnig, ungehorsam und widerspenstig beschrieben. Ihr Lieblingswort ist »Nein!«.
Wie kommt es dazu? Wenn im ersten Jahr die Entwicklung normal verläuft, zeigt der Säugling ein Gespür für seine eigene Macht. Er stellt nicht nur fest, daß man seine Bedürfnisse beachtet, sondern auch, daß er eine aktive Rolle spielt bei Entscheidungen, die ihn betreffen. Im zweiten Jahr entsteht ein Verlangen nach Selbstbestimmung. Das Kleinkind möchte sein eigenes Leben in die Hand nehmen. Es hat grundlegende motorische Fähigkeiten erlernt, ein beträchtliches Sprachverständnis erlangt und das Gefühl, daß seinen Handlungen keine Grenzen gesetzt werden sollten. Es möchte alle Entscheidungen selbst treffen, und niemand soll über es bestimmen. Diese Reaktion ist sehr gesund und tritt bei allen Kindern auf, die einen starken Sinn für ihren eigenen Wert, ihre Fähigkeiten und Macht haben. Aber aus mehreren Gründen verläuft dieser Zeitabschnitt nicht immer sehr harmonisch. Die Kinder sind sich tatsächlich ihrer eigenen Grenzen bewußt, obwohl sie ein sehr großes Bedürfnis nach Eigenständigkeit haben. Sie nehmen wahr, daß sie vieles noch nicht machen können und sind leicht und häufig frustriert.

Mit zweiundzwanzig Monaten fing mein Sohn an, sich selbst ausziehen zu wollen. Er weinte und wütete, wenn ich es für ihn machte, obwohl er sich noch nicht sehr geschickt anstellte. Nach mißlungenen Versuchen weinte und wütete er aus reiner Verzweiflung und schrie, weil ich ihm nicht geholfen hatte.

Kleinkinder merken, daß sie von anderen abhängig sind, die sie mit Nahrung, Liebe und Anregungen versorgen. Die Hauptentscheidungen ihres Lebens werden immer noch von anderen getroffen – wer für sie sorgt, wo sie leben und wo sie täglich hingehen. Aus diesem Grund versuchen sie verzweifelt, ihre Ansprüche zur Geltung zu bringen, wo und wann immer sie können. Eine Art, ihren Kampf um Macht und Selbstbestimmung zu zeigen, liegt in ihrem »Nein!« Dieses eine Wort sagt: »Ich möchte mein eigenes Leben führen. Ich möchte als eigenständige Person behandelt werden und etwas dazu sagen, was mit mir geschieht. Ich möchte meine eigenen Entscheidungen treffen.«

Viele Eltern betrachten dieses Entwicklungsstadium nicht als gesund und begrüßenswert und wollen deshalb diesen Drang nach Selbstbestimmung unterbinden. Sie verursachen immer wieder neue Frustrationen, wenn sie das Kind zwingen, etwas zu tun, was es nicht möchte, wenn sie ihm etwas abnehmen, was es selbst machen könnte und eine Entscheidung treffen, ohne seine Wünsche zu berücksichtigen.

Es gibt verschiedene Möglichkeiten, bei einem Kind Zusammenarbeit zu bewirken und zur selben Zeit Selbstbestimmung und Macht zuzulassen. Jede Methode, die ihm Kontroll- und Wahlmöglichkeiten läßt, ist wahrscheinlich deshalb wirkungsvoll, weil es sich nicht beherrscht und überwältigt fühlt. Ein Beispiel: Eine Mutter muß ihr Kind anziehen, es weigert sich jedoch stillzuhalten und rennt statt dessen durch die ganze Wohnung. Zunächst kann man ihm nun die Möglichkeit geben, sich selbst anzuziehen; ein anderes Mal kann man das Kind entscheiden lassen, was und wo es angekleidet werden möchte, oder man fragt, wann es angezogen werden möchte. Die Mutter kann ihm auch zeigen, daß sie bereit ist, es anzuziehen und bitten, sie wissen zu lassen, wann es Interesse daran hat. Oder die Mutter kann das Kind entscheiden lassen, womit es spielen will, während sie es anzieht. Wichtig in dieser Ablehnungsphase ist, viel Zeit für Routinehandlungen, wie etwa das Anziehen, zur Verfügung zu stellen.

Zusammenarbeit kann auch dadurch entstehen, daß man die in Frage stehende Handlung in ein Spiel verwandelt. Eine massive elterliche Anordnung wird in diesem Entwicklungsstadium fast immer mit einem festen »Nein!« beantwortet. Kann das Kind jedoch irgend einen Spaß für sich erkennen, wird es eher kooperieren. Hier zwei Beispiele:

Anstatt zu sagen: »Es ist jetzt Zeit, die Bauklötze wegzupacken«, können die Eltern sagen: »Guck mal, die kleine Maus geht nach Haus«, und das Klötzchen tippelt wie eine Maus in die Kiste. Mit einiger Wahrscheinlichkeit will das Kind an dem Spaß teilnehmen und alle »Mäuse« nach Hause bringen.

Anstatt zu sagen: »Jetzt mußt du deine Zähne putzen«, können die Eltern vorschlagen, sich gegenseitig die Zähne zu putzen.

Die dritte Methode, ein Kleinkind zur Zusammenarbeit zu ermutigen, ist, es wissen zu lassen, *warum* bestimmte Anforderungen gestellt werden. Jeder möchte den Grund für Befehle und Verbote, die er erfüllen soll, kennen – und auch Säuglinge bilden hier keine Ausnahme. Im folgenden gebe ich ein Beispiel von meinem Sohn, bevor er zwei Jahre alt war:

Damit keine Fliegen ins Haus kämen, wollte ich, daß die Haustür geschlossen blieb und sagte: »Machst du bitte die Tür zu!« Es ist nicht weiter erstaunlich, daß er sich weigerte, diesem Wunsch nachzukommen. Ich überlegte einen Augenblick und sagte dann: »Machst du bitte die Tür zu, damit die Fliegen nicht hereinkommen!« Er sprang sofort auf und schloß die Tür. Es bedurfte in den nächsten Tagen nur noch einiger Erinnerungen in dieser Form, daß er jedesmal, wenn er hinausging oder hereinkam, die Tür hinter sich schloß.

Der Wunsch eines Kindes nach Selbstbestimmung kann bei Eltern viele negative Gefühle auslösen. Befinden Erwachsene sich in einer Situation, in der sie nicht ohne weiteres ihre Kontrolle ausüben können, beispielsweise mit einem sehr willensstarken Kind, werden sie an die vielen Jahre ihrer eigenen Ohnmacht erinnert, als sie noch jung waren. Tatsächlich ist das Kind nicht die Ursache ihrer schlechten Gefühle. Es ist eine unschuldige kleine Person, die versucht, ihre eigenen Bedürfnisse zu erfüllen. Sein Verhalten bringt lediglich die Ohnmachtsgefühle an die Oberfläche, die die Eltern schon in sich tragen. Eine Mutter beschrieb diese Situation:

Wenn mein Sohn sich nicht von mir anziehen läßt, merke ich, daß ich ihn nicht dazu zwingen kann. Er ist zu stark für mich. In solchen Situationen fühle ich mich völlig hilflos und ohnmächtig. Ich habe dann das Gefühl, daß ich überhaupt nichts machen kann, um ihn anzuziehen.

Das macht mich so ärgerlich, daß ich ihn am liebsten verprügeln und anschreien würde.

Eltern müssen diese Gefühle von Ohnmacht, Ärger und Unzulänglichkeit auflösen. (Einige Übungen am Ende dieses Kapitels sind dafür hilfreich.) Aber es ist auch wichtig, daß Kinder ihre Ansprüche zur Geltung bringen können und daß man sie nicht überwältigt oder beeinflußt. Eltern können ihr Leben und ihre Pläne so gestalten, daß ihr Kind die Zeit und die Freiheit hat, sich so zu entfalten, wie es möchte.

Wie kann ich mich verhalten, wenn mein Baby wütend wird?

Ein Wutanfall ist ein natürlicher, spontaner Ausdruck von Ärger. Ein Kind, das enttäuscht und verärgert ist, wirft sich oft auf den Boden, schlägt mit Armen und Beinen um sich und weint, oder es bleibt stehen und stampft mit den Füßen auf, während es weint.

Diese Wutanfälle können sich nach einer vollkommen vernünftigen Grenzsetzung ergeben. Ähnlich wie beim Weinen sollten auch Wutanfälle weder unterbrochen oder bestraft noch ignoriert werden. Kinder brauchen liebevolle Aufmerksamkeit, wenn sie ihren Ärger lösen. Ermutigt man ein Kind zum Schreien und Toben, taucht es ruhig und glücklich, ohne eine Spur von Ärger, aus diesem Wutanfall auf und geht seiner Beschäftigung nach, als wäre nichts gewesen.

Schon von Geburt an entlastet das Baby auch Ärger, wenn es beim Weinen mit Armen und Beinen strampelt. Aber die Wutentlastung erhält im zweiten Jahr eine neue Dimension, wenn das Kind alles selber machen und seine eigenen Entscheidungen treffen möchte. Man sollte sich deshalb bemühen, Enttäuschungen zu vermeiden, die Wutanfälle zur Folge haben. Gerät ein Kind häufig in Wut, können die Eltern sich fragen, ob sie sein Leben weniger frustrierend gestalten können. Doch gibt es auch

Wutanfälle, die nicht vermeidbar sind. Kinder erfahren Enttäuschungen einfach durch ihre Umgebung, ohne daß sich jemand unterdrückend verhält.

Kinder haben in der Regel keine Angst vor ihrer eigenen Wut. Ihr Weinen und Wüten erschreckt sie nicht mehr, als ihr eigenes Atmen; reagieren die Eltern jedoch grob, kann daraus Ängstlichkeit erwachsen. Schicken sie ihr Kind auf sein Zimmer oder entziehen ihm in sonstiger Form Liebe und Unterstützung, kann das Verlassensangst oder das Gefühl von Liebesverlust auslösen. Für ein Kind gibt es nichts Erschreckenderes, als eine mögliche Zurückweisung. Eventuell entwickelt dieses Kind ein übertriebenes Machtgespür, so daß sein Verhalten einen Bruch in der liebevollen Bindung zu seinen Eltern verursacht. Das Ergebnis kann Verwirrung und Angst vor der eigenen Wut sein. Säuglinge brauchen die ständige Versicherung, daß nichts zwischen sie und ihre Eltern treten kann. Besonders, wenn sie weinen und toben, brauchen sie Nähe und Liebe.

Der Ärger in einem echten Wutanfall wird normalerweise völlig harmlos entlastet, ohne daß jemand verletzt wird. Es gibt jedoch auch Zeiten, in denen das Kind seinen Ärger gegen seine Eltern richtet und versucht, sie zu schlagen. Ist es selbst in der Vergangenheit schon geschlagen worden, oder wurde es einschränkend oder autoritär behandelt, ist dieses Verhalten noch leichter vorstellbar. Es besteht jedoch kein Grund, hierauf betroffen zu reagieren, obwohl die Eltern sich vor tatsächlichen Verletzungen schützen sollten. Das Schlagen ist normalerweise kein Teil des Entlastungsprozesses. Die Tränen fließen erst, wenn die Eltern ihr Kind liebevoll aber bestimmt am Schlagen hindern. Hierüber werde ich später noch mehr sagen.

Für viele Eltern ist es sehr schwierig, Wutanfälle zu erlauben und zu akzeptieren. Oft werden sie als Zeichen für ein »verwöhntes« Kind mißverstanden. Die Eltern haben das Gefühl, daß es nur »seinen Kopf durchsetzen will«. Ein wirklicher Wutanfall wird jedoch nicht dazu benutzt, seinen Willen durchzusetzen, sondern ist ein Grundbedürfnis, angestaute Gefühle zu entlasten. Besonders wenn das Kind seine Wut in der Öffentlichkeit zeigt, fühlen sich Eltern beschämt. Sie sorgen sich dann darüber, was andere über sie denken mögen oder daß ihr Kind die anderen störe. Diese starken Gefühle veranlassen sie dann, ihr Kind auf grobe Weise von der Entlastung abzubringen.

Ein anderer Grund dafür, daß es für Eltern schwer sein kann, Wutanfällen zuzuhören, ist ihr geheimer Wunsch, ihre *eigene* aufgestaute Wut zu äußern. Es ist nicht einfach, jemand anderem zu gestatten, Wutgefühle auszudrücken, wenn man selbst immer davon abgehalten wurde. Viele Eltern wurden als Kinder nicht beachtet, abgelenkt, belächelt, beschämt, getadelt oder bestraft, wenn sie ihre Wut entlasten wollten. Ganz besonders gilt dies in der westlichen Kultur für Frauen. Kleinen Mädchen wird gesagt: »Wutanfälle sind nicht damenhaft.« Viele Frauen mußten ihren Ärger in solchem Maße unterdrücken, daß sie sich selbst nicht einmal mehr bewußt sind, daß sie diese Gefühle haben.

Erwachsene aus dem Re-Evaluation Counseling haben berichtet, daß echte Wutentlastung erst nach ausgiebigem Weinen und Zittern möglich ist. Bei Erwachsenen drückt sich das Lösen von Wut durch schnelles heftiges Sprechen aus und durch Bewegungen, denen Gefühle von Macht und Lebenslust folgen. Mit Gewalt oder Zerstörung, die man in unserer Kultur als »Wut« bezeichnet, hat das nichts zu tun. Dieses aggressive und verletzende Verhalten überdeckt nicht-entlastete Trauer und Angst, die bei den Menschen auftritt, die sich nicht sicher genug fühlen zu entlasten.

Wie kann ich mich verhalten, wenn mein Baby aufsässig, auflehnend und zerstörerisch ist?

Ebenso wie bei Erwachsenen, ist auch bei Säuglingen zerstörerisches, aggressives Verhalten keine Entlastung. Es zeigt lediglich an, daß das Baby negative Gefühle angesammelt hat, die entlastet werden müssen. Wurden seine Bemühungen, zu weinen und zu wüten, wiederholt übersehen, abgelenkt oder bestraft, fühlt es sich nicht sicher genug, diese Gefühle zu zeigen. Dieses Baby kann so viele angestaute Gefühle und Spannungen haben, daß es »wild« wird und andere Menschen und Tiere verletzt oder Gegenstände zerstört. Hier einige Beispiele:

Ein Kind wirft mit Klötzen nach einer Katze. Die Eltern erklären ihm, daß es die Katze verletzen würde und schlagen ihm vor, die Klötze auf das Sofa zu werfen. Aber das Kind wirft weiterhin nach der Katze.
Ein Kind schlägt und beißt andere Leute, ohne ersichtlichen Grund.
Ein Kind nimmt einen zerbrechlichen Gegenstand und wirft ihn absichtlich auf den Boden, obwohl die Eltern ihm gesagt haben, daß er zerbrechen würde.
Eine Mutter will die Wäsche zusammenlegen und fragt ihr Kind, ob es nicht mithelfen möchte, alle Socken zu finden. Es weigert sich nicht nur zu helfen, sondern wirft den ganzen Wäschekorb um und verteilt die Wäsche im Zimmer.

Einige Eltern glauben jetzt, daß ihr Kind »eine Ohrfeige haben möchte« und setzen ihm durch Strafen eine Grenze. Wie schon erwähnt, ist der Gebrauch von Strafen unterdrückend, aber er kann dem Zweck dienen, daß das Kind mit der Entlastung beginnt. Nachdem es heftig geweint hat, fühlt es sich besser, und sein zerstörerisches Verhalten kann sich verändern. Obwohl die Eltern den Eindruck haben könnten, daß ihre Bestrafung gewirkt hat, ist diese Methode nicht zu empfehlen, da in Wirklichkeit nicht die Strafe das Verhalten verändert hat, sondern die Möglichkeit zu entlasten.
Man kann zerstörerisches und aggressives Verhalten aber auch beenden und Entlastung hervorrufen, ohne Strafen anzuwenden. Der erste Schritt besteht darin, spontanes Weinen des Säuglings zu erlauben und zu unterstützen; eine Gelegenheit bietet sich an, wenn er sich körperlich verletzt hat. Können die Eltern dann liebevoll und aufmerksam bei ihm bleiben, ohne sein Weinen zu unterbrechen, vermag sich ein Vertrauensverhältnis zwischen Eltern und Kind aufzubauen. Das Kind erkennt, daß es sicher genug ist, jetzt zu weinen; zudem entwickeln die Eltern Vertrauen in ihre Fähigkeit, ihm dabei zuzuhören.
Eltern können auch versuchen, sich klar zu werden, auf welche

Art und Weise sie ihr Baby von der Entlastung abhalten. Neigen sie dazu, zu sprechen anstatt zuzuhören? Interpretieren sie jede Unruhe als Durst, Hunger oder Spielbedürfnis? Stillt die Mutter ihr Baby, anstatt es weinen zu lassen? Trägt der Säugling ein Kontrollmuster mit sich herum, einen Schnuller, eine Schmusedecke, eine Flasche? Die Eltern können jedes Kontrollmuster beseitigen, das sie entdecken, und dem Baby so die Möglichkeit geben, zu fühlen und seine Gefühle loszulassen, anstatt sie in sich zu verschließen.

Diese Schritte veranlassen das Baby, mit der Entlastung zu beginnen, und sein zerstörerisches und aggressives Verhalten wird sich wahrscheinlich verändern. Ist kein Wandel festzustellen, müssen andere Maßnahmen ergriffen werden. Die Eltern können mit ihm in ein Zimmer gehen, das keine Ablenkung bietet, es bestimmt aber liebevoll festhalten und ihm erklären, daß sie dieses Verhalten nicht gestatten. Je sicherer und geliebter ein Baby sich fühlt, je besser und länger kann es entlasten. Das eine Kind kämpft verzweifelt darum, daß es weglaufen kann, ein anderes wird vielleicht um Dinge bitten, die es nicht wirklich braucht; es ist nämlich schmerzvoll und unbequem, gezwungen zu werden, all die schweren Gefühle, die sich angestaut haben zu fühlen, jedoch können ein bißchen Geduld, Liebe und Hartnäckigkeit von seiten der Eltern helfen, das Weinen hervorzubringen. Ein Beispiel:

Ein kleiner Junge, den ich häufig sah, fing kurz nach seinem zweiten Geburtstag an zu schlagen. Wenn er enttäuscht war, schlug er anderen Kindern mit irgendeinem Gegenstand fest auf den Kopf. Obwohl die Eltern ihm erklärten, daß er die anderen Kinder verletze, schlug er weiter. Die Erklärungen brachten keine Entlastung. Eines Tages entschied ich schließlich, drastischere Maßnahmen zu ergreifen und nahm ihn, als er das erste Mal schlug, mit in ein anderes Zimmer und sagte ihm, daß er weinen könne. Er erklärte, daß er lieber weiterspielen wolle. Ich wiederholte, daß ich ihn noch bei mir behalten wolle, streichelte sein Gesicht und sagte ihm, daß es schön sei, mit ihm zusammenzusein. Dann wollte er seine Decke haben, und ich sagte: »Deine Decke fehlt dir, nicht wahr?« Da fing er an zu weinen und weinte beinahe eine Stunde lang. Während des Weinens gähnte er und sein ganzer Körper zitterte. Immer, wenn er zu weinen aufhörte, erinnerte ich ihn an seine Decke. Ich hielt ihn nur und gab ihm meine ganze Aufmerksamkeit, während er entlastete. Einige Tage später, als ich wieder bei ihm war, schlug er nicht mehr und war sanfter als sonst.

Ein einmaliges Weinen wie dieses wird wahrscheinlich keine fortwährende Besserung bringen, da Säuglinge, die sich zerstörerisch und aggressiv verhalten, viele Stunden entlasten müssen, bevor sie wieder sanft und kooperativ werden.
Gewalttätiges, auflehnendes und zerstörerisches Verhalten verleitet die Eltern oft zu der Überzeugung, daß den Menschen ein aggressives Verhalten angeboren sei. Babys, die täglich zur Entlastung ermutigt werden, sind jedoch sanft, liebevoll, kooperativ und respektieren ihre Umgebung sowie andere Menschen. Aggression taucht nur als Ergebnis von Verletzungen auf, sie ist *kein* Charakterzug, mit dem die Menschen geboren werden.
Gewalttätiges Verhalten kann sich aus einer Verbindung von angestauten Gefühlen, ungenügender Entlastung und einem Vorbild von Gewalt entwickeln – unterstützt entweder durch eigene Erfahrungen oder durch Beobachtung.
Ein Baby zum Weinen zu »zwingen«, scheint gegen eine der Grundannahmen dieses Buches zu sprechen, welche lautet »du kannst deinem Baby vertrauen«. Aber ich will daran erinnern, daß Babys sich nie aggressiv verhalten würden, wäre ihre natürliche, spontane Neigung zu entlasten, nicht unterdrückt worden. Hätten die Eltern richtige Informationen über die Wichtigkeit des Weinens gehabt, hätten sie ihrem Baby erlaubt zu weinen und es dazu ermutigt, ohne es zu unterbrechen. Wichtig ist auch, daran zu erinnern, daß Säuglinge, die nicht genug weinen konnten, bis zu einem gewissen Grad den Kontakt zu ihren tatsächlichen Bedürfnissen verloren haben. Ihnen ist nicht klar, daß sie eigentlich weinen möchten, wenn sie zerstören und schlagen.
Will man ein aggressives Baby von seiner Handlung abhalten, damit es entlastet, sollte man dies nicht verärgert tun. Reizt oder ärgert das Verhalten des Babys die Eltern, so ist es ratsam, daß erst sie ihre negativen Gefühle entlasten, bevor sie versuchen, ihrem Baby die zur Entlastung notwendige Aufmerksamkeit zu

geben. Steht den Eltern kein passendes Mittel zur Verfügung, um Entlastung zu bewirken, können sie versuchen, durch ein Spiel oder einen Szenenwechsel die Situation und die Stimmung zu verändern.

Ein weiterer Grund, der ein Kind veranlassen kann, sich provozierend zu verhalten, ist mangelnde Aufmerksamkeit. Es unternimmt dann alles, um bemerkt zu werden. Ich konnte dieses wohlbekannte Phänomen bei meiner fünfzehn Monate alten Tochter beobachten:

Ich saß mit meinem Sohn auf dem Sofa und las ihm etwas vor. Meine Tochter kam zu uns herüber und wollte, daß ich mir zusammen mit ihr Bücher anschaue. Ich versuchte, sie mit etwas anderem zu beschäftigen, aber sie ließ nicht locker und wollte meine Aufmerksamkeit haben. Schließlich stellte sie sich vor mich, nahm ein kleines Buch, das ich ihr gegeben hatte und fing an, kleine Papierstücke abzureißen und in den Mund zu stecken. (Ich hatte die Gewohnheit, ihr Papier aus dem Mund zu nehmen, aus Sorge, sie könne daran ersticken.) Ich ging also zu ihr, um ihr das Papier aus dem Mund zu holen, aber sie rannte weg und wollte, daß ich ihr hinterherlief. Dieser ganze Handlungsablauf wiederholte sich noch ein weiteres Mal, bis ich merkte, daß sie absichtlich das Papier in den Mund steckte, um Aufmerksamkeit zu bekommen. (Ich hatte ihr den ganzen Tag über noch keine ungeteilte Aufmerksamkeit gegeben.) Ich nahm sie also auf den Schoß, las meinem Sohn die Geschichte zu Ende vor und verbrachte dann einige Zeit mir ihr.

Mein Baby weigert sich zu teilen. Wie kann ich damit umgehen?

Von einem Baby kann man nicht erwarten, daß es teilen kann. Es hat nicht die Fähigkeit, sich in die Lage eines anderen Menschen zu versetzen oder dessen Standpunkt zu verstehen. Seine Handlungen werden ausschließlich von den eigenen Bedürfnissen und Wünschen geleitet. Sieht der Säugling ein interessantes Spielzeug, nimmt er es einem anderen Kind weg, so als würde er es aus dem Regal nehmen; für ihn besteht da kein Unterschied. Ebenso wird er sich an Spielzeug klammern, das andere ihm wegnehmen wollen. Dieses Verhalten ist sehr ichbezogen. Man kann es aber nicht als schlecht oder aggressiv bezeichnen. Säuglinge können den Sachverhalt des Teilens nicht verstehen, gleichgültig, wie oft man ihn erläutert.

Eine Psychologin der Universität von Kalifornien beobachtete Babys im Alter von ein bis zwei Jahren in einer Spielgruppe, die sich besonders häufig über Spielzeug stritten. Bronson schreibt: »In der überwiegenden Anzahl der vielen Auseinandersetzungen, die wir beobachteten, konnte man keine im üblichen Sinn ›aggressive‹ Haltung beoachten, sondern lediglich ein reines Verlangen, das Spielzeug zu besitzen. Die Tatsache, daß sich das Spielzeug in den Händen eines anderen Kindes befindet, scheint aus der Sicht des Babys völlig unbedeutend zu sein.«[16] Eltern, deren Kinder zusammen spielen, fragen sich oft, ob sie es zulassen sollen, daß ein Kind dem anderen sein Spielzeug wegnimmt. Sollen sie sich einmischen? Und wenn ja, wie? Spielen zwei Babys häufig zusammen, und das eine nimmt dem anderen regelmäßig sein Spielzeug weg, kann es notwendig sein, sich einzuschalten. Diese Situation ergibt sich oft, wenn zwei Geschwister einen geringen Altersunterschied aufweisen. Hier ist es für das jüngere Kind nicht gut, wenn ihm sein Spielzeug ständig weggenommen wird. Wiederholt sich diese Erfahrung Tag für Tag, gibt es den Versuch auf, für seine eigenen Rechte zu kämpfen. Seine Selbsteinschätzung kann dazu führen, daß es sich schwach, hilflos und ohnmächtig fühlt, und es wird nicht leicht sein, diese Haltung aufzugeben. In diesem Fall braucht es jemanden, der seine Rechte durchsetzt. Es ist dann in der Tat vorteilhafter, wenn es weniger mit dem älteren Geschwister zusammen ist und mehr mit gleichaltrigen oder jüngeren Kindern spielt. Ebenso kann es für das ältere gut sein, mit gleichaltrigen oder älteren Kindern zu spielen. So hätten beide die Möglichkeit, verschiedene Spielformen mit anderen zu erfahren, und ihre Einschätzung über die Welt und sich selbst wird realistischer. Diese Rivalität unter Geschwistern verringert sich, wenn die Kinder altersmäßig mindestens drei Jahre auseinander liegen.[17]

Abgesehen von einer solchen Situation besteht kein Grund, sich einzumischen. Kinder werden eine Menge lernen, wenn ihnen erlaubt wird, ihre Probleme selber zu lösen. Die Aufgabe der Eltern besteht darin, jedem Weinen Aufmerksamkeit zu geben und dem Baby dabei zu helfen, die Gefühle des anderen zu verstehen. Es ist jedoch nicht ratsam, daß Eltern Partei ergreifen und die Probleme für ihr Baby zu lösen versuchen.

Ein konstruiertes Beispiel soll zeigen, wie Eltern in einer Auseinandersetzung zweier Kinder um ein Spielzeug handeln könnten:

Sammy hat ein kleines Spielzeug-Zebra, und Betty geht zu ihm und nimmt es ihm weg. Sammy weint und geht zu seiner Mutter. Sie nimmt ihn in den Arm und läßt ihn weinen, ohne etwas zu sagen. Wenn er aufhört, sagt sie: »Es macht dich traurig und wütend, wenn Betty dein Spielzeug nimmt, nicht wahr?« Sammy sieht das Zebra in Bettys Hand und weint noch weiter. Seine Mutter sagt: »Betty will auch damit spielen. Alle beide wollt ihr das Zebra.« Inzwischen sagt Bettys Vater: »Sammy weint, weil er das Zebra haben möchte.« Betty sieht Sammy an, hält das Zebra noch fester und sagt: »Betty will Zebra.« Bettys Vater sagt: »Ja, du willst mit dem Zebra spielen. Ihr beide wollt es haben.« Nach einer Weile findet Betty ein anderes Spielzeug interessanter und läßt das Zebra fallen. Sammy hebt es auf.

In diesem Beispiel ergreifen die Eltern nicht Partei, lösen auch nicht den Konflikt für die Kinder, predigen nicht die Tugenden des Teilens und geben den Babys auch nicht das Gefühl, »böse« zu sein. Sie kommentieren lediglich das Geschehen, respektieren die Gefühle der Kinder und weisen gleichzeitig auf die Gefühle des anderen hin. Obwohl es nicht den Anschein hat, als würde dieses Verhalten sofort etwas bewirken, entwickeln Kinder, die so behandelt werden, allmählich ihre eigenen Strategien und Lösungen, um miteinander zurechtzukommen. Das folgende Beispiel entwickelte mein Sohn, zusammen mit einem anderen Kind, in einer Zeitspanne von einem Jahr, als sie zwischen einem und zwei Jahren alt waren. Die beiden Jungen spielten mehrmals in der Woche miteinander, und niemand löste ihre Auseinandersetzungen für sie, aber Weinen wurde immer erlaubt und unterstützt.

1. Sie hielten ihr Spielzeug ganz fest.
2. Der eine drehte sich vom anderen weg, wenn er ein Spielzeug hatte, das der andere haben wollte.
3. Der eine rannte vor dem anderen weg, wenn er ein Spielzeug hatte, das der andere haben wollte.
4. Sie sagten »nein« zueinander.
5. Der Junge, dem das Spielzeug weggenommen wurde, ergriff ein anderes Spielzeug, das er sich auch wieder wegnehmen ließ und lief dann zu dem Spielzeug, das er ursprünglich haben wollte.
6. Sie fingen an, sich gegenseitig Spielzeug anzubieten, wie in einem Handel.
7. Sie fingen an, mit Worten nach Spielzeug zu fragen.

Als diese beiden Jungen zweieinhalb Jahre alt waren, fanden deutlich weniger Auseinandersetzungen statt. Sie fingen an, spontan zu teilen, wechselten sich ab und sagten sogar »bitte« und »danke« zueinander! Es ist unwahrscheinlich, daß sich ein so reifes Verhalten schon so früh entwickelt hätte, wenn jemand anderes ihre Unstimmigkeiten für sie gelöst hätte. Da sich niemand eingemischt hatte, und sie die Wut während der Konflikte entlasten konnten, waren sie in der Lage, sich über ihre eigenen und auch über die Gefühle des anderen klar zu werden. Als Ergebnis lernten sie schon sehr früh den Standpunkt einer anderen Person verstehen und den Sinn des Teilens kennen. Wir können also einem Baby vertrauen, daß es aus eigenem Antrieb nachdenkt und selbstlos handelt.

Eltern, die ihr Kind ausschimpfen und bestrafen, machen die Sache nur noch schlimmer. Das Kind klammert sich noch fester an seinen Besitz und bekommt das Gefühl, daß sich niemand für es einsetzt. Kinder können erst dann lernen, etwas zu teilen, wenn sie etwas auch voll und ganz besessen haben. Das Sinnvollste, was Eltern machen können, ist, dem anderen Kind zu erklären, daß »Sally jetzt ihr Spielzeug nicht teilen möchte«. Es ist nicht nötig, ein Baby zu zwingen, etwas zu teilen, damit ein anderes Baby zeitweilig glücklich ist.

Für manche Eltern mag es schwierig sein zu akzeptieren, daß ihr wohlerzogenes Kind anderen das Spielzeug wegnimmt und sich auch noch weigert, sein eigenes Spielzeug zu teilen. Dieses vollkommen normale Verhalten schockiert und entrüstet sie oder gibt ihnen das Gefühl, sie hätten als Eltern etwas falsch gemacht. Es kann sie dann besonders aufbringen, wenn sie Schuldgefühle in sich tragen, weil sie ihre eigenen Geschwister falsch behandelt haben; oder sie fühlen ihre Wut, weil sie von ihren Geschwistern schlecht behandelt wurden. Diese Gefühle können der richtigen Handhabung einer Auseinandersetzung zwischen Kindern entgegenstehen. Läßt man diese alten Gefühle jedoch zu und entlastet sie, wird es möglich, in solchen Situationen eine emotionale Distanz zu bewahren. Diese Objektivität von seiten der Eltern ist notwendig, damit die Kinder die Freiheit haben zu lernen, wie sie miteinander umgehen können. Aus diesem Grund ist es so wichtig, daß Eltern ihre eigenen Gefühle entlasten, um sich positiv wirkungsvoll verhalten zu können.

Die Uneinigkeit zwischen Eltern, deren Kinder miteinander streiten, kann ein weiteres Problem darstellen. Es gibt Eltern, die von anderen Eltern ein Eingreifen erwarten, wenn deren Kind Spielzeug wegnimmt oder nicht teilen möchte, und dann unwirsch reagieren, wenn dies nicht passiert. Solche Mißverständnisse können sogar Freundschaften zerstören. Spielen Kinder also häufig miteinander, ist es gut, wenn die betroffenen Eltern ihre Gefühle austauschen und versuchen, eine Einigung darüber zu erzielen, wie sie in Auseinandersetzungen handeln wollen.

Wie und wann soll ich mein Baby daran gewöhnen, auf die Toilette zu gehen?

Die meisten Babys sind vor dem zweiten Lebensjahr noch nicht bereit, sich an die Toilette zu gewöhnen. Eine Studie zeigte keine Verbindung zwischen dem Alter, in dem das Töpfchen-Training begann und dem Alter, in dem das Kind die Toilette tatsächlich benutzte. Die Babys der Studie waren durchschnittlich erst im Alter von zwei Jahren und vier Monaten in der Lage, verläßlich die Toilette zu benutzen, unabhängig davon, wann die Eltern mit dem Üben angefangen hatten.[18] Sind die Kinder im dritten Lebensjahr, beträgt die Gewöhnungsdauer manchmal nur einige Tage oder Wochen.

Es gibt viele Anzeichen für die Bereitschaft, die Toilette zu benutzen. Das Baby muß in der Lage sein, die betreffenden Muskeln zum Urinieren und Kotausscheiden zu kontrollieren. Die Blase muß eine ausreichende Größe erreicht haben, so daß es nur alle paar Stunden urinieren muß. Es muß die Fähigkeit und den Wunsch haben, seine Eltern oder ältere Geschwister nachzuahmen, und es muß ein Stadium erreicht haben, in dem es lernen und Regeln befolgen kann und ein gewisses Sprachverständnis entwickelt hat. Aber diese Anzeichen reichen noch nicht aus. Das Kind muß bereit und willens sein, die große Verantwortung über die Funktionen seines Körpers, die für die Gewöhnung an die Toilette erforderlich sind, zu übernehmen. Diese letzte Bedingung ist wahrscheinlich die wichtigste. Babys können die körperliche und geistige Fähigkeit, sich zur richtigen Zeit auf ein Töpfchen zu setzen, schon erlangt haben, aber es kann sein, daß sie die Verantwortung, sich immer daran zu erinnern, noch nicht übernehmen wollen. Vielleicht versuchen sie gerade, andere Fertigkeiten zu verbessern, oder ihre Aufmerksamkeit ist von anderen Situationen in Anspruch genommen. Welcher Grund hier auch immer zutreffen mag, Babys sind oft noch nicht bereit, sich an die Benutzung der Toilette zu gewöhnen, auch wenn ihre Eltern davon ausgehen.

Die beste Möglichkeit, das Baby an die Toilette zu gewöhnen, ist, ihm zu erklären und zu zeigen, was es damit auf sich hat, und ihm dann die Initiative zu überlassen. Da Babys dazu neigen, ihre Eltern oder ältere Geschwister nachzuahmen, kann es eine hilfreiche Veranschaulichung sein, ihnen zu erlauben, die Toilettenbenutzung der Älteren zu beobachten. Die Eltern können dem Baby auch eine Puppe geben, die Unterhosen trägt und näßt, und es an einem Puppenspiel mit Töpfchen interessieren. Sie können ihm erklären, daß Höschen sauber und trocken bleiben sollten, und daß es sie, wenn es sich auf das Töpfchen setzen will, herunterziehen muß.

Hat das Baby verstanden, was es bedeutet, ein Höschen zu tragen, können die Eltern es jeden Tag entscheiden lassen, ob es ein Höschen, Windeln oder gar nichts tragen möchte. Babys sollten nie dazu gezwungen werden, ohne Windeln herumzulaufen. Es kann durchaus sein, daß das Baby an einem Tag diese Verantwortung übernehmen möchte und danach verlangt, ein Höschen zu tragen, sich aber an einem anderen Tag vielleicht nicht so sicher fühlt; oder es beschäftigen gerade andere Dinge, so daß es vorzieht, Windeln zu tragen. Die Eltern können es wissen lassen, daß es für sie einfacher ist, wenn sie keine Windeln wechseln müssen und es deshalb ermutigen, Höschen zu tragen, sollten ihm aber immer noch die letzte Entscheidung überlassen.

Hat das Baby entschieden, ein Höschen zu tragen, brauchen Eltern es nicht auf das Töpfchen zu setzen oder es daran zu erinnern, daß es keine Windeln trägt. Es wird viel schneller lernen, wenn man es *nicht* erinnert, da es bald merkt, daß es seine eigenen Erinnerungsquellen benutzen muß. Die Eltern können ihm bei der neuen Verantwortung jedoch behilflich sein, indem sie ihm an Tagen, an denen es keine Windeln tragen möchte, Kleider anziehen, die es schnell an- und ausziehen kann.

Diese Methode hat viele Vorteile. Erstens passieren weniger »Pannen« – was für die Eltern angenehm ist. Zweitens führt sie wahrscheinlich nicht zu Problemen, die die Benutzung der Toilette betreffen, da das Kind für sich selber sorgt. Die meisten Schwierigkeiten entstehen erst dadurch, daß Eltern ihr Kind zwingen oder durch Belohnungen bestechen, aufs Töpfchen zu gehen, bevor es dazu in der Lage ist. Der dritte Vorteil dieser Methode besteht darin, daß das Kind das Gefühl für seine Macht, Selbstbestimmung und menschliche Würde behält. Obwohl der Gebrauch von Belohnungen – und manchmal auch von Strafen – das Kind dazu bringen kann, die Toilette zu benutzen, können solche Praktiken für die emotionale Entwicklung des Kindes verheerende Folgen haben. Es ist noch nicht allzu lange her, da war der Gebrauch von Belohnungen im Zusammenhang mit einer Gewöhnung an die Toilette sehr beliebt. In der Hoffnung auf schnelle und gute Ergebnisse, haben die Eltern Zuflucht zu dieser Methode genommen. Es wurde jedoch festgestellt, daß die so behandelten Kinder häufig zu Wutanfällen neigten.[19] Die Tatsache, daß diese Methode Wutanfälle nach sich zog, zeigt, daß das Kind frustriert war und der wichtigen Erfahrung, sein eigenes Leben zu führen, beraubt wurde. Diese Methode scheint liebevoll zu sein, da sie mit Belohnungen arbeitet, aber in Wirklichkeit ist sie schädlich, weil sie dem Kind nicht erlaubt, selber die Initiative zu ergreifen und über sein Selbst zu bestimmen. Geben die Eltern den Befehl, daß es auf dem Töpfchen sitzen muß und belohnen es anschließend für seinen Gehorsam, so vermitteln sie ihm, daß sie kein Vertrauen in seine Fähigkeit haben, ja sie beleidigen eigentlich die Intelligenz des Kindes. Nebenbei bemerkt, diese Methode funktioniert auch nicht bei den Kindern, die immer ausreichend entlasten konnten. Es wird schwierig sein, eine Belohnung für sie zu finden, ohne ihnen absichtlich etwas vorzuenthalten. Ein Kind, das durch Belohnungen lernt, bleibt vielleicht sauber und trocken, aber es wird ein weniger ausgeprägtes Gefühl für seine Macht und Kraft erlangen.

Viele Eltern stellen zu ihrer Bestürzung fest, daß ihr Kind immer noch Windeln tragen möchte, obwohl es klar verstanden hat, was es heißt, die Toilette zu benutzen. Sie machen sich Sorgen, daß es überhaupt nie ohne Windeln herumlaufen möchte; jedoch haben alle Babys den Wunsch, Dinge so zu tun wie ein Erwachsener. Wenn sie so weit sind, daß sie auf einem Töpfchen sitzen können, werden sie es auch von sich aus tun, selbst wenn das vielleicht eher mit drei als mit zwei Jahren geschieht. Nur das Kind weiß, wann es so weit ist. Kinder wachsen nach und nach aus ihrem Säuglingsverhalten heraus, und je weniger sie gedrängt werden, um so schneller entscheiden sie sich dazu, und um so besser fühlen sie sich. Hat ein Baby das sichere Wissen, daß es jederzeit – wenn es will – wieder Windeln tragen kann, hat es eher den Mut, sich weiter vor zu wagen und diesen völlig neuen Weg auszuprobieren.

Das Wachstum geht in Schüben vor sich, die ungleichmäßig und zeitlich verteilt stattfinden. Es gibt Babys, die wochen- und monatelang Höschen tragen, eines Tages aber wieder Windeln tragen möchten. Das heißt nicht, daß alles umsonst war. Gehen die Eltern auf die Wünsche des Kindes ein, wird es bald wieder auf die Windeln verzichten wollen. Das folgende Beispiel zeigt, wie mein Sohn für seine nächtliche Toilette sorgte:

Mit knapp drei Jahren trug mein Sohn tagsüber ein Höschen, nachts wollte er jedoch noch Windeln haben. Eines Abends fragte er, ob er auch nachts nur ein Höschen tragen könnte. In dieser Nacht näßte er ins Bett, aber am folgenden Abend wollte er wieder nur ein Höschen tragen. Es gab keine Panne mehr, und er entschied sich weiterhin für das Höschen. Eine Woche später bat er mich wieder um eine Windel. Ich verstand nicht, warum, gab seinem Wunsch jedoch nach. In dieser Nacht bekam er Fieber, das auch noch den folgenden Tag anhielt. Am darauffolgenden Abend fühlte er sich besser und verlangte auch wieder nach einem Höschen.

Die letzte Phase des Toilettentrainings ist im allgemeinen mit dem nächtlichen Trockenbleiben verbunden. Dieses Stadium kann für ein Kind, das sehr viel Flüssigkeit zu sich nimmt, weil es ein Trink- oder Stillkontrollmuster hat, besonders schwierig sein. Verringert man tagsüber und zur Bett-geh-Zeit die Flüssigkeitsaufnahme und ermutigt es statt dessen zum Weinen, wird das Problem meist verringert.

Manchmal besteht ein Kind darauf, keine Windeln mehr zu tragen, obwohl ständig »Pannen« passieren. Ein Grund hierfür kann darin bestehen, daß die Eltern ihm zu früh ein Höschen angezogen haben und es so unter Druck setzen, daß es vorschnell »groß« sein möchte. Pannen können auch dann passieren, wenn das Kind keine klaren Informationen über die Nützlichkeit des Töpfchens erhielt. Die Eltern können es dann bitten, beim Saubermachen behilflich zu sein, um ihm den Sachverhalt zu vermitteln, doch sollte dies nie als Bestrafung inszeniert werden. Weigert ein Baby sich hartnäckig, Windeln zu tragen, näßt oder beschmutzt jedoch wiederholt sein Höschen, kann dieses Problem ein Anzeichen dafür sein, daß es negative, aufgestaute Probleme entlasten muß. Es ist vielleicht seine Art, um Hilfe zu bitten. Die Lösung besteht darin, daß Eltern es so viel wie nötig zum Weinen ermutigen.

Es besteht kein Grund, die Toilettengewöhnung zu einem großen Thema zu machen. Zu viel Lob oder Druck kann ein sensibles Kind befangen und zurückhaltend werden lassen. Die Gewöhnung an die Toilette sollte man am besten liebevoll, entspannt, lustig, nicht wertend und wie eine Tatsache behandeln, ohne Erfolg oder Mißerfolg zu betonen. Die Benutzung eines Töpfchens ist nur einer von vielen Schritten, die ein Baby auf seinem Weg zum Erwachsenwerden erlernt – und mit Sicherheit nicht der wichtigste.

Soll ich meinem Baby erlauben zu masturbieren?

Die meisten Babys entdecken ihre Genitalien in der zweiten Hälfte des ersten Lebensjahres und beginnen dann auch, mit ihnen zu spielen. Diese Selbstanregung verstärkt sich im zweiten Lebensjahr.[20] Die Genitalien sind sehr sensible Körperteile, und die genitale Anregung ist in jedem Alter – also auch für Säuglinge – sehr angenehm. Die wenigsten Menschen wissen, daß Säuglinge die Fähigkeit haben, Orgasmen zu erleben, aber den meisten Babys fehlt die manuelle Fertigkeit, die für die feine rhythmische Art der genitalen Stimulation notwendig ist, um einen Orgasmus zu erreichen.

Zwei Stadien der Selbstanregung konnten unterschieden werden.[21] Die erste Phase dauert etwa bis zum dritten Lebensjahr, ist im allgemeinen vor-orgastisch und wird durch ein neugieriges genitales Spiel charakterisiert. Säuglinge, die keine Windeln tragen, behandeln ihre Genitalien in einer ungezwungenen Art und Weise. Diese Selbststimulation ist angenehm, scheint aber nicht zielgerichtet zu sein. Die zweite Phase beginnt mit etwa drei Jahren und ist durch rhythmischere, entschiedenere Masturbation gekennzeichnet, die manchmal zum Orgasmus führt und von größerer Erregung und Aufregung begleitet ist, als das genitale Spiel des vorherigen Stadiums.

Genitales Spiel und Masturbation sind Zeichen einer normalen, gesunden Entwicklung. In Fällen, in denen die Mutter-Kind-Beziehung problematisch ist oder vollständig fehlt – wie bei Heimkindern –, ist ein genitales Spiel seltener festzustellen. Normale sexuelle Entwicklung, die im ersten Lebensjahr mit genitalem Spiel beginnt, erfordert eine gute Beziehung zu einer liebenden Mutter oder Mutterfigur.[22] Diese und andere Studien lassen darauf schließen, daß ein völliges Fehlen von genitalem Spiel und Masturbation im Säuglingsalter und während der Kindheit unnormal ist und ein Zeichen für emotionale Probleme darstellt.[23]

Auf der anderen Seite kann ausgiebige Masturbation auch ein Anzeichen dafür sein, daß etwas nicht in Ordnung ist. Zwanghafte Selbstbefriedigung kann auch ein Versuch sein, Spannungen abzubauen oder sich gut zu fühlen, wenn das Kind ein Trauma erlitten oder unerfüllte Bedürfnisse hat.[24] Es kann sogar als Kontrollmuster fungieren. Die Tatsache jedoch, daß zurückhaltende und depressive Kinder manchmal ausgiebig masturbieren, beinhaltet nicht, daß die Masturbation der Grund dafür ist. Exzessive Selbstbefriedigung kann geheilt werden, nicht indem man das Symptom beseitigt, sondern indem man die dahinter verborgenen emotionalen Schwierigkeiten angeht und dem Baby hilft, seine angestauten Gefühle zu entlasten.

Viele Menschen denken, daß Masturbation unnormal und pathologisch ist, andere gehen davon aus, daß sie emotionale Probleme verursacht. Aus diesen Gründen wird sie von vielen Eltern verboten. Genitale Spiele sind jedoch nicht schädlich. Das einzige Problem, das aus der Selbstbefriedigung erwachsen kann, ist Schuld; und der einzige Grund, aus dem ein Baby sich schuldig fühlen kann, entwickelt sich dadurch, daß Eltern sein Verhalten ablehnen und es tadeln oder bestrafen. Solange sie dem Kind die Masturbation erlauben, ergeben sich daraus keine Probleme.

Werden Säuglinge und Kinder jedoch daran gehindert, ihre Geschlechtsteile zu berühren, können sich daraus verschiedene Konsequenzen ergeben. Die einen können ein zwanghaftes Verlangen danach entwickeln, berührt zu werden, andere verschließen ihre Gefühle vollständig und wehren sich sogar gegen jeden Gedanken an Berührung oder Sexualität.[25] Wird ein Kind geschlagen, wenn es masturbiert, kann es sexuelle Gefühle mit Schmerz verbinden. Alles das, was in einer schmerzhaften Erfahrung geschieht, wird, wenn diese Erfahrung angesprochen wird, wieder ausgelöst – vorausgesetzt, die schmerzhafte Erfahrung konnte nicht ausreichend entlastet werden. Wird ein Kind geschlagen, während es sexuelle Gefühle hat, können Schläge zu sexueller Erregung führen, solange die Gefühle von Schmerz und Wut nicht entlastet werden, die aus diesen ersten Schlägen resultieren. Als Erwachsener kann er sogar wünschen, geschlagen zu werden, um sich sexuell erregen zu können. Sexuelle Abirrungen sind häufig das Ergebnis schmerzhafter Erfahrungen, die früh im Leben zur selben Zeit stattfanden, wie das unschuldige Entdecken des eigenen Körpers.[26]

Für manche Eltern mag es schwierig sein, ihrem Baby die Berührung der Geschlechtsteile zu erlauben. Viele Eltern sind verunsichert oder sogar empört; in der Regel, weil man sie selbst lehrte, daß Masturbation etwas Schlechtes sei. Entweder wurden sie abgelenkt und getadelt oder bestraft, wenn sie als Babys ihren eigenen Körper entdecken wollten. Eltern sollten ihre eigenen Gefühle bezüglich der Selbstanregung loslassen, so daß sie nicht dieselben Verletzungen weitergeben, die sie erlebten.

Ich schlage mein Baby häufig, wenn ich wütend bin und bedauere es hinterher. Wie kann ich mich anders verhalten?

Überraschend viele Menschen behaupten immer noch – vielleicht um ihre Schuldgefühle zu erleichtern – daß es für ein Baby nicht schädlich sei, geschlagen zu werden. Angeblich lernt es dadurch, daß nicht alles so läuft, wie es will. Die meisten Eltern wissen bzw. ahnen jedoch, daß ihr Baby sehr darunter leidet.
Eltern, die ihre Kinder ernsthaft mißhandeln, wurden, als sie selbst noch klein waren, meist selbst äußerst schlecht behandelt.

Ihnen wurde eine zärtliche, liebevolle Fürsorge vorenthalten, und viele erlitten schwerwiegende körperliche Mißhandlungen. Ihre Eltern forderten ständig zu viel von ihnen, erwarteten schon von frühester Kindheit an, daß sie gut, hilfreich, untergeben und gehorsam wären. Gehorchten sie nicht, wurden sie bestraft.[27]

Diese Eltern sehnen sich heute nach der Liebe, die sie nie erhalten haben und haben das Gefühl, daß sie sie nie bekommen werden. Sie betrachten ihr eigenes Baby als Quelle von Liebe und Trost, als Quelle dafür, daß der Säugling ihre Bedürfnisse erfüllt, und so können sie dessen Bedürfnisse weder verstehen noch zufriedenstellen. In unrealistisch frühem Alter erwarten sie von ihm Verständnis und Zusammenarbeit, ebenso wie es von ihnen erwartet wurde. Verhält das Baby sich nicht ihren Erwartungen entsprechend – was unvermeidlich ist –, fühlen die Eltern sich zurückgewiesen und ungeliebt. Da die Eltern selbst in einer autoritären und strafenden Atmosphäre aufwuchsen, ist ihre direkte Reaktion darauf, das Baby zu schlagen und es körperlich zu verletzen. Diese Säuglinge werden später wahrscheinlich auch ihre Kinder mißhandeln, wenn *sie* erwachsen sind. Der tragische Kreislauf wiederholt sich so immer und immer wieder, von Generation zu Generation.[28]

Hier ein Fall, wie er tatsächlich vorkam und von Steele und Pollock beschrieben wurde:

Bereits vor der Geburt wurde Bertie von ihrer Mutter abgelehnt, da die Schwangerschaft ihre Figur ruinierte und ihr Ehemann ihr untreu wurde. Schon als Säugling wurde Bertie dann von ihrer Mutter mit Fäusten, Riemen und Kleiderbügeln geschlagen. Als sie erwachsen war, wurde Bertie während ihrer Flitterwochen schwanger, aber sie wollte das Baby nicht austragen, aus Angst, es würde ihre Jugend und Ehe zerstören. Mit einem Monat hatte das kleine Mädchen ein gebrochenes Bein, und mit drei Monaten wurde es mit einem Schädelbruch und schweren Quetschungen ins Krankenhaus eingeliefert.

Es ist nicht überraschend, daß Kindesmißhandlungen in unserer Kultur, die Strafen und Gehorsam gutheißt, geschehen. Akzeptieren Eltern erst einmal diese Normen, ist die Schwere der Strafe lediglich eine Frage gradueller Unterschiede. Einige Strafen führen zum Krankenhausaufenthalt des Babys, andere nicht; aber jedes Schlagen, Prügeln, Boxen oder Schütteln ist ein Fall von Kindesmißhandlung.

Es muß daran erinnert werden, daß Eltern nie daran denken würden, ihre Kinder körperlich zu verletzen, wenn sie nicht selbst, als sie klein waren, mißhandelt worden wären. Es besteht jedoch kein Grund, daß man sich selbst einen Vorwurf macht, wenn man aus Wut schlägt. Aber es besteht ein Problem, das verändert werden kann. Eine Möglichkeit ist, daß Eltern ihre Wut äußern, ohne ihr Baby zu verletzen, indem sie beispielsweise in ein Kissen schreien, darauf schlagen, auf und nieder springen usw. Eltern brauchen sich nicht schuldig zu fühlen, wenn sie wütend sind. Was sie jedoch lernen müssen, ist, diese Wut auf nicht verletzende Weise zu äußern. Eine beträchtliche Hilfe in einer solchen Situation ist eine andere Person, die Eltern dabei unterstützt, ihre Gefühle herauszulassen. Einige der Übungen am Ende dieses Kapitels können Eltern helfen, negative Gefühle über das Baby zu entlasten, die sonst vielleicht zu Kindesmißhandlungen führen würden. Es ist auch wichtig, sich daran zu erinnern, daß ein Gespräch über diese Gefühle nicht ausreicht. Gefühle müssen durch Weinen, Zittern und Wüten entlastet werden, damit sie sich auflösen. Im folgenden eine meiner eigenen Erfahrungen mit den Wutgefühlen meinem Sohn gegenüber:

Manchmal war ich so wütend auf ihn, daß ich ihn hätte schlagen und wirklich verletzen können. Meistens kamen die Gefühle im Badezimmer, wenn ich versuchte, ihm die Zähne zu putzen. Er ließ es einfach nicht zu, was ich auch versuchte, um es für ihn so schön wie möglich zu machen – und von selbst putzte er sie sich auch nicht. Anstatt ihn zu schlagen, verließ ich das Bad, sprang auf und nieder, schlug in ein Kissen und weinte. Nachher hatte ich immer wieder mehr Geduld und war darüber, daß ich ihn nicht geschlagen hatte, erleichtert.

Eltern können es sich auch erleichtern, indem sie andere Menschen finden, die sich an der Betreuung des Kindes beteiligen. In jeder größeren Stadt gibt es Kinderhäuser oder den Kinderschutzbund, an die man sich in Notfällen wenden kann. Im ersten Kapitel habe ich erklärt, daß Kindesmißhandlungen bei Eltern zu

früh geborener Kinder häufiger vorkommen, als bei Eltern voll-
ausgetragener Kinder. Die Wichtigkeit eines nahen Kontaktes
zwischen Eltern und ihrem Neugeborenen direkt nach der Geburt
kann nicht genug betont werden, da er die Wahrscheinlichkeit
von Mißhandlungen verringert.

Übungen

1. Welche Gefühle hast du über das, was du in diesem Kapitel gelesen
   hast?
2. Welche Informationen hattest du als Kind über Disziplin? Über die
   Notwendigkeit von Belohnungen, Strafen, Gehorsam, oder festgesetzte Grenzen? Welche Gefühle hast du hinsichtlich dieser Informationen?
3. Wurdest du als Kind jemals bestraft? Wie? Welche Gefühle löste die
   Strafe aus? Wurdest du jemals belohnt? Wie? Wie fühltest du dich?
   Versuche, dich an eine bestimmte Situation zu erinnern.
4. Wurde von dir als Kind erwartet, daß du gehorchst? Wie fühlte es
   sich an? Versuche, dich an eine bestimmte Zeit zu erinnern, als du
   gehorchtest. Was ist passiert? Wie fühltest du dich? Erinnere dich an
   Zeiten, in denen du nicht gehorcht hast. Was ist dann passiert? Wie
   fühltest du dich? Welche Gefühle hast du heute Autoritätspersonen
   gegenüber?
5. Welche Konflikte hast du mit deinem Baby? Erstelle eine Liste.
   Sprich über jeden Konflikt und entlaste deine Gefühle: Was fühlst
   du? Was tust du im allgemeinen? Wie fühlst du dich darüber, was du
   machst? Ist einer von euch immer der »Gewinner« und einer immer
   der »Verlierer«?
6. Welche Gefühle hast du, wenn du dem Verhalten deines Babys
   Grenzen setzt? Welche Gefühle hast du in bezug auf die rationale
   Methode, Konflikte zu lösen, wie sie in diesem Kapitel besprochen
   wurde?
7. Wie fühlst du dich, wenn du dir nicht über die Bedürfnisse deines
   Babys im klaren bist? Wenn du dir über deine eigenen Bedürfnisse
   nicht im klaren bist? Wie fühlst du dich, wenn du dir nicht sicher
   bist, ob du eine Grenze setzen sollst? Vermutest du, daß du
   irgendwelche falschen Bedürfnisse hast? Welche könnten das sein?
   Versuche, sie einen Tag lang nicht zu erfüllen. Wie fühlt es sich für
   dich an?

8. Wie fühlst du dich, wenn dein Baby mit dir zusammenarbeitet? Wenn es sich weigert, mit dir zusammenzuarbeiten?

9. Wie fühlst du dich, wenn du etwas gegen den Willen deines Babys machen mußt, beispielsweise einen gefährlichen Gegenstand entfernen – und dein Baby weint dann?

10. Was haben deine Eltern gemacht, wenn du als Kind Wutanfälle hattest? Wie fühlte es sich für dich an? Hast du jetzt irgendwelche Wutgefühle? Versuche einmal, wütend zu werden. Was fühlst du, wenn dein Baby einen Wutanfall bekommt? Was würdest du am liebsten machen? Wenn dein Baby das nächste Mal einen Wutanfall hat, versuche, ihm Aufmerksamkeit zu geben und es liebevoll zu ermutigen, seine Wut zu äußern. Wie fühlst du dich dabei?

11. Ist dein Baby manchmal aufsässig, auflehnend, zerstörerisch oder gewalttätig? Welche Gefühle hast du dann?

12. Hast du als Kind manchmal mit deinen Geschwistern oder anderen Kindern gekämpft? Was passierte gewöhnlich? Wie fühltest du dich dabei? Welche Gefühle bekommst du, wenn dein Kind einem anderen Kind ein Spielzeug wegnimmt? Wenn ein anderes Kind deinem Kind ein Spielzeug fortnimmt? In dem jeweiligen Fall, wie fühlst du dich im Hinblick auf die Eltern des anderen Kindes?

13. Erinnerst du dich daran, als man dir beibrachte, auf die Toilette zu gehen? Welche Gefühle hast du über die Art und Weise, wie man dich daran gewöhnte? Welches Alter nannte man dir als das »richtige«, um sich an die Toilette zu gewöhnen? Welche Gefühle hast du beim Windelnwechseln? Wie fühlst du dich bei dem Gedanken, deinem Baby die Verantwortung für seine Toilettengewöhnung zu überlassen?

14. Was sagte man dir als Kind über die Masturbation? Wurdest du jemals getadelt, lächerlich gemacht oder bestraft, wenn du masturbiert hattest? Wie fühlte sich das an? Masturbierst du heute? Was für Gefühle hast du zur Masturbation? Was fühlst du, wenn dein Baby masturbiert?

15. Hast du dein Baby schon einmal körperlich verletzt? Was empfindest du bei dem Gedanken an diesen Vorfall? Welche Hilfe und Unterstützung brauchst du, damit es nicht wieder passiert?

7 Zuneigung: Dein Baby soll sich sicher fühlen

»Kinder brauchen als erstes Sicherheit; dann brechen sie auf ins Unbekannte.«

D. C. Briggs

Wann wird mein Baby Zuneigung zu mir bekommen, und dies auch zeigen?

Ein normaler, gesunder Säugling, der mit Liebe und Sensibilität behandelt wird, entwickelt eine große Zuneigung zu seinen Bezugspersonen. In den ersten sechs Monaten ist diese Anhänglichkeit im allgemeinen noch nicht sichtbar, da das Baby keine bestimmte Person vorzuziehen scheint. Kann es erst lächeln, lächelt es großzügig jedes Gesicht an, ob es ihm fremd ist oder bekannt.[1] Säuglinge unter sechs Monaten haben nichts dagegen, von fremden Personen gehalten oder umsorgt zu werden, und sie sind auch nicht beunruhigt, wenn ihre Eltern – oder Bezugspersonen – nicht anwesend sind.

In der zweiten Hälfte des ersten Lebensjahres beginnt das Baby jedoch, den Eltern seine entschiedene Zuneigung auf unterschiedliche Art zu zeigen. Es krabbelt nicht aufs Geradewohl in der Gegend umher, sondern betrachtet seine Eltern als sichere Basis für Entdeckungen und kehrt immer wieder zu ihnen zurück, um einen versichernden Kontakt herzustellen.[2] Bleiben die Eltern nicht an einem Ort, folgt es ihnen und versucht aktiv, den Kontakt zu ihnen aufrechtzuhalten. Die beiden Aspekte der Zuneigung, die am auffälligsten sind und von Psychologen am meisten beachtet werden, sind die Angst vor Fremden und die fehlende Bereitschaft, sich von den Eltern zu trennen. Im folgenden Interview beschreibt eine Mutter dieses Phänomen an ihrem Sohn:

Genau mit sechs Monaten tauchten die ersten Anzeichen auf. Bis zu diesem Zeitpunkt konnte ihn jeder auf den Arm nehmen. Ich konnte fortgehen und ihn bei anderen lassen, und alles war in Ordnung. Als er sechs Monate alt war, nahm ich ihn mit auf ein Seminar. Ich wollte ihn anderen Menschen übergeben, die auf ihn achten sollten, aber er weinte und weinte. Wenn er weinte, ließ ich ihn nicht bei den anderen, aber es wurde immer schlimmer. Schließlich brauchte ihn nur noch jemand zu berühren, und er fing an zu weinen, obwohl er auf meinem Arm war. Selbst wenn jemand nur zu ihm sprach, fing er zu weinen an. Es kam so weit, daß ich ihn nicht eine Sekunde mit jemand anderem allein lassen konnte. Er weinte die ganze Zeit, wenn ich nicht da war.

Trennungsangst fängt ungefähr zwischen dem sechsten und achten Monat an, erreicht ihren Höhepunkt zwischen dem dreizehnten und fünfzehnten Monat und wird nach dem achtzehnten Lebensmonat wieder geringer. Auch nach dem zweiten Geburtstag taucht sie oft noch auf, ab dem dritten Lebensjahr ist sie jedoch weniger wahrscheinlich.[3] Früher wurde angenommen, daß ein Baby nur zu *einer* Person – gewöhnlich zu seiner Mutter – Zuneigung entwikkeln würde, aber verschiedene Studien zeigten, daß vielfältige Liebesbeziehungen nicht nur möglich, sondern auch üblich sind.[4] Aus einer ausführlichen Studie über die Entwicklung der sozialen Zuneigung im Säuglingsalter ging hervor, daß nicht alle Säuglinge bei einer Trennung von der Mutter Angst zeigten; einige schienen dem Vater oder den Großeltern gegenüber größere Zuneigung zu haben. Ein Drittel der Säuglinge zeigte dann – wenn überhaupt – bei mehr als einer Person Trennungsangst. Babys können zu jeder Person Zuneigung entwickeln, die ihnen Aufmerksamkeit gibt. Ob diese Person sie nun füttert oder auf andere Weise für sie sorgt, ist unerheblich.[5] Fremdenangst ist die Angst, die durch den Versuch einer unbekannten Person, Kontakt mit dem Säugling aufzunehmen, verursacht wird. Sie fängt in der zweiten Hälfte des ersten Lebensjahres an – wie die Trennungsangst –, bleibt aber nicht so lange bestehen. Sie verringert sich allmählich, und mit zwei Jahren ist sie gewöhnlich verschwunden.[6] Studien zeigten, daß praktisch alle normalen Babys irgendwann in den ersten zwei Jahren einmal Angst vor Fremden haben.[7]

Das Phänomen der Trennungs- und Fremdenangst wurde bei Babys aus verschiedenen Kulturen beobachtet, u. a. in Guatemala[8], Uganda[9], bei den Hopi-Indianern Nordamerikas[10] und bei den im Kibbuz aufwachsenden Kindern in Israel[11]. Diese Ängste sind sowohl bei Babys vorhanden, die ganz zuhause leben, als auch bei denen, die zur Tagespflege außer Hauses sind.[12]

Nicht alle Säuglinge folgen demselben Muster von Trennungs- und Fremdenangst, es gibt große individuelle Unterschiede. Die Ängste tauchen auch nicht immer in gleicher Heftigkeit auf, aber man kann mit Sicherheit sagen, daß die Mehrheit der normalen Säuglinge in den ersten beiden Lebensjahren entweder Trennungsangst oder Angst vor Fremden – oder beides – zeigt. Die Phänomene sind bei Babys mit älteren Geschwistern häufig weniger sichtbar, wahrscheinlich, weil der Säugling zu seinen Geschwistern eine ebenso große Zuneigung entwickelt wie zu den Eltern, so daß er sich auch dann noch sicher fühlt, wenn die Eltern nicht anwesend sind.

Warum entwickeln Babys Trennungsangst und Angst vor Fremden?

Kein Aspekt der Säuglingsentwicklung erfuhr von Psychologen so viel Beachtung, wie das Phänomen der Zuneigung und die es begleitenden Ängste. Es gibt verschiedene Erklärungsversuche und beträchtliche Kontroversen bezüglich dieser Ängste. Wahrscheinlich liegt in jeder der Theorien ein Stück Wahrheit.

Es ist inzwischen hinreichend erwiesen, daß sowohl Trennungs- als auch Fremdenangst normale Phänomene eines gesunden Säuglings sind und kein Zeichen für abweichendes oder pathologisches Verhalten. Man kann sogar so weit gehen zu sagen, daß Eltern über ein Fehlen dieser Ängste beunruhigt sein können. Ich möchte kurz aus der Zeitschrift der Amerikanischen Psychoanalytischen Gesellschaft zitieren: »Beim völligen Fehlen dieser beiden (Fremden- und Trennungsangst) kann man in der Regel starke pathologische Verwicklungen konstatieren, die entweder ein schwerwiegendes Entwicklungsdefizit oder ein grundsätzliches Fehlen einer normalen Mutter-Kind-Beziehung anzeigen...«.[13] Belege für diese Behauptung stammen von Säuglingen, die in personalmäßig unterbesetzten Heimen aufwuchsen: sie zeigten weder Trennungsangst noch Angst vor Fremden, sondern akzeptierten jeden sich ihnen nähernden Menschen.[14]

In einer Studie über Zuneigung und Entdeckungsfreudigkeit einjähriger Säuglinge stellte man eine klare Verbindung zwischen dem Zuneigungsverhalten des Babys und der Qualität der Mutter-Säugling-Beeinflussung während des ersten Jahres fest.[15] Säuglinge, deren Mütter auf ihre Signale reagierten, die erreichbar waren, sich nicht einmischten und sie akzeptierten, zeigten klare eindeutige Anhänglichkeit an ihre Mütter an einem ihnen nicht bekannten Ort. Sie betrachteten sie als sichere Ausgangsbasis, von der sie zu Entdeckungsausflügen aufbrechen konnten. Die Mehrzahl reagierte beunruhigt, wenn die Mutter den Raum verließ, und klammerte sich an sie, wenn sie zurückkehrte. Die Autoren fassen zusammen: »Dieses Muster einer Mutter-Baby-Interaktion, verbunden mit mütterlicher Sensibilität, wird als normales, gesundes Säuglingsverhaltensmuster am Ende des ersten Lebensjahres betrachtet...«.[16]

Die Säuglinge in dieser Studie, die weniger sensible Bemutterung erhalten hatten, wichen in ihrem Verhalten auf verschiedene Weise ab, je nachdem, wie sie von ihren Müttern im allgemeinen behandelt wurden. Beispielsweise zeigten die Babys, deren Mütter dazu neigten, sie abzulehnen und nicht zu beachten »wenig oder keine Neigung, Nähe, Zusammenwirken oder Kontakt zu ihren Müttern zu suchen«. Nahm man sie auf, zeigten sie »wenig oder keine Neigung, sich festzuklammern oder wehrten sich nicht, wenn sie wieder losgelassen wurden«. Sie zeigten keine Beunruhigung, wenn die Mutter sie bei einer fremden Person ließ, und kam sie zurück, gingen sie nicht zu ihr, beachteten sie nicht oder begrüßten sie und wendeten sich zur gleichen Zeit ab.[17] Die Qualität der Mutter-Säugling-Interaktion beeinflußt das Zuneigungsverhalten des Babys. Starke, eindeutige Zuneigung erfährt man bei Babys, die eine tiefe, lohnende Beziehung zu einer sensiblen Mutter bzw. Mutterfigur haben.

Säuglinge brauchen eine ständige, zuverlässige Beziehung zu mindestens einer Person. Diese erste Liebesbeziehung ist die Grundlage für jede spätere Beziehung. Wurde das Baby jeden Tag von einer anderen Person betreut, ist es als Erwachsener nicht in der Lage, eine tiefe, andauernde Beziehung zu einem Menschen einzugehen. Es existieren klinische Belege von Erwachsenen, die als Säuglinge und junge Kinder von einem Pflegeheim ins andere weitergegeben wurden. Sie haben große Schwierigkeiten, langandauernde Liebesbeziehungen einzugehen.[18]

Ein Psychologen-Ehepaar untersuchte die Auswirkungen einer guten Ersatzelternschaft bei Kleinkindern. Sie arrangierten nacheinander für vier Kleinkinder im Alter von siebzehn Monaten bis zweieinhalb Jahren eine Pflegeelternschaft. Die Zeitspanne betrug zwischen zehn und siebenundzwanzig Tagen, während der die Mütter im Krankenhaus lagen. Es wurde viel Wert darauf gelegt, daß die Kinder sich durch vorherige Besuche an die Pflegeeltern und das fremde Haus gewöhnten. Sie konnten sowohl ihr Lieblingsspielzeug als auch eine Fotografie der Mutter mitbringen, und der Vater besuchte sie täglich für eine Stunde. Sogar unter diesen optimalen Bedingungen einer guten, individuellen, sensiblen Ersatzelternschaft konnte beobachtet werden, daß die Kinder unter Spannung standen. Alle zeigten eine gewisse Traurigkeit, und sie waren leichter enttäuscht als üblich. Manchmal reagierten sie sowohl gegen die Pflegemutter als auch gegen die Fotografie der richtigen Mutter aggressiv. Obwohl sie ihre Mutter bei deren Rückkehr herzlich und warm begrüßten, zeigten alle zu Hause eine gewisse Feindschaft ihr gegenüber. Die Autoren schlossen daraus, daß, sobald der Säugling eine Anhänglichkeit zur Mutter aufgebaut hat, sogar bei der bestmöglichen Ersatzpflege »Trennungen gefährlich sind und wenn möglich vermieden werden sollten«.[19] Obwohl die Autoren sich auf Trennungen, die mehr als einen Tag dauern, beziehen, wird klar, daß eine kontinuierliche Betreuung ein Grundbedürfnis darstellt.

Vielleicht drückt das Baby dieses Bedürfnis jedesmal dann aus, wenn es protestiert, weil die ihm vertraute Person es verläßt.

Eine andere Erklärung der Fremden- und Trennungsangst liegt aus der Kommunikationstheorie vor.[20] Es ist wohl bekannt, daß Säuglinge und Eltern komplizierte Kommunikationsmuster entwickeln, von denen viele ohne Worte funktionieren. Eltern können erkennen, wann das Baby hungrig, müde oder unzufrieden ist; sie kennen seinen Ausdruck von Unbehagen, wenn die Windeln schmutzig sind, den Gesichtsausdruck, wenn es sich konzentriert. Sie wissen, was es meint, wenn es auf den Küchenschrank zeigt oder wenn es das Spiel vom Vortag wiederholen möchte. Die Eltern kennen die Geschichte des Säuglings und ihnen sind alle individuellen Zeichen bekannt. Hat der Säugling erst einmal dieses intime Verständnis mit den Eltern aufgebaut, scheint jeder Fremde eine andere Sprache zu sprechen. Säuglinge sind deshalb lieber mit den Menschen zusammen, die sie kennen und verstehen. Könnte das Baby sprechen und von anderen leicht verstanden werden, wäre die Abhängigkeit von vertrauten Personen nicht so stark. Vielleicht ist das auch der Grund dafür, daß Fremden- und Trennungsangst sich nach dem achtzehnten Lebensmonat verringern, in einem Alter also, in dem die meisten Säuglinge anfangen zu sprechen.[21]

Zusätzlich zu all diesen Fakten fehlt dem Baby etwa bis zum achtzehnten Monat die Fähigkeit zu verstehen, daß seine Eltern immer wiederkommen. Es kann ein zukünftiges Ereignis einfach noch nicht mit seinem Geist erfassen. Sein Zeitbegriff ist sehr schwach ausgebildet. Worte wie »bald« oder »in einigen Stunden« bedeuten ihm gar nichts. Leach schreibt über einen Säugling, dessen Mutter fortging: »Alles, was er weiß, ist, daß sie nicht da ist. Wahrscheinlich bleibt er, da er noch keine selbständige Person ist, die ohne die Hilfe eines Erwachsenen, an die er durch seine Mutter gewöhnt ist, leben kann, mit einer schmerzenden Leere und einem verwirrten Verlustgefühl für seine eigene Identität zurück. Seine andere Hälfte, seine Unterstützung, seine Kontrolle, seine Weltdeuterin fehlt ihm.«[22]

Das gesamte Thema der Trennungs- und Fremdenangst kann

auch vom evolutionären Standpunkt aus betrachtet werden. Es ist wahrscheinlich kein Zufall, daß diese Phänomene ungefähr zur gleichen Zeit auftauchen, in der der Säugling mobil wird, nämlich in der zweiten Hälfte des ersten Lebensjahres. In einer räuberischen Spezies wie der unserer prähistorischen menschlichen Vorfahren wäre es wahrscheinlich sehr gefährlich für die Jungen gewesen, allein herumzulaufen, und so entwickelte sich aus Überlebensgründen eine starke Anhänglichkeit an die Mutter, die mit Trennungsangst verbunden war. Dadurch war sichergestellt, daß die Jungen nah bei der Mutter blieben, wo sie geschützter waren, wenn eine andere menschliche Gruppe oder Tiere angriffen.[23] Obwohl die Wahrscheinlichkeit des Menschenraubs sich beträchtlich verringert hat, ist unsere Spezies das Produkt ihrer evolutionären Vergangenheit. Was in der Vergangenheit Überlebenswert hatte, wird auch noch von den heutigen Säuglingen als reales Bedürfnis wahrgenommen. Wie auch beim nächtlichen Bedürfnis nach Nähe spiegelt die Zuneigung des Babys seinen primären Bezugspersonen gegenüber ein wirkliches Bedürfnis wider, und Schmerz folgt einer Trennung. In dieser wichtigen Phase ist es daher schädlich, eine Trennung zu erzwingen.

Die vorherige Diskussion beinhaltet allerdings nicht, daß Babys nie von den Eltern getrennt sein dürfen. Sie beinhaltet jedoch, daß sichergestellt werden sollte, daß der Säugling eine neue Betreuung kennenlernen und Zeit haben sollte, ihr mit Zuneigung begegnen zu können. Je länger die Trennung, desto vertrauter sollte die neue Person sein, um dem Baby Unsicherheitsgefühle zu ersparen.

Wie kann ich mein Baby an einen neuen Babysitter gewöhnen?

Vor dem sechsten Monat gibt es wahrscheinlich keine Probleme, einen neuen Babysitter einzuführen, da ein Säugling unter sechs Monaten meist nichts dagegen hat, mit einer fremden Person allein gelassen zu werden. Ab diesem Alter kann der Gewöhnungsprozeß jedoch schon eine gewisse Zeit in Anspruch nehmen. Die beste Möglichkeit, dem Baby zu helfen, sich bei einem neuen Menschen sicher zu fühlen, besteht darin, daß die beiden in Gegenwart der Eltern – oder anderer vertrauter Menschen – Kontakt zueinander aufnehmen. Hierbei ist es wichtig, daß der Säugling die Initiative ergreifen und die Geschwindigkeit der Kontaktaufnahme bestimmen kann. Versucht die neue Person, das Baby zu halten oder drängt sich ihm auf andere Weise auf, kann es erschrecken, und der ganze Ablauf beginnt von vorne. Aus diesem Grund ist es wichtig, langsam und vorsichtig vorzugehen und auf die Hinweise des Kindes einzugehen. Das folgende Beispiel zeigt, wie Kleinkinder dann, wenn sie dazu bereit sind, auf Fremde zugehen:

Als mein Sohn zehn Monate alt war, gingen wir auf ein Familienseminar, wo viele Leute unterschiedlichsten Alters in einem großen Raum auf dem Boden saßen. Eine ganze Weile saß er auf meinem Schoß, krabbelte nicht herum und nahm zu niemandem Kontakt auf. Versuchte ein Fremder, ihn zu berühren oder Kontakt mit ihm zu bekommen, drehte er sich nur weg und klammerte sich an mich. Nach einiger Zeit krabbelte er von mir weg, kam aber gleich wieder und setzte sich auf meinen Schoß. Dann krabbelte er ein bißchen weiter fort, versicherte sich jedoch ständig, ob ich noch da wäre. Er kam zu mir zurück, krabbelte dann wieder weg, immer ein Stückchen weiter. Schließlich krabbelte er auf andere Menschen zu, berührte sie und nahm Kontakt auf. Nach etwa zwei Stunden fühlte er sich wohl, bewegte sich durch den ganzen Raum, und die anderen konnten auch auf ihn zugehen. Dadurch, daß er die Zeit und Freiheit hatte, auf seine Art Vertrauen zu fassen, wurde er freundlich und zugänglich.

Jedes Baby hat seine eigene Art und Zeiteinteilung, eine andere Person kennenzulernen. Das eine versteckt sich hinter seinen

Eltern und schaut gelegentlich, ob der Fremde noch nach ihm schaut, was im übrigen eine gute Gelegenheit wäre, das »Guck-Guck-Spiel« zu spielen. Der andere Säugling wirft ein Spielzeug, das man dann zurückwerfen oder kommentieren kann. Nach und nach bewegt das Baby sich auf den Neuankömmling zu, und wenn man ihm den ganzen Kennenlernprozeß völlig überläßt, wird es nicht allzuviel Zeit in Anspruch nehmen, vorausgesetzt, die Eltern lassen es nicht eher mit dem neuen Menschen allein, bevor sie nicht davon überzeugt sind, daß ihr Baby sich auch sicher genug fühlt. Hat der Säugling erst einmal erlaubt, daß man ihn berührt und mit ihm spielt, können die Eltern das Zimmer für eine kurze Zeit verlassen, nachdem sie erklärt haben, wann sie wieder zurückkommen. Hat diese Trennung keine Unruhe verursacht, können sie versuchen, einige Minuten länger wegzubleiben. Auf diese Weise kann sich die Zeitdauer allmählich vergrößern.

Viele Menschen reagieren betroffen, wenn ein Baby ihre Kontaktaufnahme zurückweist. Es ist schwierig, abgewiesen zu werden, da es längst vergangene Erfahrungen, abgelehnt worden zu sein, oder auch allgemeine chronische Gefühle von Unfähigkeit oder Ungeliebtsein an die Oberfläche bringen kann. Verbunden mit diesen persönlichen Gefühlen ist eine allgemeine, durchgängige Haltung, daß Abhängigkeit etwas Schlechtes sei. Viele Menschen betrachten Abhängigkeit und Zuneigung als Schwäche oder sogar Abnormität. Säuglinge, die keine starken Liebesbeziehungen eingehen, werden als unabhängig und selbständig angesehen. Kaum hört man jemanden wohlwollend sagen: »Sieh mal, wie abhängig und anhänglich das Baby ist!« Eltern fühlen sich oft unwohl, wenn das Baby eine große Zuneigung zu ihnen entwickelt, und sie sind stolz, wenn es erst einmal mehr Unabhängigkeit zeigt.

Auch wenn Erwachsene sich oft schlecht fühlen, wenn sie die starke Anhänglichkeit eines Babys beobachten, rechtfertigt das in keiner Weise, es in die Arme einer fremden Person zu drängen, bevor es dazu bereit ist; es wird sich im Gegenteil nur noch mehr an die Eltern klammern. Wachstum und Unabhängigkeit können nicht erzwungen werden. Erwachsene, die ein Bedürfnis verspüren, auf diesem Gebiet die Grenzen ihres Kindes nicht zu achten, sollten versuchen herauszubekommen, wo diese Gefühle herrühren. Sie können sie entlasten und werden dann mehr Geduld haben, ihr Baby sich in seinem Tempo entwickeln zu lassen. Jeder Säugling wächst auf seine Weise. Es ist von äußerster Wichtigkeit, darauf zu vertrauen, daß er aus seiner Abhängigkeit herauswächst. Überfordert man ihn auf diesem Gebiet, verweigert man ihm das Vertrauen, den Respekt und die Sicherheit, die er verdient.

Eltern, deren Baby sehr anhänglich ist, fühlen sich manchmal festgebunden. Sie denken, sie können oder sollten es nicht mit einem anderen Betreuer allein lassen. Es ist jedoch angenehm für die Eltern und auch für ihr Baby nicht schädlich, wenn sie eine Betreuung finden, bei der der Säugling sich sicher fühlt.

Wie kann ich mich verhalten, wenn mein Baby einen Babysitter ablehnt?

Ein Baby, das große Trennungs- und Fremdenangst verspürt, wird natürlich nicht glücklich sein, wenn man es bei Fremden zurückläßt. Wie schon beschrieben, ist es notwendig, es in Gegenwart vertrauter Personen allmählich, über mehrere Tage oder sogar Wochen mit der neuen Betreuung vertraut zu machen. Indes scheinen einige Säuglinge die *fortwährende* Gegenwart ihrer Eltern zu benötigen und nie zu einem neuen Menschen Vertrauen zu fassen. Wie kann es zu einer solchen Situation kommen? Es gibt drei mögliche Erklärungen für diese Schwierigkeiten.

Ein Grund, weshalb das Baby die neue Betreuung ablehnt, kann darin bestehen, daß es fühlt, der Babysitter kann ihm nicht die notwendige Aufmerksamkeit geben. Vielleicht kann er seine Sprache nicht auf das Verständigungsniveau des Kindes bringen oder versteht seine Kommunikationsversuche nicht. Vielleicht verhält er sich zu direkt oder ist nicht wirklich an dem Baby interessiert. Man kann dem Urteilsvermögen des Babys vertrauen und jemand anderen fragen, ob er die Betreuung übernehmen möchte.

Die zweite mögliche Erklärung: Es sieht so aus, als hätte das Baby Trennungsängste, in Wirklichkeit hat es das Bedürfnis zu weinen. Vielleicht kann es in Anwesenheit seiner Eltern nicht so viel weinen, wie es nötig wäre, da sie keine ausreichende Aufmerksamkeit für das Baby haben. Es kann sogar passieren, daß die Eltern als Kontrollmuster für ihr Kind fungieren. Dabei tauchen unterschiedliche Kontrollmuster auf, die davon abhängig sind, wie die Eltern das Weinen unterbrechen. Versucht eine Mutter, ihr Baby durch Schmusen oder Stillen vom Weinen abzubringen, anstatt es anzuschauen und weinen zu lassen, kann die Mutter zu einem Kontrollmuster für ihr Kind werden. Der Säugling wird abhängig von seiner Mutter, wie ein anderer von Schnuller, Decke, Schlaf oder Essen. Er scheint die ständige Gegenwart der Mutter zu brauchen, und der Kontakt mit ihr verhindert notwendiges Weinen.

Vermuten die Eltern, daß sie ihrem Kind als Kontrollmuster dienen, wäre es sinnvoll, es bei einer anderen ihm vertrauten Person zu lassen, die in der Lage ist, ihm beim Weinen zuzuhören. Es würde sogar ausreichen, wenn die andere Person es in Gegenwart der Eltern hält. Dies sollte jedoch nie mit einem völlig fremden Menschen versucht werden, da das Entlastungsbedürfnis ja aufgrund von Fremdenangst entstanden sein könnte. Hier ein Beispiel:

Mit fünfzehn Monaten war Anne ihrer Mutter sehr zugeneigt. Durch mehrere Besuche hatte ich schon Kontakt zu ihr aufnehmen können. Sie war gern bei uns, rannte mit meiner gleichaltrigen Tochter herum und spielte mit ihr. Meine Tochter und ich waren auch schon öfter bei ihr zu Hause gewesen. Anne schien sich bei mir wohl zu fühlen, allerdings nur, wenn auch ihre Mutter anwesend war. Verließ die Mutter das Zimmer für einige Sekunden, fing Anne zu weinen an und lief hinter ihr her. Eines Morgens kamen sie zu uns und ihre Mutter berichtete, daß sie einen Teil der Nacht wach, unruhig und anklammernd gewesen wäre – was ziemlich häufig geschah. Schon vorher hatte die Mutter entschieden, sie zum ersten Mal bei mir zu lassen, und so verabschiedete sie sich wie geplant. Anne weinte fünfundzwanzig Minuten lang heftig, während ich sie hielt und ihr aufmerksam zuhörte. Danach fing sie auf meinem Schoß an zu spielen. Sie weinte noch von Zeit zu Zeit, doch als ihre Mutter eine Stunde später wiederkam, spielte sie zufrieden. Später rief mich die Mutter an, um mir zu sagen, daß Anne zu Hause in sehr guter Stimmung gewesen wäre und sich weder weinerlich noch klammernd verhalten hätte.

Aus diesem Beispiel wird klar, daß Anne, schon bevor sie zu mir kam, Spannungen fühlte. Normalerweise weinte sie nicht, wenn sie mit ihrer Mutter zusammen war, weil die Mutter das Bedürfnis zu weinen nicht verstand und ihr nicht die notwendige, eindeutige Aufmerksamkeit geben konnte. Nicht der Aufbruch der Mutter war schmerzlich für sie, er war lediglich der Auslöser für das starke Verlangen zu weinen. Da ich nicht versuchte, sie dabei zu unterbrechen, konnte sie ungehindert entlasten.

Es kommt nicht selten vor, daß der Säugling eine so starke Anhänglichkeit an die Mutter entwickelt, daß er nicht einmal vom Vater gehalten werden will. Hierbei handelt es sich mit ziemlicher Wahrscheinlichkeit um ein Kontrollmuster, das mit dem Körper der Mutter verbunden ist, besonders dann, wenn der Vater täglich und von Geburt an Kontakt zu seinem Kind hatte.

Als mein Sohn etwa ein Jahr alt war, weinte er manchmal heftig, wenn ich ihn bei seinem Vater ließ. Er schien bei mir sein zu wollen, denn er hörte auf zu weinen, sobald ich ihn in den Arm nahm. Oft hielt sein Vater ihn trotzdem und ließ ihn weinen. Nachher war er weniger anhänglich mir gegenüber und bei seinem Vater ganz zufrieden.

Für Väter sind solche Situationen sehr schwierig, da sie das Gefühl haben, ihr Baby habe sie nicht gern. Selbstverständlich ist das auch eine Möglichkeit, aber wahrscheinlicher ist, daß es einfach weinen muß. Väter, die seit der Geburt aktiv und liebevoll an der Betreuung des Kindes teilgenommen haben, werden von ihm auch angenommen.

Die dritte mögliche Erklärung für fortwährende Trennungsangst sind angestaute Gefühle. Nicht die gegenwärtige Trennungssituation als solche ist schmerzlich, sondern sie ähnelt einer vergangenen traumatischen Erfahrung so sehr, daß sie Weinen hervorruft. Es gibt verschiedene Aspekte dieser Situation, die vergangene Gefühle auslösen können.

Der Säugling kann sich an frühere Verletzungen erinnern, wenn die neue Person jemandem ähnlich ist, der ihn tatsächlich in der Vergangenheit verletzt hat. Vielleicht sieht sie aus wie ein ehemaliger Babysitter, der ihn geschlagen hat, oder sie ähnelt einer Krankenschwester, die ihm eine Spritze gegeben hat. Diese Schwierigkeiten entstehen nicht, wenn Säuglinge ermutigt werden, immer dann zu weinen, wenn sie es brauchen. Dann wird jede neue Begegnung als völlig neue Erfahrung behandelt. Die meisten Babys weinen jedoch nicht genug, und so können angesammelte Ängste tatsächlich ein Grund sein. Vermuten die Eltern, daß etwas ähnliches vor sich geht, ist es für das Baby auch nach mehreren Treffen nicht zumutbar, mit diesem Menschen allein gelassen zu werden. Die Eltern sollten dann bei ihm bleiben und es ermutigen, in ihrer Gegenwart zu weinen, während die neue Person sich ihm allmählich nähert und versucht, Kontakt zu ihm aufzunehmen.

Wenn die Eltern ihr Baby in der Vergangenheit bei einem fremden Menschen gelassen haben, kann es auch sein, daß es sich um angestaute Trennungsangst handelt. Jede nachfolgende Trennung kann die Gefühle auslösen, die es während der traumatischen Trennung erfahren hat, vorausgesetzt, es konnte über den Schmerz, als er auftrat, nicht ausreichend weinen. Jedes Mal, wenn die Eltern fortgehen, erinnert es sich an die Zeit, als es verlassen war, und selbst wenn es bei einer vertrauten Person gelassen wird, versucht es, das Weinen, das noch in ihm steckt, nachzuholen. Für die Eltern kann es schwierig oder unmöglich sein, den Säugling darüber zum Weinen zu bringen, da er bei ihnen diese schweren Gefühle nicht fühlen kann. Ihre Abwesenheit ist erforderlich, damit er sich daran erinnert, wie es ohne sie war. Wenn die Eltern davon ausgehen, daß diese Ängste vorliegen, profitiert das Baby davon, wenn es bei einer vertrauten Person so lange weinen kann, bis seine alten Gefühle vollständig entlastet sind. Genau dieses Problem tauchte bei meinem Sohn auf. Ich will beschreiben, wie es dazu kam und wie er es überwand:

Als mein Sohn gerade zwei Jahre alt war, wurde er von einem Universitätsseminar, das den Spracherwerb bei Kindern studierte, einmal in der Woche beobachtet. Normalerweise war ich in dem Zimmer bei ihm, aber einmal wollten die Studenten ihn ohne meine Anwesenheit sprechen hören. Da ich dachte, daß er sich sicher genug fühlen würde, sagte ich ihm, ich würde gleich zurückkommen und verließ den Raum. Zuerst weinte er nicht, sah jedoch immer unglücklicher aus und brach schließlich in Tränen aus. Zu diesem Zeitpunkt kam ich zurück, war aber nicht in der Lage, ihm die notwendige Aufmerksamkeit zu geben, die er gebraucht hätte, um seine Gefühle zu entlasten. In den nächsten zwei Wochen war er sehr anhänglich und wollte bei niemand anderem bleiben, auch nicht bei Leuten, die er sehr gut kannte, wie eine vielgeliebte Tante, die ihm von Geburt an vertraut war. Ich konnte ihn auch nicht dazu bringen, über das traumatische Ereignis zu weinen. Er würde also nur weinen, wenn ich ihn verließe.
An einem Tag ließ ich ihn bei seiner Tante, nachdem ich ihr die Situation erklärt hatte. Sie hielt ihn, und er weinte fünfzig Minuten lang. Nachher war er sehr glücklich bei ihr und auch bei anderen Bekannten, die sich um ihn kümmerten.

Wurde ein Säugling direkt nach der Geburt von seiner Mutter getrennt, kann diese Situation als anfängliche Trennungsangst dienen, die bei jeder späteren Trennung wieder ausgelöst wird. Dieses frühe Trauma kann überwunden werden, indem man das Baby von Geburt an so viel weinen läßt, wie es braucht.

Wie kann ich echte Trennungsangst von dem Bedürfnis zu weinen unterscheiden?

Es ist nicht immer möglich, genau zu wissen, ob ein Baby wegen eines augenblicklichen Schmerzes weint – beispielsweise echte Trennungs- oder Fremdenangst – oder wegen einer vergangenen Verletzung. Diese Unterscheidungsschwierigkeiten können dazu führen, daß die Eltern in einer Trennungssituation unsicher reagieren. Eine Richtlinie ist das Alter des Babys. Ein Säugling unter sechs Monaten leidet wahrscheinlich weder unter Fremden- noch unter Trennungsangst. Auch ein Kind über zweieinhalb Jahren, das sich mit der neuen Person vertraut machen konnte – vorausgesetzt es kann selbst bestimmen, wie der Kontakt aussieht –, leidet wahrscheinlich nicht unter den benannten Ängsten. Es weint entweder, weil die Eltern als Kontrollmuster fungieren, oder weil es die Situation in irgendeiner Weise an ein traumatisches Erlebnis erinnert.

Gebraucht das Baby die Gegenwart der Eltern als Kontrollmuster, ist starke Trennungsangst nicht das einzige Symptom; zusätzliche Anzeichen sind ein allgemeines Anklammern und die Unfähigkeit, allein zu spielen. Ein solcher Säugling weint nicht besonders viel, wenn er mit den Eltern zusammen ist. Weint er häufig in ihrem Beisein, können sie ziemlich sicher sein, daß sie nicht als Kontrollmuster dienen.

Ebenso können vorhandene Ängste das Baby veranlassen, auf gewisse fremde Personen negativ zu reagieren oder starke Trennungsangst zu zeigen. Diese Ängste können am besten von demjenigen aufgespürt werden, der die Geschichte des Babys kennt. Eine *sofortige* negative Reaktion des Säuglings auf eine neue Person, bevor diese auch nur versucht hat, Kontakt zu dem Baby aufzunehmen, oder bevor auch nur erwähnt wird, daß die Eltern fortgehen wollen, ist ein sicheres Anzeichen, daß die Person das Baby an jemand anderen erinnert.

Man kann auch davon ausgehen, daß es sich um schon vorhandene Ängste handelt, wenn das Baby sich weigert, bei jemandem zu bleiben, bei dem es sich vorher völlig sicher fühlte. Gibt es eine solche Reaktion, muß ihm seit dem letzten Treffen etwas Traumatisches geschehen sein. Es kann dann ruhig bei der Person gelassen werden, wenn es die Möglichkeit hat zu weinen.

Weint es, wenn es die Person nur ansieht, sollten die Eltern das Zimmer noch nicht verlassen; weint es, während die Person es berührt, sollten sie ebenfalls bei ihm bleiben, während es weint. Löst das Fortgehen das Weinen aus, müssen sie gegebenenfalls weggehen, damit das Baby seine Gefühle entlasten kann. Säuglinge sollten jedoch nie bei einem völlig fremden Menschen gelassen werden, wenn sie es nicht wollen.

Soll ich meinem Baby sagen, daß ich weggehen werde, oder soll ich mich aus der Tür schleichen, wenn es gerade nicht guckt?

Es gibt Eltern, die eine Weinszene verhindern wollen, indem sie ihrem Baby nicht mitteilen, daß sie weggehen wollen. Sie verlassen das Zimmer, wenn es gerade nicht hinschaut oder während es eifrig mit einem Spielzeug beschäftigt ist. Dieses Verhalten ist nicht zu empfehlen.

Eltern, die ohne auf Wiedersehen zu sagen verschwinden, säen den Samen für zukünftige Schwierigkeiten. Der Säugling stellt dann irgendwann fest, daß die Eltern fort sind und bekommt unvermeidlich das Gefühl, von denjenigen betrogen worden zu sein, die ihm am wichtigsten sind. Babys brauchen und verdienen Offenheit, und man sollte ihnen sagen, was mit ihnen geschieht. Bereiten die Eltern sie nicht auf anstehende Ereignisse vor, bekommen die Kinder das Gefühl, daß die Welt ein sehr unvorhersehbarer Ort ist. Sie können das Vertrauen zu anderen Menschen verlieren und Ängste entwickeln, die sie vorher nicht hatten, beispielsweise die Angst, verlassen zu werden.

Selbst wenn das Baby schläft, ist es notwendig, es darauf vorzubereiten, daß die Eltern es mit einer anderen Person allein lassen, auch wenn es den Babysitter vielleicht gar nicht sehen wird. Wacht es jedoch auf und sieht unvorbereitet einen fremden Menschen, weigert es sich möglicherweise in Zukunft, ins Bett zu gehen, da es Angst hat, daß seine Eltern es verlassen.

Eltern sollten ihrem Baby von Geburt an alles mit Gesten und Worten erklären. Sie können Zeitbegriffe aus dem Erfahrungsbereich des Säuglings verwenden: »wenn du deinen Mittagsschlaf hältst«, »zum Mittagessen«, »wenn du schon schläfst« oder »ich komme wieder, um dich zu stillen«. Am Anfang des Kapitels erwähnte ich, daß Säuglinge diese Art der Erklärung vielleicht erst ab dem zweiten Lebensjahr vollkommen verstehen können, aber es ist besser, zu viele als zu wenige Erklärungen zu geben, da die Eltern keine Möglichkeit haben festzustellen, ab welchem Zeitpunkt ihre Erklärungen verstanden werden können.

Ein Notfall tritt ein, und ich muß mein Baby bei einer fremden Person lassen. Wie kann ich mich verhalten?

Viele Eltern werden zu irgendeinem Zeitpunkt mit einem Notfall konfrontiert, in dem sie ihr Baby bei einer fremden Person lassen müssen; beispielsweise wenn beide Eltern zur gleichen Zeit ins Krankenhaus müssen und keine vertraute Betreuung zur Verfügung steht. Diese Situation läßt sich am besten vermeiden, indem das Baby von Geburt an mit mehreren Menschen engen Kontakt hat und sich auch bei ihnen sicher fühlt. Jede Möglichkeit sollte erwogen werden um zu vermeiden, daß das Baby bei einem fremden Menschen zurückgelassen werden muß. Gibt es jedoch keine Alternative, können folgende Richtlinien verwendet werden, um das Trauma so gering wie möglich zu halten.

Säuglinge fühlen sich im allgemeinen in einer vertrauten Umgebung sicherer als an einem unbekannten Ort. Es ist also besser, jemanden zu bitten, zum Baby nach Hause zu kommen, als es in eine fremde Wohnung zu bringen. Auch die Gegenwart eines älteren Geschwisters kann die Angst in großem Maße verringern, da auch zu den Geschwistern eine große Zuneigung besteht. Weint das Baby, sollte der Babysitter dies erlauben und unterstützen und nicht versuchen, es abzulenken. Ebenso sollte man, unabhängig vom Alter des Babys, Erklärungen darüber abgeben, wo die Eltern sind und wann sie zurückkommen.

Kommen die Eltern zurück, sollten sie ihm die Möglichkeit geben, zu weinen und seine Wut zu zeigen. Selbst nach einer kurzen Trennung kann es nötig sein, daß es über Wochen seine Gefühle von Angst, Trauer und Wut darüber entlasten muß, verlassen worden zu sein. Viele seiner Gefühle kann es vielleicht erst dann lösen, wenn es sich erneut von den Eltern trennen muß. Es ist wichtig, daran zu erinnern, daß Babys sich von den Auswirkungen selbst der schwersten traumatischen Erfahrungen erholen können. Wird eine angemessene Entlastung erlaubt und ermutigt, wird keine emotionale Narbe zurückbleiben.

Brauchen Babys ihre Mutter als erste Bezugsperson?

Die Bedeutung des Stillens bringt es notwendigerweise mit sich, daß die Mutter im ersten Jahr, und besonders in der Zeit, in der das Baby noch keine andere Nahrung zu sich nimmt, eine der primären Bezugspersonen ist. Ebenso wie die Mutter, gehört auch der Vater zum natürlichen Kreis um das Kind. Beide Elternteile fühlen meist eine größere Zuneigung als jeder andere, und dies trifft ganz besonders dann zu, wenn sie die Erfahrung der Bindung, die aus der Anwesenheit bei der Geburt und dem sofortigen nahen Kontakt nach der Geburt entsteht, erleben konnten. Aus der gemeinsamen Planung und Zeugung und aus der biologischen Verbundenheit ergibt sich fast immer ein großes Interesse am Wohlergehen und an der Zukunft des Säuglings. Traditionellerweise wurden Mütter als diejenigen betrachtet, die sich ausschließlich um den Säugling kümmern sollten, aber diese Aufgabe ist so zeitraubend und fordernd, daß man nicht von einem Menschen allein erwarten kann, daß er sie angemessen bewältigt. Die Betreuung des Babys ist nicht auf acht Stunden beschränkt. Es gibt keinen Grund, weshalb nicht auch Väter das Kind auf den Arm nehmen, mit ihm sprechen, es berühren, die Windeln wechseln, es baden und anziehen, mit ihm spielen und ihm Aufmerksamkeit beim Weinen geben sollten. Auch Väter können diese Dinge lernen und mit Liebe und Freude ausüben. Diese gemeinsame Elternschaft zwischen Vater und Mutter ist nicht immer so einfach, wie es sich anhört. Einige Faktoren, die sie erschweren können, sind festgesetzte Arbeitszeiten, die Abneigung der Männer zu helfen, Gefühle der Männer von Unzulänglichkeit als Pflegende und das Widerstreben von Frauen, Männern ihre traditionelle Rolle zu überlassen. Männer und Frauen sind Opfer einer sexistischen Gesellschaft, und es müssen viele Hürden überwunden werden, um eine gemeinsame Elternschaft zu erleichtern. Ein Vater, den ich interviewte, berichtete über seine Erfahrungen:

Ich kann mich daran erinnern, daß ich nichts darüber wußte, was es bedeutet, Vater zu sein. Ich hatte keine Ahnung, wie man Windeln wechselt (er lacht). Ich befand mich völlig im dunkeln und fühlte mich unfähig, da ich keinerlei Erfahrung mit einem Baby hatte. Und plötzlich hatte ich keine andere Wahl mehr. Auch heute habe ich noch manchmal das Gefühl, daß ich es nicht gut genug mache, obwohl ich denke, daß ich die Aufgabe im allgemeinen gut bewältigen kann. Ich glaube, daß ich mich ständig mit meiner Frau vergleiche. Ich beobachte, wie sie unseren Sohn behandelt und Kontakt zu ihm aufnimmt. Ich betrachte sie als Expertin und denke, daß ich ihren Anforderungen nicht genügen kann. Ich denke, ich sollte mehr mit ihm zusammen machen und nicht alles ihr überlassen, oder daß er besser mit ihr dran ist. Wahrscheinlich ist es auch nicht besonders hilfreich, wie sie mich manchmal kritisiert, beispielsweise wenn ich Nathan Kleider anziehe, die nicht zusammenpassen. Wenn sie mich korrigiert, habe ich das Gefühl, daß ich nichts über Kleidung weiß. Ich habe einfach kein Bewußtsein darüber entwickelt, was zusammenpaßt und was nicht. Als meine Frau mir vorschlug, einen Tag in der Woche mit Nathan zu verbringen, hatte ich das Gefühl einer großen Last, einer Verantwortung, die mir keine Zeit zu arbeiten ließ. Meine Samstage waren dahin. Ich wollte es nicht, sondern fühlte mich dazu verpflichtet. Heute denke ich, daß es richtig war und daß es mir einen neuen Zugang verschaffte. Ich betrachtete mich wahrscheinlich in den Rollen, die meine Eltern hatten. Die hauptsächliche Verantwortung trug meine Mutter und so, nahm ich an, würde es bei uns meine Frau sein.

Es gibt keinerlei Belege dafür, daß Babys darunter leiden, wenn sie mehrere Bezugspersonen haben. Die Anthropologin Margaret Mead schrieb: »Übergreifende kulturelle Studien lassen uns zu dem Schluß kommen, daß die Anpassung gefördert wird, wenn sich mehrere liebevolle freundliche Menschen um ein Kind kümmern.«[24] Es ist zum Wohle des Babys, wenn sich zusätzlich zu den Eltern auch noch andere Menschen mit ihm beschäftigen.

Schon in einem vorhergehenden Abschnitt dieses Kapitels erwähnte ich, daß Säuglinge zu mehreren Menschen starke Zuneigung haben können. Babys mit mehr als einer Bezugsperson haben die Möglichkeit, von Geburt an ihr Leben durch mehrere tiefe Liebesbeziehungen zu bereichern, und dadurch fühlen sie sich, wenn sie das Stadium von Trennungs- und Fremdenangst erreichen, bei mehr als einer Person sicher. Zusätzlich besteht auch noch ein geringeres Risiko der Vernachlässigung und Mißhandlung, wenn die erste Bezugsperson müde oder gereizt ist.[25]

Zusätzlich zu diesen Vorteilen wird der Säugling auf keinem Gebiet chronisch verletzt. Unterschiedliche Betreuer verletzen ihn wahrscheinlich auch auf unterschiedliche Art und Weise, die davon abhängt, wie sie selbst, als sie klein waren, verletzt wurden. Einer gibt vielleicht zu viele Anweisungen, während ein anderer in bezug auf Sauberkeit überbesorgt reagiert.

In vielen Fällen stehen die biologischen Eltern nicht zur Verfügung, wegen Krankheit, Tod oder festgelegter Arbeitszeiten. Übernehmen andere Menschen, neben den Eltern, die Rolle der ersten Bezugsperson, können sie diese Aufgabe hervorragend erfüllen und dem Baby gegenüber eine tiefe Liebe verspüren.

Die drei wichtigsten Dinge, die ein Säugling braucht, sind: Milch nach Bedarf – vorzugsweise Muttermilch; Beständigkeit in bezug auf die Menschen, die sich um ihn kümmern, so daß er die Gelegenheit hat, Liebesbeziehungen aufzubauen und gute, qualifizierte, individuelle Aufmerksamkeit von liebevollen Menschen.

Es gibt eine Vielzahl unterschiedlicher Arrangements, die diese drei Bedingungen befriedigen und Babys sind dafür bekannt, daß sie sich auch unter verschiedenen Bedingungen gut entwickeln: bei Adoptiveltern, bei Großeltern und auch bei bezahlten Babysittern.

Für mich ist es schwierig, mein Baby bei anderen zu lassen

Die Trennungsangst kann allerdings auch bei Eltern so stark werden, daß sie ihr Kind nicht bei einer anderen Person lassen können, obwohl es dort sehr zufrieden und glücklich wäre. Eine zu große Anhänglichkeit kann entstehen, wenn die Eltern nie einen Menschen bedingungslos lieben durften oder sich in der Vergangenheit nie benötigt oder wichtig fühlten. Diese unerfüllten Bedürfnisse brechen mit ihrer ganzen Energie und Spannung durch. Hier ist endlich jemand, in den sie vernarrt sind, jemand, der ihnen das Gefühl gibt, wichtig zu sein und von dem sie gebraucht werden, jemand, dessen Leben sie verändern können. Durch diese Erfahrungen versuchen die Eltern, ihr Baby dazu zu benutzen, ihre eigenen unerfüllten Bedürfnisse aus der Vergangenheit zu befriedigen.

Das starke Liebesverhalten des Säuglings kann sie veranlassen, ihr Kind niemand anderem anvertrauen zu können, aus Angst, es zu verletzen. Diese Haltung ist berechtigt, da es für den Säugling ja tatsächlich eine beängstigende Erfahrung sein kann, bei einem völlig fremden Menschen gelassen zu werden. Es ist jedoch wichtig, sich daran zu erinnern, daß das Baby keinen Schaden erleidet, wenn man es bei liebevollen Menschen, die es gut kennt, zurückläßt. Ein Baby, das weint, wenn die Eltern weggehen, kann unverarbeitete Gefühle aus der Kindheit der Eltern auslösen. Vielleicht sind sie selber bei einem fremden Menschen oder allein gelassen worden, oder sie haben die Trennung von ihrer Mutter nach der Geburt noch nicht entlastet.

Ein weiterer Grund für die Abneigung, das Kind von einem Babysitter betreuen zu lassen, kann in übertriebenem Mißtrauen anderen Menschen gegenüber bestehen. Viele Eltern sind übermäßig um die Sicherheit ihres Babys besorgt und stellen sich vor, daß niemand die Gefahren so wahrnehmen kann wie sie selbst, so daß auch niemand die notwendigen Vorsichtsmaßnahmen für die Sicherheit des Babys treffen kann.

Alle diese Gefühle können zu einem großen Widerwillen führen, das Baby bei jemand anderem zu lassen. Eltern, die diese

Schwierigkeiten haben, profitieren davon, wenn sie sich dazu bringen können, sich von ihm zu trennen, um ihre Gefühle zu entlasten. Die Übungen am Ende des Kapitels sind hierbei behilflich. Haben die Eltern über ihre eigenen vergangenen Verletzungen geweint, merken sie, daß ihr Baby sie nicht so unbedingt braucht, wie sie vorher angenommen hatten, und daß es richtig ist, es in der Obhut anderer zu lassen. Zusätzlich zu all diesen möglichen Problemen besteht auch noch der kulturelle Mythos, daß Eltern in der Lage sein sollten, alles allein zu machen. Diese Annahme macht ihnen ihre Aufgabe sehr schwer. Eltern brauchen Hilfe, und sie haben jedes Recht, sie zu verlangen.

Oft besteht auch die Schwierigkeit, jemanden zu finden, der mit den Erziehungsmethoden übereinstimmt. Dies kann ein wirkliches Problem darstellen, ganz besonders jedoch dann, wenn die Eltern wissen, daß es unmöglich ist, ein Baby zu verwöhnen. Es kann nötig sein, dem Babysitter bestimmte Anleitungen, verbunden mit Informationen über den Entlastungsprozeß, zu vermitteln. Ebenso wichtig ist es, ihn zu unterstützen, wenn das Baby weint.

Sind Tages-Säuglingskrippen sinnvoll?

In China befinden sich die Säuglingskrippen in der Nähe des Arbeitsplatzes, so daß die Mütter ihre Arbeit unterbrechen können, um ihr Baby mehrmals am Tag zu stillen. In den westlichen Ländern gibt es die Krippen leider nicht unbedingt in der Umgebung des Arbeitsplatzes, wodurch es für die Mutter schwierig oder unmöglich ist, ihr Baby, wenn es tagsüber eine Krippe besucht, zu stillen.

In den üblichen Tagesstätten betreut ein Erwachsener mehrere Babys, was für die Vielfalt und Qualität der Aufmerksamkeit, die ein Baby für seine optimale Entwicklung benötigt, unzureichend ist, denn ein Säugling braucht eine individuelle Beziehung zu einem Erwachsenen, der vollkommen auf ihn eingehen kann, dem alle kleinen Hinweise vertraut sind. Normale Tageskrippen können diese Bedingungen nicht leisten. Die Tatsache, daß Säuglinge eine Gruppenbetreuung überleben, bedeutet nicht, daß es die für sie beste Betreuung darstellt. Tageshorte, wie sie heute bekannt sind, sind für Babys ungeeignet.

Menschen werden als Einzelwesen geboren und nicht gleichzeitig mit vielen anderen Geschwistern – außer in den Fällen von Mehrlingsgeburten. Es scheint also, als hätte die Natur es so eingerichtet, daß mindestens ein Erwachsener für jedes Baby zur Verfügung steht. Auch die empfängnisverhütende Wirkung des Stillens bestätigt dies. Obwohl das Stillen keine verläßliche Form der Geburtenkontrolle darstellt, werden Babys in den Kulturen, in denen das Stillen die Norm darstellt, und in denen keine andere Geburtenkontrolle besteht, im Durchschnitt im Abstand von zwei Jahren geboren.[26]

Nach dem ersten Jahr ist es für einige Stunden möglich, daß ein Erwachsener sich um zwei Babys kümmert, aber niemand sollte über einen längeren Zeitraum mehr als zwei Babys unter zwei Jahren betreuen. Nach zweieinhalb bis drei Jahren benötigen Säuglinge jedoch nicht mehr diese ausschließliche, individuelle Aufmerksamkeit; sie werden geselliger und profitieren dann auch von einer qualitativ guten Gruppenbetreuung. Aber selbst in diesem Alter sollte das Betreuer-Kind-Verhältnis so hoch wie möglich sein.

Eltern sollten sich klarmachen, daß ihr Baby sich unter individueller Betreuung am besten entwickelt, was heißen kann, daß nicht beide Eltern einer Ganztagsarbeit außerhalb des Hauses nachgehen können. In den meisten Fällen können Menschen sich entscheiden, ob sie ein Kind haben wollen oder nicht. Haben sie sich entschieden, mit Kindern zu leben, ist eine zwei- oder dreijährige Verpflichtung für jeden Säugling nicht viel, wenn man die gesamte Lebenszeit betrachtet. Und, wie ich schon erwähnt habe, ist es auch nicht nötig, daß die Eltern die Betreuung übernehmen. Für das Baby ist es lediglich wichtig, individuelle Aufmerksamkeit zu erhalten.

Aus finanziellen Notwendigkeiten ist es manchmal erforderlich, daß beide Eltern außerhalb des Hauses arbeiten müssen und sich auch keinen privaten Babysitter leisten können. In diesem Fall haben sie keine andere Wahl, als eine Gruppenbetreuung für ihr Baby zu arrangieren. Dann können sie jedoch versuchen, eine Tagesstätte mit einem guten Erwachsenen-Säugling-Verhältnis und einer liebevollen Betreuung zu finden. Gleichzeitig sollten sie ihre Wünsche äußern, um die Qualität der bestehenden Tageskrippen zu verbessern. Ist der Säugling dann zu Hause, können sie ihm so viel individuelle Aufmerksamkeit wie möglich geben. Es ist klar, daß große soziale Veränderungen notwendig sind, bis jede Familie in der Lage sein wird, eine qualitativ gute Betreuung für das Baby zu gewährleisten.

Die vorgehende Diskussion soll natürlich nicht bedeuten, daß Babys nicht durch Interaktion mit anderen Säuglingen profitieren würden. Durch soziale Kontakte mit ihresgleichen erfahren sie große Vorteile, und durch häufige Kontaktaufnahme mit anderen Babys entwickeln sie schon in frühem Alter soziale Fähigkeiten.[27]

Wie sind die Eltern früher zurechtgekommen?

Vor 1750 war in Europa die Großfamilie die übliche Lebensform – viele miteinander verwandte Menschen lebten unter einem Dach. Hierdurch erhielten Babys sehr viel Aufmerksamkeit.[28] Sie wurden nach ihrem Verlangen gestillt und schliefen, bis sie entwöhnt waren, also etwa bis zum zweiten Lebensjahr, bei ihren Müttern. Sie wurden ermutigt, anhänglich zu sein. Wiegen, Singen, Schmusen und Berühren waren übliche Praktiken. Ihr Weinen wurde beantwortet, und die Gewöhnung an die Toilette wurde im ersten Lebensjahr noch nicht versucht. Durch die industrielle Revolution um 1750 wurde die traditionelle Großfamilie durch die Kernfamilie ersetzt, die nur noch aus Mutter, Vater und den Kindern bestand. Die Väter arbeiteten üblicherweise außerhalb des Hauses, und die Mütter waren mit ihren

Hausarbeiten und den Kindern allein. Frauen hatten bei diesen Aufgaben weniger Hilfe als jemals zuvor in der Geschichte. Kamen die Männer abends nach Hause, waren die Frauen ihre einzige Quelle der Aufmerksamkeit und Kameradschaft.

Durch diese vielfältigen Anforderungen an die Zeit, Energie und Aufmerksamkeit der Mutter, änderte sich die Praxis der Kindererziehung drastisch.[29] Anstatt die Anhänglichkeit zu unterstützen, förderten die Mütter bei ihren Kindern schon in sehr frühem Alter eine Unabhängigkeit. Die Babys wurden zwar noch gestillt – bis zur Erfindung von Fläschchen und Fertignahrung –, aber zum ersten Mal wurden zeitlich festgelegte Mahlzeiten eingeführt. Schon in frühem Alter wurde feste Nahrung gefüttert, gefolgt von früher Entwöhnung. Immer noch schliefen die Babys – für einige Monate zumindest – bei der Mutter, aber schließlich wurde auch diese Praktik aufgegeben, und das Baby wurde gezwungen, von Geburt an allein zu schlafen. Die Gewöhnung an die Toilette begann schon sehr früh, manchmal schon im Alter von drei Wochen. Der Begriff, daß man ein Kind verwöhnen kann, wurde eingeführt und von vielen akzeptiert. Eltern wurde empfohlen, ihr Baby nicht zu häufig zu berühren oder auf den Arm zu nehmen, damit es nicht verwöhnt würde; auch das Weinen sollte nicht beachtet werden. Die Dinge wurden noch schwieriger, als der Rückgang des Stillens die natürliche Empfängsniverhütung verhinderte und manche Mutter gezwungen war, für zwei Säuglinge unter zwei Jahren zu sorgen.

Die beklagenswerten Erziehungspraktiken, die sich im 20. Jahrhundert ausbreiteten, sind das Ergebnis eines ungeheuerlichen Drucks auf die Mütter. Dies wiederum hatte den Rückgang großer, kinderreicher Familien zur Folge. Ein Autor beschreibt die gegenwärtigen sozialen Bedingungen wie folgt: »Familien befinden sich unter einem vorher nie erfahrenen Druck . . ., der die Entwicklung des Säuglings in diesen Familien entscheidend beeinflußt . . . Gemeinschaften, Nachbarschaften und Unterstützung von kinderreichen Familien bestehen nicht mehr, und die Anzahl von Familien, in denen der Vater nicht anwesend ist, steigt.«[30] Die Kernfamilie ist eine unglückliche und nicht praktikable Phase in der Geschichte der Menschheit.

Welche sozialen Veränderungen sind nötig?

Es ist offensichtlich, daß vielschichtige soziale Veränderungen notwendig sind, damit alle Babys die qualifizierte Pflege erhalten, die sie brauchen und verdienen. Jackins sagt: »Nur die vollständige Umgestaltung der Gesellschaft wird es ermöglichen, daß wir gute Eltern werden.«[31] Es gibt einige besonders wichtige Veränderungen, die hilfreich wären. Lange und bezahlte Mutter- und Vaterschafts»urlaube«; eine noch bessere Lösung wäre allerdings die finanzielle Unterstützung für alle Eltern, die ihre Kinder selbst betreuen wollen. Es ist ein Widerspruch, daß die Regierung Müttern sehr wenig soziale Unterstützung zahlt, während Pflegeeltern viel und Institutionen noch mehr Geld für ein Kind erhalten. Es wurde schon vorgeschlagen, jeder Erwachsene sollte zwei »freie Jahre auf der Bank« haben, und diejenigen, die Eltern werden wollen, können ihre beiden Jahre dazu benutzen, für ihr Baby zu sorgen.[32]
Halbe Stellen ohne Renteneinbuße werden sowohl für Frauen als auch für Männer benötigt, und auch Job-Sharing wäre sinnvoll, so daß Eltern eine bezahlte Arbeit teilen könnten, um den Arbeitstag so zu gestalten, wie sie es sich wünschen.
Wir müssen einen Weg finden, die Zeit und Erfahrung älterer Menschen zu nutzen, anstatt sie zu zwingen, isoliert und sinnlos in Altersheimen zu leben. Viele ältere Menschen leben Hunderte von Kilometern entfernt von ihren Enkeln, obwohl sie liebend gern für ein Baby sorgen würden. Würden die Senioren beteiligt, könnten Tagesstätten entstehen, in denen auf einen Säugling ein Erwachsener kommt. Laura Huxley hat in Los Angeles eine Tagesstätte eingerichtet, in der Senioren und Teenager mit den Babys zusammensein können.[33]

Wie kann ich heute bei meiner Arbeit als Mutter
oder Vater Hilfe erhalten?

Viele Familien sind isoliert und leben hundert Kilometer von ihren nahen Verwandten entfernt, und es ist nicht immer einfach, von anderen Menschen Hilfe für die Betreuung des Babys zu erhalten. Eine einzige Antwort für diese Schwierigkeiten gibt es nicht, und jede Familie muß ihre eigene Lösung finden, die ihre Bedürfnisse erfüllt. Aber auch im gegenwärtigen sozialen und ökonomischen System gibt es für Eltern viele Möglichkeiten, Hilfe zu bekommen.

Ein Zurück zur traditionellen Großfamilie ist nicht möglich und für viele auch gar nicht wünschenswert. Es gibt jedoch eine Vielzahl von anderen Möglichkeiten. Viele Familien leben in Wohngemeinschaften mit Freunden. Sowohl die Teilung der Hausarbeit und Kinderbetreuung als auch Kameradschaft und emotionale Unterstützung erleichtern den Druck, der in der Kernfamilie so oft auftaucht.[34] Aber auch in den Wohngemeinschaften können Probleme entstehen, wie eine Mutter berichtete:

Als Anita geboren wurde, lebten wir in einer Wohngemeinschaft. Wir hatten mit allen gesprochen, und alle fanden es prima, daß ein Baby hinzukommen sollte. Aber ich glaube, wir hatten es nicht wirklich durchgesprochen, was es für uns alle heißen würde, mit einem Säugling zusammen zu leben. Es war eher, daß es natürlich in Ordnung ist, wenn ich ein Kind bekomme. Aber weiter haben wir es nicht durchdacht. Als sie dann geboren wurde, halfen die Frauen mir sehr viel, aber als sie älter wurde, war es für die Nicht-Eltern schwierig zu verstehen, was Verantwortung bedeutet. Oft sagten sie:»Oh ja, ich passe auf Anita auf« und vergaßen es dann. Ich denke, wir versäumten es, ausführlich über die Gefühle zu sprechen, die einfach hochkommen, wenn ein Baby da ist. Wir hätten die Betreuung besser absprechen müssen.

Wenn Eltern es sich leisten können, sollten sie im ersten Jahr einen Babysitter einstellen. Andernfalls stehen in manchen Gemeinden Freiwillige zur Verfügung, die aushelfen können. Ein Babysitter-Austausch kann auch sehr sinnvoll sein; besonders, wenn der Austausch immer mit derselben Familie stattfindet, ist er einer unpersönlichen Betreuung aus der Gemeinde vorzuziehen – zumindest, bis das Baby die Phase der Trennungs- und Fremdenangst überwunden hat. Der Vorteil der Austausch-Betreuung besteht zusätzlich noch darin, daß sie nichts kostet. Auch Krabbelgruppen, in denen immer ein Elternteil anwesend ist, sind hilfreich; die Säuglinge haben Gelegenheit zu lernen, miteinander zurechtzukommen, und die Eltern können Ideen und Handlungsmöglichkeiten austauschen. Manchmal ist es auch einfach eine Erleichterung, mit anderen Eltern und Babys zusammenzusein, was bei der Aufgabe, seinem eigenen Baby gute Aufmerksamkeit zu geben, hilfreich sein kann. Solche Spielgruppen werden von Frauenzentren, Gemeinden, Erwachsenenbildungsstätten und Schulen unterstützt. Wenn keine Spielgruppe für das Baby gefunden werden kann, können die Eltern auch mit Nachbarn und Freunden eine eigene Gruppe aufbauen.

Eltern können sich einer Eltern-Unterstützungsgruppe anschließen, um ihren Gefühlen Ausdruck verleihen zu können. Diese Gruppen werden manchmal von Frauen- und Gemeindezentren, Erwachsenenbildungsstätten, Kliniken oder Kinderschutzorganisationen angeboten. Gibt es keine solche Gruppe, können die Eltern auch eine eigene Gruppe organisieren. Für alle Eltern ist es ratsam, daß sie zumindest eine andere Person haben, bei der sie ihre Gefühle vollkommen offen ausdrücken können. Die Übungen am Ende eines jeden Kapitels in diesem Buch können als Struktur für Themen einer solchen Unterstützungsgruppe dienen, in der jeder einzelne die Fragen beantwortet und entlastet, während eine andere Person ihm aufmerksam zuhört. Eine weitere Möglichkeit sind auch berufliche Therapeuten, vorausgesetzt, sie sind in der Lage, gut zuzuhören und die Entlastung zu unterstützen. Weiter ist es hilfreich, wenn die Kinder in einem Zeitabstand von mindestens drei Jahren geboren werden, was den Vorteil hat, daß nicht nur die Wahrscheinlichkeit der Geschwisterrivalität verringert wird[35], sondern auch die Eltern in die Lage versetzt, die Bedürfnisse des Neugeborenen nach Aufmerksamkeit zu erfüllen. Kinder mit drei und mehr Jahren sind nicht so sehr von Erwachsenen abhängig, was ihre körperlichen Grundbedürfnisse betrifft – wie Essen, Ankleiden und die Toilettenbenutzung bzw. Windelnwechseln usw. Sie unterhalten sich gern mit Gleichaltrigen und sind alt genug, um zu verstehen, daß ihre Eltern ihnen nur zu gewissen Zeiten Aufmerksamkeit geben können. Ein weiterer Vorteil besteht darin, daß die älteren Geschwister sich an der Betreuung des Babys beteiligen oder ihm Aufmerksamkeit geben können.

Obwohl Babys mit individueller Aufmerksamkeit am besten heranwachsen, besteht selbst mit guter Absicht die Möglichkeit, daß nicht alle Eltern solche idealen Bedingungen für ihr Baby schaffen können. Geldschwierigkeiten, Scheidung, Krankheit und Tod können eintreten oder eine ungeplante Schwangerschaft bei Frauen, die sich keinem Schwangerschaftsabbruch unterziehen möchten. Es kann sein, daß beide Eltern Geld verdienen müssen, um die finanzielle Belastung tragen zu können, und daß sie sich für ihr Baby nur eine Gruppenbetreuung leisten können. Alleinlebende Mütter oder Väter sowie Eltern von Zwillingen können es als besonders schwierig empfinden, die Bedürfnisse ihrer Kinder zu erfüllen. Unter solchen Umständen sollten die Eltern versuchen, so viel Hilfe wie nur möglich von Freunden, Verwandten und Organisationen zu bekommen. Eltern haben *immer* das Recht, Hilfe zu fordern, wenn es sich um das Wohlergehen ihrer Kinder handelt. Leider kann es für viele äußerst schwierig sein, die notwendige Hilfe zu erhalten, bevor nicht radikale soziale Veränderungen durchgesetzt sind. Eltern können jede Hilfe, die sie erhalten, durch gute Aufmerksamkeit für ihr Baby ergänzen.

Kann eine Mutter eine emanzipierte Frau sein?

Mutter sein bedeutet nicht zwangsläufig, unterdrückt zu sein. Die biologischen Unterschiede und die Arbeitsteilung, die auf diesen Unterschieden basieren, sind nicht an sich unterdrückend. In der Jäger- und Sammler-Phase der Menschheitsentwicklung waren es die Frauen, die hauptsächlich für die Kinderbetreuung zuständig waren, und die Männer gingen zuallererst der Jagd nach. Dies war sinnvoll, weil es für die stillenden Mütter schwierig gewesen sein dürfte, auf die Jagd zu gehen.

Die Unterdrückung der Frau begann wahrscheinlich erst mit Einführung von Landwirtschaft und Handel, als die Waren und Produkte von einigen wenigen besessen wurden und die meisten Menschen für andere arbeiteten. Dies war der Beginn der ökonomischen Ausbeutung, die die Sklaven- und Feudalgesellschaften charakterisierte, und die auch heute noch in vielen Ländern besteht. Mit der Entstehung einer solchen Klassenteilung innerhalb der Gesellschaft wurde eine kleine, herrschende Klasse zum Unterdrücker der anderen Klassen. Die meisten Männer und *alle* Frauen wurden von einigen wenigen Männern ausgebeutet und unterdrückt.[36]

Mit der industriellen Revolution und dem Beginn der isolierten Einheit, die wir die Kernfamilie nennen, nahm die Unterdrückung der Frauen – und besonders der Mütter – durch das Verschwinden von Unterstützung und Hilfe neue Formen an. Die Mütter mußten zu viel leisten und erhielten zu wenig dafür.

Die Unterdrückung der Mütter beinhaltet viele Formen. Durch mangelnde Information und sexuelle Unterdrückung der Frauen, mußten viele Frauen gegen ihren Willen Kinder empfangen und austragen. Schwangere Frauen werden oft dazu gezwungen, ihre Arbeitsstelle zu kündigen. Die Arbeit der Mütter wird als ungelernt, unwichtig und entwürdigend betrachtet, wenn sie überhaupt als Arbeit angesehen wird. Mütter erhalten keinen Lohn, und ihnen wird häufig der Mutterschafts»urlaub« verweigert. Mütter werden als Hauptbetreuerinnen für Säuglinge angesehen, sie erhalten jedoch nicht genug Hilfe und im allgemeinen wird ihnen die Unterstützung verweigert, die sie brauchen, um gute Mütter sein zu können. Statt dessen wird oft von ihnen erwartet, daß sie sich nicht nur um ihr Baby, sondern auch noch um ihren Ehemann kümmern. Mütter werden als erste für die Fehler ihrer Kinder kritisiert. Verständlich, daß sich viele Mütter unterdrückt fühlen.

Es ist jedoch wichtig, sich daran zu erinnern, daß nicht die Männer die Feinde sind. Obwohl Männer gezwungen werden, als Agenten der Unterdrückung gegen Frauen zu handeln, werden die meisten Männer in ihrer Arbeit und in der Welt selbst ernsthaft unterdrückt. Ein klassisches Beispiel hierfür: Der Mann wird von seinem Vorgesetzten angeschrieen. Er kommt nach Hause und schreit seine Frau an, die wiederum ihre Gefühle an die Kinder weitergibt. Dies ist eine vereinfachte Version, wie Verletzungen weitergegeben werden, da unterdrückte Menschen das Bedürfnis verspüren, sie auf andere abzuladen. Die unterdrückten Kinder nehmen dann als Erwachsene sehr leicht die Rolle von Unterdrücker und Unterdrücktem an, und der Kreislauf dreht sich mit seiner Klassen-, Rassen-, Geschlechts-, Kinder- und Altenunterdrückung, die in unserer Gesellschaft vorherrschen, unendlich weiter. Die Unterdrückung von Frauen und Kindern ist eng verbunden mit allen anderen Formen der Unterdrückung in unserer Gesellschaft. Frauen und Kinder werden so lange unterdrückt sein, solange noch *irgendeine Form* der Unterdrückung auf der Erde besteht.

Obwohl sich Männer als Agenten der Frauenunterdrückung nicht schuldig fühlen müssen, können sie nichtsdestotrotz die Verantwortung übernehmen, ihre sexistische Haltung und Handlung zu verändern. Männer können in der Elternschaft aktiver werden und sollten nicht die gesamte Verantwortung ihren Frauen überlassen. Elternschaft ist eine Arbeit von vierundzwanzig Stunden täglich! Männer sollten liebevoll sein und ihre Frauen unterstützen und umsorgen, ganz besonders dann, wenn die Frauen mehr elterliche Verantwortung tragen als sie. Schließlich sollten Männer versuchen, mit ihren Gefühlen in Kontakt zu kommen und sie entlasten. Sie sollten vergessen, daß »große Jungen nicht weinen«. Aber sie sollten nicht von Frauen erwarten, daß sie sie umsorgen und ihnen die Aufmerksamkeit geben, die sie brauchen. Frauen wurden viel zu lang in diese Rolle gezwängt. Männer sollten anfangen, anderen Männern zu vertrauen, um die Unterstützung zu bekommen, die sie brauchen.

Leider steht das Bild einer befreiten Frau in den Medien im

Gegensatz zur Mutterschaft. Viele Frauen haben auch für sich die männliche Norm einer anerkannten und wertvollen Arbeit akzeptiert, und bei einigen radikalen Feministinnen hat dies sogar zu einer Weigerung geführt, sich um ihr Baby zu kümmern oder es zu stillen. Diese Frauen haben sich so unterdrückt gefühlt, daß sie sich weigern, irgendwelche Arbeit, die traditionell von Frauen verrichtet wurde, auszuüben. Sie reagieren übermäßig und wollen keine gesellschaftliche Rolle, die sich von der der Männer unterscheidet, übernehmen. Diese Frauen versuchen, wie Männer zu sein, anstatt ihren Stolz darüber zu fühlen, was sie als Frau ausmacht. Sie haben die unterdrückende Norm einer von Männern beherrschten Kultur verinnerlicht. Frauen sollten nicht verzweifelt darum kämpfen, wie Männer sein zu können; sie sollten hartnäckig darum kämpfen, sie selbst zu sein.

Für Frauen, die auch außerhalb des Hauses arbeiten und Stellen übernehmen, die traditionell von Männern beherrscht waren, hat es keinen Sinn, sich zu befreien, wenn die Kinder dadurch unterdrückt bleiben, daß sie die Aufmerksamkeit, die sie brauchen, nicht erfahren. Unterdrückung gehört erst dann der Vergangenheit an, wenn die Bedürfnisse der Babys erfüllt werden. Lösungen, die die Bedürfnisse eines jeden befriedigen, müssen gefunden werden und, wie schon erwähnt, beinhaltet das große ökonomische und soziale Veränderungen.

Übungen

1. Welche Gefühle hattest du beim Lesen dieses Kapitels?
2. Hattest du als Kind zu deinen Eltern eine große Zuneigung? Ließen sie dich jemals mit jemandem, den du nicht gut kanntest, allein? Welche Gefühle hattest du?
3. Hängt dein Baby sehr an dir? Hängt es besonders an dir? Wie fühlst du dich dabei? Hast du den Wunsch, daß es dich mehr oder weniger lieben sollte? Weint dein Baby, wenn du es bei einer anderen Person läßt? Wenn ja, wie fühlst du dich dabei? Hat dein Baby Angst vor Fremden? Wenn ja, wie fühlt sich das für dich an? Wie schätzt du

deine Fähigkeit ein zu beurteilen, ob dein Baby aus echter Trennungsangst heraus weint?

4. Welche Informationen wurden dir als Kind über Zuneigung, Anhänglichkeit und Unabhängigkeit vermittelt? Was empfindest du, wenn ein Baby ängstlich auf dich reagiert oder sich weigert, bei dir zu bleiben?

5. Haben andere Menschen schon einmal versucht, dir Ratschläge zu geben in bezug auf das Liebesverhalten deines Kindes? Hat schon einmal jemand positiv oder negativ das Abhängigkeits- oder Unabhängigkeitsverhalten deines Babys kommentiert? Was empfindest du dabei?

6. Welche Gefühle tauchen auf, wenn du an die Verantwortung und Beschränkungen, die das Stillen den Müttern auferlegt, denkst? Was empfindest du bei dem Gedanken, daß jedes Baby mehrere Betreuer/innen haben sollte, und bei der Vorstellung, jedem Baby individuelle Aufmerksamkeit zu geben?

7. Bekommst du genug Hilfe bei deiner Aufgabe als Mutter/Vater? Erhältst du selbst genug Aufmerksamkeit? Wenn nicht, wie fühlst du dich dabei? Was hindert dich daran, Hilfe zu finden? Was empfindest du, wenn du jemanden um Hilfe bittest. Welche Gefühle hast du dabei, dein Baby bei jemand anderem zu lassen?

8. Welche Rolle hatten deine Mutter und dein Vater, als du heranwuchst? Welche Rolle wurde von dir als Erwachsene/r erwartet? Welche Erwartungen haben deine Eltern an dich? (Vater): Was empfindest du, wenn du dein Baby betreust? Wenn du es noch nie gemacht hast, versuche es einmal für einige Stunden. Welche Gefühle hast du? (Mutter): Was empfindest du, wenn dein Baby mit seinem Vater zusammen ist?

9. Welche Gefühle löst die Frauenbefreiungsbewegung bei dir aus? Bist du den ganzen Tag als Mutter/Vater tätig? Arbeitest du noch zusätzlich zu deiner Arbeit als Mutter/Vater? Wie fühlst du dich bei deiner Arbeit? (Mutter): Fühlst du dich unterdrückt? Wie fühlt es sich an? (Vater): Was empfindest du darüber, in die Rolle eines Unterdrückers der Frau gezwungen worden zu sein?

10. Was bedeutet das gegenwärtige soziale und wirtschaftliche System für dich? Welche sozialen und wirtschaftlichen Veränderungen wären notwendig, um dir deine Aufmerksamkeit als Mutter/Vater zu erleichtern? Was kannst du zu dieser Veränderung beitragen?

Zusammenfassung

Mehrere Themen werden in diesem Buch angesprochen, und eine der wichtigsten Ideen besteht darin, daß Babys grundsätzlich wissen, welche Bedürfnisse sie in den unterschiedlichsten Lebensbereichen haben. Dies ist mehr als ein reiner Überlebensinstinkt, es ist eher eine uns innewohnende Tendenz, die Erfahrungen zu suchen und die Dinge zu machen, die unsere uns zur Verfügung stehende Kraft am besten entwickeln hilft. Eltern können ihrem Baby vertrauen, daß es von sich aus zeigt, was es braucht, um sich körperlich, emotional und intellektuell weiterzuentwickeln. Eltern brauchen eigentlich nur sensibel auf diese Signale zu achten und sich in den betreuenden Handlungen dementsprechend zu verhalten.

In jedem Kapitel des Buches wird auf das Vertrauen, das wir dem Baby entgegenbringen können, hingewiesen. Wir können dem Säugling vertrauen, daß er sich durch Entlastung von vergangenem Schmerz befreit, daß er zeigt, wann und wo er Schlaf braucht, wann und was er essen möchte und welche Stimulation wichtig ist. Eltern können darauf vertrauen, daß er von sich aus mit ihnen zusammenarbeiten möchte, sich selbst an die Toilette gewöhnt, lernt zu teilen und aus seiner Abhängigkeit und seinen frühen Bedürfnissen herauswächst.

Dennoch ist es so, daß Babys, denen nicht erlaubt wurde, von Geburt an so zu entlasten, wie sie es gebraucht hätten, nicht mehr vollkommen vertraut werden kann, da sie ihre Bedürfnisse nicht mehr richtig angeben können, weil ihre natürliche Neigung zu weinen unterbrochen wurde. Dies ist das zweite wichtige Thema dieses Buches. Eltern unternehmen viele verschiedene Dinge, um das Weinen ihrer Kinder zu unterbrechen; sie geben ihnen Schnuller, kitzeln sie, schmusen mit ihnen, legen sie ins Bett, stillen sie oder lenken sie mit Spielzeug ab. So werden diese

Dinge zu Kontrollmustern, ein Verhalten, das den Entlastungsprozeß unterdrückt. Schon bald führen die Babys dieses Verhalten von sich aus weiter und vergessen, daß sie in Wirklichkeit weinen mußten. Eltern sollten deshalb immer auf mögliche Kontrollmuster achten, die wie echte Bedürfnisse aussehen können. In diesem Buch werden verschiedene Vorschläge angeboten, wie man Kontrollmuster von tatsächlichen Bedürfnissen unterscheiden kann.

Der Begriff des Verwöhnens ist mit Kontrollmustern verbunden. Klar ist, daß Babys nicht verwöhnt werden können, aber manchmal kann es so aussehen, daß ein Baby, dessen Eltern es oft vom Weinen ablenken, verwöhnt erscheint. Diese Säuglinge fordern ständig etwas, möchten auf den Arm oder spielen, aber hierbei handelt es sich um nichts anderes als um ein Kontrollmuster. In Wirklichkeit müssen sie weinen, und wenn man es ihnen mit liebevoller Aufmerksamkeit erlaubt, sind sie nachher viel zufriedener.

Sehr wenige Menschen wissen, wie viel ein Baby entlasten muß. Auch mit den liebevollsten Eltern erlebt jeder Säugling jeden Tag seines Lebens Schmerzen, da seine extreme und lange Abhängigkeit ihn sehr verletzlich macht. Nur die Eltern würden ihrem Kind keinen Schmerz zufügen, die selbst alle angesammelten Verletzungen entlastet hätten. Dies ist das dritte wichtige Thema dieses Buches. Wie gut die Absicht der Eltern auch sein mag, wenn sie sich nicht selber von ihren Schmerzen befreit haben, werden diese sie automatisch veranlassen, ihr Baby auf irgendeine Art und Weise zu verletzen. Es ist fast unvermeidlich. Im Verlaufe des Buches gebe ich Beispiele, die zeigen, wie die vergangenen Verletzungen der Eltern sie unwissentlich dazu bringen, ihrem Baby Schmerz zuzufügen. Eltern müssen anfangen, ihre eigenen Schmerzen zu fühlen und sie zu entlasten. Zu diesem Zweck gibt es am Ende jedes Kapitels Übungen.

Es ist interessant darüber nachzudenken, wo der Ursprung liegen mag, daß die Menschen als einzige Wesen fähig sind zu weinen. Durch das Wachstum des Gehirns wurde die Abhängigkeitsphase des menschlichen Säuglings verlängert, da die Geburt zu einem zu frühen Zeitpunkt der Entwicklung stattfinden muß (siehe Kapitel 1). Diese Zeit äußerster Verletzbarkeit ist der Preis, den wir für unsere Intelligenz zahlen müssen. Aber gemeinsam mit der sich vergrößernden Abhängigkeit und Verletzbarkeit entwikkelte sich allmählich ein Heilmechanismus. Es mußte eine Möglichkeit geben, daß der wachsende Organismus sich von den Verletzungen und Schmerzen erholen konnte, damit er sich intelligent erhalten konnte und sein Körper gesund blieb. Der wichtigste Heilmechanismus ist das Weinen. Diejenigen Kinder, die sich auf irgendeine Weise von den Auswirkungen schmerzvoller Erfahrungen befreien konnten, hatten eine viel größere Chance, ihre immense Intelligenz vollständig zu entwickeln und sich kooperativ zu verhalten. Als extremes Beispiel verdeutlichen die autistischen Kinder, was geschieht, wenn der verletzbare menschliche Säugling nicht weint (siehe Kapitel 2).

Wenn wir Menschen nun diese wunderbare Fähigkeit haben, uns selbst von jeder Art Schmerz zu heilen, warum benutzen wir sie nicht vollkommen? Warum wird das Weinen so mißverstanden, und wie kam das erste Kontrollmuster zustande? Es ist möglich, daß in der Jäger-Sammler-Phase unserer Existenz Ruhe zu gewissen Zeiten äußerst wichtig gewesen sein kann.[1] Wenn die Jäger zum Angriff bereit waren, oder wenn Menschengruppen sich vor wilden Tieren oder anderen Menschengruppen verbergen mußten, wäre es sicherlich nicht vorteilhaft gewesen zu lachen, zu weinen oder seine Wut zu zeigen, auch wenn man den Drang dazu verspürte. In dieser Zeit müssen die Mütter versucht haben, ihr Baby zu beruhigen, so gut sie konnten. Vielleicht ist das der Ursprung der Kontrollmuster.

Auf der anderen Seite jedoch scheinen die Menschen nie vollständig die Wichtigkeit der Entlastung vergessen zu haben. In vielen Kulturen bestehen Feste, Rituale und Zeremonien, in denen Lachen und Weinen angemessene und erwartete Verhaltensweisen sind. Die verschiedenen Formen des Theaters gaben den Menschen Gelegenheit, zu lachen und zu weinen.[2] Wir Menschen haben auf einer bestimmten Ebene unseres Bewußtseins immer gewußt, daß diese Art, unsere Gefühle loszulassen, nicht nur wohltuend, sondern für unser Überleben notwendig ist. Trotzdem haben nur sehr wenige Menschen jemals so viel entlastet, wie sie es brauchen würden. Beinahe jeder trägt noch angestaute Gefühle mit sich herum, die klares Denken und angemessenes Verhalten stören, und die im Körper Spannungen verursachen. Aber jetzt, durch die Erkenntnis, wie wichtig die Entlastung ist, haben wir den Schlüssel gefunden, uns selbst von den schmerzhaften und begrenzenden Auswirkungen der Vergangenheit zu befreien und die uns innewohnende Kraft zu erreichen.

Im Idealfall würden sich zwei Erwachsene um jedes Baby kümmern, wenn es die Fürsorge und Aufmerksamkeit, die es braucht, erhalten soll; zwei Erwachsene, die keine andere Verantwortung haben, als für das Baby zu sorgen. Aber unter den gegenwärtigen sozialen und wirtschaftlichen Strukturen kann dieses Ideal nicht in die Wirklichkeit umgesetzt werden. Im Durchschnitt besteht eine Familie aus zwei Erwachsenen, und diese sind häufig damit beschäftigt, Geld zu verdienen, ihre Ausbildung zu vervollständigen, Hobbys nachzugehen oder persönliche Beziehungen zu entwickeln oder zu erhalten, daß nicht genug Zeit oder Aufmerksamkeit übrigbleibt, die sie ihren Kindern widmen könnten. Das heißt natürlich nicht, daß Eltern aufhören müßten, alle diese Dinge zu unternehmen, es beinhaltet jedoch, daß *Eltern Hilfe brauchen,* um gute Eltern sein zu können. Dies ist das vierte wichtige Thema des Buches. Die Kern- oder Kleinfamilie ist in der Menschheitsgeschichte eine Neuerung und offensichtlich funktioniert sie nicht. In der Kernfamilie tragen die Eltern zu viel Verantwortung und sind einem zu großen Druck ausgeliefert. Vielleicht ist auch das der Grund dafür, daß so viele Familien auseinanderbrechen.

Haben Eltern erst einmal den Mythos überwunden, daß sie ihre Aufgabe allein vollbringen müssen, gibt es verschiedene Möglichkeiten, wie sie die benötigte Hilfe bekommen können. Sie haben jedes Recht, auf Hilfe und Unterstützung zu bestehen, wenn das Wohlergehen ihres Kindes auf dem Spiel steht. Gibt es denn irgend etwas Wichtigeres, als die Bedürfnisse der Säuglinge zu erfüllen? Soziale und wirtschaftliche Veränderungen sind dringend notwendig, um allen Eltern angemessene Hilfe und Unterstützung zu ermöglichen. In einem guten System würden die Eltern von der Gesellschaft bezahlt werden, um sich um ihr Baby kümmern zu können. Eine andere Möglichkeit bestünde darin, daß alte Menschen im Austausch für angemessene soziale Sicherheit die Verantwortung der Kinderbetreuung übernehmen würden.

Zusammenfassend will ich sagen, daß eine wirkliche Befreiung von Unterdrückung nur dann möglich ist, wenn eine neue Generation von Geburt an mit Liebe, Vertrauen und Respekt behandelt wird, eine Generation, deren Bedürfnisse alle erfüllt werden, eine Generation, der die Kraft und Macht nicht genommen wird, eine Generation, die sich ihre Fähigkeit zu fühlen und zu weinen erhalten hat. Aus diesem Grund haben Mütter und Väter jedes Recht, um Hilfe, Unterstützung und Umsorgung für sich selbst zu verlangen. Wenn beide Eltern durch soziale und wirtschaftliche Strukturen, die die Bedürfnisse der Menschen beachten, unterstützt werden, und wenn alle Menschen regelmäßig ihre schlechten Gefühle entlasten würden, dann würde der Kreislauf der Unterdrückung, der von Generation zu Generation weitergegeben wird, ein für allemal enden. Die Aufgaben, die vor uns liegen, sind eine Herausforderung, und der Zeitpunkt damit zu beginnen ist *jetzt!*

Nachwort

Ich hoffe, Sie haben viele Informationen und neue Einsichten gewonnen wie ich, als ich dieses Buch schrieb. Bitte schreiben Sie, wenn Sie Fragen, Kommentare oder Vorschläge für Verbesserungen haben. Ich bin an Ihren Erfahrungen interessiert, die Sie mit dieser Methode und Ihren Kindern machen. Schreiben Sie an: Dr. Aletha Solter, c/o The Aware Parenting Institute/ Shining Star Press, P.O. Box 206, Goleta, CA 93116, USA. Selbst wenn ich Ihnen nicht persönlich antworte, will ich versuchen, Ihren Kommentar in der nächsten Auflage zu berücksichtigen. Vielen Dank!

Über folgenden Internet-Anschluß können Sie weitere Informationen über meine Arbeit einholen: http://www.awareparenting.com. Meine E-Mail-Adresse lautet: solter@awareparenting.com.

Aletha Solter

Anmerkungen

Zu Kapitel 1: Das Baby soll eure Liebe spüren

[1] Siehe W. R. Thompson, Early environmental influences on behavioral development. *American Journal of Orthopsychiatry*, 1960 (30), 306–314 und A. Janov, *Das befreite Kind. Grundsätze einer primärtherapeutischen Erziehung.* Frankfurt: Fischer [4]1982.

[2] A. Janov, *Das befreite Kind. Grundsätze einer primärtherapeutischen Erziehung.* Frankfurt: Fischer [4]1982.

[3] A. Montagu, *Körperkontakt. Die Bedeutung der Haut für die Entwicklung des Menschen.* Stuttgart: Klett-Cotta 1982.

[4] A. Janov, *Das befreite Kind. Grundsätze einer primärtherapeutischen Erziehung.* Frankfurt: Fischer [4]1982.

[5] T. Bower, *Die Wahrnehmungswelt des Kindes.* Stuttgart: Klett-Cotta 1978.

[6] F. Leboyer, *Sanfte Hände. Die traditionelle Kunst der indischen Baby-Massage.* München: Kösel [6]1985.

[7] M. H. Klaus/J. H. Kennell, *Mutter-Kind-Bindung. Über die Folgen einer frühen Trennung.* München: Kösel 1983.

[8] Ebd. Über die Auswirkungen einer Trennung von Mutter und Neugeborenem sofort nach der Geburt haben die Kinderärzte Klaus und Kennell intensive Studien betrieben. Ihr Buch *Mutter-Kind-Bindung. Über die Folgen einer frühen Trennung* faßt ihre eigenen und die Ergebnisse anderer zusammen.

[9] Ebd.

[10] E. H. Hess, Imprinting. *Science,* 1959 (130), 133–141.

[11] M. Greenberg/N. Morris, Engrossment: The newborn's impact upon the father. *American Journal of Orthopsychiatry,* 1974 (44), 520–531.

[12] M. H. Klaus/J. H. Kennell, *Mutter-Kind-Bindung. Über die Folgen einer frühen Trennung.* München: Kösel 1983.

[13] Ebd.

[14] Ebd.

[15] R. A. Bradley, *Husband-Coached Childbirth.* New York: Harper & Row 1965.

[16] N. Newton, Psychologic differences between breast and bottle feeding. *The American Journal of Clinical Nutrition,* 1971 (24), 993–1004.

[17] C. Panuthos, The Psychological Effects of Cesarean Deliveries. *Mothering,* Winter 1983 (26), 61–65.

18 A. Montagu, *Körperkontakt. Die Bedeutung der Haut für die Entwicklung des Menschen*. Stuttgart: Klett-Cotta 1982.

19 J. Bostock, Exterior gestation, primitive sleep, enuresis, and asthma: a study in aetiology. *Medical Journal of Australia*, 1958, Vol. 2, 149–153; 185–188.

20 H. F. R. Prechtl, Problems of Behavioural Studies in the Newborn Infant. In: D. S. Lehrmann/R. A. Hinde (Hrsg.), *Advances in the Study of Behaviour*, Vol. I. New York: Academic Press 1965.

21 R. A. Spitz/K. Wolf, Anaclitic depression. *The Psychoanalytic Study of the Child*, 1946 (2) 313–342.

22 S. Provence/R. C. Lipton, *Infants in Institutions*. New York: International Universities Press, Inc. 1962.

23 L. Gardner, Deprivation dwarfism. *Scientific American*, 1972 (227), 76–82.

24 J. Bowlby, *Maternal Care and Mental Health*. Genf: World Health Organization, Monograph Series No. 2, Palais des Nations 1951.

25 R. M. Restak, *The Brain: The Last Frontier*. New York: Doubleday & Co., Inc. 1979.

26 Preskott, zit. ebd.

27 R. A. Spitz, *Vom Säugling zum Kleinkind. Naturgeschichte der Mutter-Kind-Beziehungen im ersten Lebensjahr*. Stuttgart: Klett-Cotta [7]1983.

28 A. Janov, *Das befreite Kind. Grundsätze einer primärtherapeutischen Erziehung*. Frankfurt: Fischer [4]1982.

29 H. Shevrin/P. W. Toussieng, Vicissitudes of the need for tactile stimulation in instinctual development. *The psychoanalytic Study of the Child*, 1965 (20), 310–339.

30 A. Lowen, *Der Verrat am Körper*. Reinbek: Rowohlt 1982.

31 A. Montagu, *Körperkontakt. Die Bedeutung der Haut für die Entwicklung des Menschen*. Stuttgart: Klett-Cotta 1982.

32 F. Leboyer, *Sanfte Hände. Die traditionelle Kunst der indischen Baby-Massage*. München: Kösel [6]1985.

33 A. Janov, *Das befreite Kind. Grundsätze einer primärtherapeutischen Erziehung*. Frankfurt: Fischer [4]1982.

34 D. G. Freedman/H. Boverman/N. Freedman, Effects of kinesthetic stimulation on weight gain and on smiling in premature infants. Arbeitspapier, vorgelegt bei einem Treffen der American Orthopsychiatric Association, San Francisco, April 1966.

35 A. Korner/H. Kraemer/M. Haffner/L. Cosper, Effects of waterbed flotation on premature infants: a pilot study. *Pediatrics*, 1975 (56), 361–367.

36 A. J. Ayres, *The Development of Sensory Integrative Theory and Practice*. Dubuque, Iowa: Kendall/Hunt 1974.

37 L. Salk, Role of the heartbeat in the relationship between mother and infant. *Scientific American*, 1973 (Mai), 24–29.

38 J. Piaget, *Das Erwachen der Intelligenz beim Kinde*. Gesammelte Werke Band 1. Stuttgart: Klett-Cotta 1975.

39 M. D. Ainsworth/S. M. Bell/D. J. Stayton, Individual differences in the development of some attachment behaviors. *Merrill-Palmer Quaterly,* 1972 (April), Vol. 18 (2), 123–143.

Zu Kapitel 2: Weinen: Das Baby muß sich von seinen Spannungen befreien

1 S. Provence/R. C. Lipton, *Infants in Institutions*. New York: International Universities Press, Inc. 1962.

2 S. M. Bell/M. D. Ainsworth, Infant crying and maternal responsiveness. *Child Development,* 1972 (43), 1171–1190.

3 C. A. Aldrich/C. Sung/C. Knop, The crying of newly born babies, II: The individual phase. *Journal of Pediatrics,* 1945 (27), 89.

4 R. Illingworth, Three-months Colic. *Archives of Diseases in Childhood,* 1954 (29), 165.

5 C. Moore, Colic in infants. *Nebraska Medical Journal,* 1942 (27), 353–355 und J. L. Paradise, Maternal and other factors in the etiology of infantile colic. *Journal of American Medical Association,* 1966 (197), 191.

6 M. Lakin, Personality factors in mothers of excessively crying (colicky) babies. *Monograph of the Society for Research in Child Development,* 1957 (22), 1–48.

7. B. Spock/M. B. Rothenberg, *Säuglings- und Kinderpflege*. Berlin: Ullstein 1986.

8 H. Jackins, *The Human Side of Human Beings*. Seattle: Rational Island Publishers 1965.

9 T. B. Brazelton, *Babys erstes Lebensjahr: Unterschiede in der geistigen und körperlichen Entwicklung* und *Baby wird selbständig. Das Kind im 2. und 3. Lebensjahr*. München: dtv 1983.

10 W. H. Frey II, Not-so-idle tears, *Psychology Today,* Januar 1980.

11 K. Barnard, in: M. H. Klaus/J. H. Kennell, *Mutter-Kind-Bindung. Über die Folgen einer frühen Trennung*. München: Kösel 1982.

12 R. A. Spitz, *Vom Säugling zum Kleinkind. Naturgeschichte der Mutter-Kind-Beziehungen im ersten Lebensjahr*. Stuttgart: Klett-Cotta ⁷1983.

13 H. Jackins, *The Human Side of Human Beings*. Seattle: Rational Island Publishers 1965.

14 B. Spock/M. B. Rothenberg, *Säuglings- und Kinderpflege*. Berlin: Ullstein 1986.

[15] H. Jackins, *The Human Side of Human Beings*. Seattle: Rational Island Publishers 1965.

[16] H. Selye, *Stress. Lebensregeln vom Entdecker des Stress-Syndroms*. Reinbek: Rowohlt 1977.

[17] W. H. Frey II, Not-so-idle tears, *Psychology Today,* Januar 1980.

[18] *Re-Evaluation Well-Being,* Nummern 2–4, Seattle: Rational Island Publishers 1976–1979.

[19] H. Jackins, *The Human Side of Human Beings*. Seattle: Rational Island Publishers 1965.

[20] H. Jackins, *Fundamentals of Co-Counseling Manual* for Beginning Classes in Re-Evaluation Co-Counseling. Seattle: Rational Island Publishers 1962.

[21] G. O'Gorman, *Der Autismus in früher Kindheit*. München: Ernst Reinhardt 1976.

[22] Ebd.

[23] Ebd.

[24] R. W. Zaslow/L. Breger, A theory and treatment of autism. In: L. Breger (Hrsg.), *Clinical-cognitive Psychology: Models and Integrations*. Englewood Cliffs, New Jersey: Prentice Hall 1969.

[25] Ebd.

[26] In diesem Zusammenhang ist auf die »Festhaltetherapie« (holding) hinzuweisen, wie sie von Martha Welch und Jirina Prekop praktiziert wird.

Zu Kapitel 3: Schlaf: Dein Baby braucht Ruhe

[1] A. Ryerson, Medical Advice on Child Rearing 1550–1900. *Harvard Educational Review,* 1961, Vol 31 (No. 3), 302–323.

[2] R. M. Silberstein/S. Blackman/W. Mandell, Autoerotic head banging: A reflection on the opportunism of infants. *Journal of the American Academy of Child Psychiatry,* 1966, 5 (2), 235–242.

[3] M. Mead, zit. in T. Thevenin, *Das Familienbett. Geborgenheit statt Isolation*. Frankfurt: Fischer 1984.

[4] A. Freud, *Wege und Irrwege in der Kinderentwicklung*. Stuttgart: Klett-Cotta ³1982.

[5] T. Thevenin, *Das Familienbett. Geborgenheit statt Isolation*. Frankfurt: Fischer 1984.

[6] Ebd.

[7] Ebd.

[8] Ebd.

[9] M. Gunther, The new mother's view of herself. in: Ciba Foundations

Symposium 45, *Breastfeeding and the Mother*. Den Haag, Niederlande: Mouton & Co. 1976.

[10] N. Newton, Breast Feeding. *Psychology Today,* 1968 (Juni), 34.

[11] R. Krebs, Interruptus. *Psychology Today,* 1970 (Januar), 33.

[12] H. Barry II/L. M. Paxson, Infancy and Early Childhood: Cross-Cultural Codes 2. *Ethnology,* 1971 (Oktober), Vol 10, 466–509.

[13] A. Janov, *Das befreite Kind. Grundsätze einer primärtherapeutischen Erziehung.* Frankfurt: Fischer [4]1982.

[14] H. Jackins, A Rational Theory of Sexuality. In: H. Jackins, *The Benign Reality.* Seattle: Rational Island Publishers 1981.

[15] T. Thevenin, *Das Familienbett. Geborgenheit statt Isolation.* Frankfurt: Fischer 1984.

[16] J. Newson/E. Newson, *Infant Care in an Urban Community.* Chicago: Aldine 1963.

[17] N. Kleitman/T. G. Englemann, Sleep characteristics of infants. *Journal of Applied Physiology,* 1953 (6), 269–282.

[18] S. Provence/R. C. Lipton, *Infants in Institutions.* New York: International Universities Press, Inc. 1962.

[19] D. Stoneman, Notes on the first 15 months of Siena's life. In: M. S. Faris (Hrsg.), *The Caring Parent,* No. 1, Seattle: Rational Island Publishers 1978.

[20] T. B. Brazelton, *Babys erstes Lebensjahr: Unterschiede in der geistigen und körperlichen Entwicklung* und *Baby wird selbständig. Das Kind im 2. und 3. Lebensjahr.* München: dtv 1983.

[21] J. F. Bernal, Night waking in infants during the first 14 months. *Developmental Medicine and Child Neurology,* 1973 (Dezember), Vol. 15 (6), 760–769.

[22] A. Kales (Hrsg.), *Sleep – Physiology and Pathology: A Symposium.* Philadelphia: Lippincott 1969.

[23] W. C. Dement, The effect of dream deprivation. *Science,* 1960 (131), 1705–1707.

Zu Kapitel 4: Nahrung: Dein Baby ernährt sich selbst

[1] L. J. Mata/R. G. Wyatt, Host resistance to infection. *The American Journal of Clinical Nutrition,* 1971 (24), 976–986.

[2] La Leche League Reprint No. 102, La Leche League International, Inc., Franklin Park, Illinois.

[3] L. J. Mata/R. G. Wyatt, Host resistance to infection. *The American Journal of Clinical Nutrition,* 1971 (24), 976–986 und W. G. Whittlestone, The biological specificity of milk. Arbeitspapier, vorgelegt beim

internationalen 4. Jahres-Still-Seminar der La Leche League für Ärzte, San Francisco, März 1976. (La Leche League Reprint No. 14).

[4] N. Newton, Psychologic differences between breast and bottle feeding. *The American Journal of Clinical Nutrition,* 1971 (24), 993–1004.

[5] B. A. Countryman, Hospital care of the breast-fed newborn. *American Journal of Nursing,* 1971 (71), 2365–2367.

[6] Ebd.

[7] La Leche League International, *The Womanly Art of Breastfeeding.* Interstate Printers and Publishers, Inc., 1963.

[8] Ebd.

[9] N. Newton, Psychologic differences between breast and bottle feeding. *The American Journal of Clinical Nutrition,* 1971 (24), 993–1004.

[10] E. E. Eid, Follow-up study of physical growth of children who had excessive weight gain in the first six months of life. *British Medical Journal,* 1970 (2), 74.

[11] H. Hirsch, Cell number and size as a determinant of subsequent obesity. In: M. Winick (Hrsg.), *Childhood Obesity,* Vol. 3. New York: John Wiley & Sons 1975.

[12] L. Salk, *What Every Child Would Like His Parents to Know.* New York: McKay Company 1972.

[13] A. T. Childers/B. M. Hamil, Emotional problems in children as related to the duration of breast feeding in infancy. *American Journal of Orthopsychiatry,* 1932 (2), 134.

[14] La Leche League International, *The Womanly Art of Breastfeeding.* Interstate Printers and Publishers, Inc., 1963.

[15] V. A. Beal, On the acceptance of solid foods, and other food patterns, of infants. *Pediatrics,* 1957 (20), 448.

[16] D. E. Johnstone, Office Management of Food Allergy in Children. *Annuals of Allergy,* 1972 (30), 173.

[17] D. F. Davies/B. W. G. Rees/A. P. Johnson/P. C. Elwood/M. Abernathy, Food antibodies and myocardial infarction. *Lancet 1,* 1974, 1012–1014.

[18] Committee on Nutrition, On the feeding of solid foods to infants. *Pediatrics,* 1958 (21), 685–692.

[19] Citizens' Committee on Infant Nutrition, White Paper on Infant Feeding Practices. Washington, D. C.: Center for Science in the Public Interest 1974.

[20] R. J. Williams, *Biochemical Individuality.* New York: Wiley & Sons, Inc. 1956.

[21] B. Spock/M. B. Rothenberg, *Säuglings- und Kinderpflege.* Berlin: Ullstein 1986.

Zu Kapitel 5: Spiel: Laß dein Baby lernen

1 J. McV. Hunt, *Intelligence and Experience*. New York: The Ronald Press Company 1961.

2 C. Blakemore/G. F. Cooper, Development of the brain depends on the visual environment. *Nature*, 1970 (228), 477–478.

3 E. H. Lenneberg, *Biologische Grundlagen der Sprache*. Frankfurt: Suhrkamp 1973.

4 M. Montessori, *Das kreative Kind. Erziehung ohne Zwang*. Freiburg: Herder 1978.

5 M. R. Lepper/D. Greene/R. E. Nisbett, Undermining children's intrinsic interest with extrinsic reward: A test of the overjustification hypothesis. *Journal of Personality and Social Psychology*, 1973, 28 (1), 129–137.

6 J. Holt, *How Children Learn*. Dell Publishing Co., Inc. 1967, überarbeitete Ausgabe 1983.

7 J. Piaget, *Das Erwachen der Intelligenz beim Kinde*. Gesammelte Werke Band 1. Stuttgart: Klett-Cotta 1975.

8 B. L. White, *Human Infants: Experience and Psychological Development* und *The First Three Years of Life*. Englewood Cliffs, New Jersey: Prentice Hall, Inc. 1971.

9 H. Jackins, *The Human Situation*. Seattle: Rational Island Publishers 1973.

10 J. Piaget, *Biologische Anpassung und Psychologie der Intelligenz. Organische Selektion und Phänokopie*. Stuttgart: Klett-Cotta 1975.

11 R. L. Fantz, Visual experience in infants: Decreased attention to familiar patterns relative to novel ones. *Science*, 1964 (146), 668–670 und I. C. Uzgiris/J. M. Hunt, Attentional preference and experience: II. An exploratory longitudinal study of the effect of visual familiarity and responsiveness. *Journal of Genetic Psychology*, 1970 (September), Vol. 117 (1), 109–121.

12 M. D. Ainsworth/S. M. Bell, Mother-Infant Interaction and the Development of Competence. In: K. Connolly/J. Bruner (Hrsg.), *The Growth of Competence*. London: Academic Press, Inc. 1974 und B. L. White, *Experience and Environment: Major Influences on the Development of the Young Child*. Vol. 2, Englewood Cliffs, New Jersey: Prentice Hall, Inc. 1978.

13 J. Piaget, *Das Erwachen der Intelligenz beim Kinde*. Gesammelte Werke Band 1. Stuttgart: Klett-Cotta 1975.

14 A. Janov, *Das befreite Kind. Grundsätze einer primärtherapeutischen Erziehung*. Frankfurt: Fischer ⁴1982.

15 D. McNeill, Developmental Psycholinguistics. In: F. L. Smith/G. A. Miller (Hrsg.), *The Genesis of Language: A Psycholinguistic Approach*. Cambridge: M. I. T. Press 1966.

[16] M. D. Ainsworth/S. M. Bell/D. J. Stayton, Individual differences in the development of some attachment behaviors. *Merrill-Palmer Quarterly,* 1972 (April), Vol 18 (2), 123–143.

[17] J. Piaget, *Das Erwachen der Intelligenz beim Kinde.* Gesammelte Werke Band 1. Stuttgart: Klett-Cotta 1975.

[18] Zusammengefaßt durch B. Riggs, Giving support to a mother counseling her son. *The Caring Parent,* No. 1, Seattle: Rational Island Publishers 1978.

[19] Boston Women's Health Book Collective, *Unsere Kinder – unser Leben. Ein Handbuch von Eltern für Eltern.* Reinbek: Rowohlt 1981.

[20] H. Jackins, *The Human Side of Human Beings.* Seattle: Rational Island Publishers 1965.

[21] L. A. Sroufe/J. P. Wunsch, The development of laughter in the first year of life. *Child Development,* 1972 (43), 1326–1344.

[22] S. Provence/R. C. Lipton, *Infants in Institutions.* New York: International Universities Press, Inc. 1962.

Zu Kapitel 6: Konflikte: Dein Baby möchte ernst genommen werden

[1] M. D. Ainsworth/S. M. Bell, Mother-Infant Interaction and the Development of Competence. In: K. Connolly/J. Bruner (Hrsg.), *The Growth of Competence.* London: Academic Press, Inc. 1974.

[2] N. H. Azrin/W. C. Holz, Punishment. In: W. K. Honig (Hrsg.), *Operant Behavior.* New York: Appleton-Century Crofts 1966.

[3] Ebd.

[4] Ebd.

[5] E. R. Siqueland/L. P. Lipsitt, Conditioned head-turning in human newborns. Journal of Experimental Child Psychology, 1966 (3), 356–376.

[6] B. Yarnall, Young people and liberation. A parent opposes behaviorism in school. *The Caring Parent,* No. 1, Seattle: Rational Island Publishers 1978.

[7] S. Milgram *Das Milgram-Experiment. Zur Gehorsamsbereitschaft gegenüber Autorität.* Reinbek: Rowohlt 1982.

[8] D. J. Stayton/R. Hogan/M. D. Ainsworth, Infant obedience and maternal behavior: the origin of socialization reconsidered. *Child Development,* 1971 (42), 1057–1069.

[9] P. Watzlawick/J. H. Beavin/D. D. Jackson, *Menschliche Kommunikation. Formen, Störungen, Paradoxien.* Bern: Hans Huber [6]1982.

[10] Th. Gordon, *Familienkonferenz in der Praxis. Wie Konflikte mit Kindern gelöst werden.* Reinbek: Rowohlt 1981.

[11] R. R. Sears/E. E. Maccoby/H. Levin, *Patterns of Child Rearing.* Evanston, Illionois: Row & Peterson 1957.

[12] Th. Gordon, *Familienkonferenz in der Praxis. Wie Konflikte mit Kindern gelöst werden.* Reinbek: Rowohlt 1981.

[13] Th. Gordon, *Familienkonferenz. Die Lösung von Konflikten zwischen Eltern und Kind.* Reinbek: Rowohlt 1980.

[14] J. Piaget, *Das Erwachen der Intelligenz beim Kinde.* Gesammelte Werke Band 1. Stuttgart: Klett-Cotta 1975.

[15] M. D. S. Braine, The ontogeny of English phrase structure: The first phase. *Language,* 1963 (39), 1–13.

[16] W. C. Bronson, Competence and the Growth of Personality. In: K. Connolly/J. Bruner (Hrsg.), *The Growth of Competence.* London: Academic Press, Inc. 1974.

[17] R. W. White, Motivation reconsidered: the concept of competence. *The Psychological Review,* 1959 (66), 297–333.

[18] B. Spock/M. B. Rothenberg, *Säuglings- und Kinderpflege.* Berlin: Ullstein 1986.

[19] J. L. Matson, Some practical considerations for using the Foxx and Azrin rapid method of toilet training. *Psychological Reports,* 1975 (Oktober), Vol. 37 (2), 350.

[20] R. A. Spitz, Autoerotism reexaminded: the role of early sexual behavior patterns in personality formation. *The Psychoanalytic Study of the Child,* 1962 (17), 283–315.

[21] M. I. Levine, Pediatric observations on masturbation in children. *The Psychoanalytic Study of the Child,* 1951 (6), 117–124.

[22] R. A. Spitz, Autoerotism reexamined: the role of early sexual behavior patterns in personality formation. *The Psychoanalytic Study of the Child,* 1962 (17), 283–315.

[23] Ebd.

[24] M. C. Putnam/B. Rank/S. Kaplan, Notes on John I.: a case of primal depression in an infant. *The Psychoanalytic Study of the Child,* 1951 (6), 38–58.

[25] A. Janov, *Das befreite Kind. Grundsätze einer primärtherapeutischen Erziehung.* Frankfurt: Fischer [4]1982.

[26] H. Jackins, A Rational Theory of Sexuality. In: H. Jackins, *The Benign Reality.* Seattle: Rational Island Publishers 1981.

[27] B. F. Steele/C. B. Pollock, Psychiatric Study of Parents who Abuse Infants and Small Children. In: R. E. Helfer/H. C. Kempe (Hrsg.), *The Battered Child.* Chicago: University of Chicago Press 1968.

[28] Ebd.

Zu Kapitel 7: Zuneigung: Dein Baby soll sich sicher fühlen

[1] R. A. Spitz, *Vom Säugling zum Kleinkind. Naturgeschichte der Mutter-Kind-Beziehungen im ersten Lebensjahr*. Stuttgart: Klett-Cotta [7]1983.

[2] M. D. Ainsworth/B. A. Witting, Attachment and exploratory behavior of one-year-olds in a strange situation. In: B. M. Foss (Hrsg.), *Determinants of Infant Behaviour IV*. New York: John Wiley & Sons, Inc. 1969.

[3] K. H. Tennes/E. E. Lampl. Stranger and separation anxiety in infancy. *Journal of Nervous and Mental Diseases*, 1964 (139), 247–254.

[4] A. G. Stevens, Attachment behaviour, separation anxiety, and stranger anxiety in polymatrically reared infants. In: H. R. Schaffer (Hrsg.), *The Origins of Human Social Relations*. London/New York: Academic Press 1971; und H. R. Schaffer/P. E. Emerson, The development of social attachments in infancy. *Monograph of the Society for Research in Child Development*, 1964 (29).

[5] H. R. Schaffer/P. E. Emerson, The development of social attachment in infancy. *Monograph of the Society for Research in Child Development*, 1964 (29).

[6] K. H. Tennes/E. E. Lampl, Stranger and separation anxiety in infancy. *Journal of Nervous and Mental Diseases*, 1964 (139), 247–254.

[7] Ebd. und H. R. Schaffer, The onset of fear of strangers and the incongruity hypothesis. *Journal of Child Psychology, Psychiatry and Allied Disciplines*, 1966 (7), 95–106.

[8] B. M. Lester/M. Kotelchuck/E. Spelke/M. J. Sellers/R. E. Klein, Separation protest in Guatemalan infants; cross-cultural and cognitive findings. *Developmental Psychology*, 1974 (Januar), Vol. 10 (1), 79–85.

[9] M. D. Ainsworth, The development of infant-mother interaction among the Ganda. In: B. M. Foss (Hrsg.), *Determinants of Infant Behaviour II*. New York: John Wiley & Sons, Inc. 1963.

[10] W. Dennis, Does culture appreciably affect patterns of infant behaviour? *Journal of Social Psychology*, 1940 (12), 304–317.

[11] N. Fox, Separation distress in kibbutz reared children. Harvard University: Unveröffentlichtes Manuskript 1975.

[12] R. B. Kearsley/P. R. Zelazo/J. Kagan/R. Hartmann, Differences in separation protest between day care and home reared infants. *Jornal of Pediatrics*, 1975 (55), 171–175.

[13] J. D. Benjamin, Some developmental observations relating to the theory of anxiety. *Journal of the American Psychoanalytical Association*, 1961 (9), 652–668.

[14] R. A. Spitz, Anxiety in infancy: a study of its manifestations in the first year of life. *International Journal of Psychoanalysis*, 1951 (31),

138–143; und S. Provence/R. C. Lipton, *Infants in Institutions*. New York: International Universities Press, Inc. 1962.

[15] M. D. Ainsworth/S. M. Bell/D. J. Stayton, Individual differences in strange-situation behavior of one-year-olds. In: H. R. Schaffer (Hrsg.), *The Origins of Human Social Relations*. London/New York: Academic Press 1971.

[16] Ebd.

[17] Ebd.

[18] J. Bowlby, *Maternal Care and Mental Health*. Genf: World Health Organization. Monograph Series No. 2, Palais des Nations 1951.

[19] J. Robertson/J. Robertson, Young Children in Brief Separation: A Fresh Look. *Psychoanalytic Study of the Child*, 1971 (26), 264–315.

[20] T. Bower, *Die Wahrnehmungswelt des Kindes*. Stuttgart: Klett-Cotta 1978.

[21] Ebd.

[22] P. Leach, *Die ersten Jahre deines Kindes*. Ostfildern: Hallwag 1979.

[23] M. D. Ainsworth/S. M. Bell, Attachment, exploration, and separation: Illustrated by the behavior of one-year-olds in a strange situation. *Child Development*, 1970, 41 (1), 49–67; und J. P. Scott, The process of primary socialization in canine and human infants. In: J. Hellmuth (Hrsg.), *Exceptional Infant*, Vol. 1; *The Normal Infant*. Seattle: Special Child Publications 1967.

[24] M.Mead, Some theoretical considerations on the problem of mother-child separation. *American Journal of Orthopsychiatry*, 1954, Vol. 24 (3), 471–483.

[25] M. Howell, *Helping Ourselves: Families and the Human Network*. Boston: Beacon Press 1975.

[26] R. V. Short, Lactation – the central control of reproduction. In: Ciba Foundations Symposium 45, *Breastfeeding and the Mother*. Den Haag, Niederlande: Mouton & Co. 1976.

[27] E. Mueller/J. Brenner, The growth of social interaction in a toddler playgroup: the role of peer experience. *Child Development*, 1977 (48), 854–861.

[28] A. Ryerson, Medical Advice on Child Rearing 1550–1900. *Harvard Educational Review*, 1961, Vol. 31 (No. 3), 302–323.

[29] Ebd.

[30] D. S. Huntington, Supportive programs for infants and parents. In: J. D. Osofsky (Hrsg.), *Handbook of Infant Development*. New York: John Wiley & Sons, Inc. 1979.

[31] H. Jackins, Dealing with adultism. In: K. Kauffmann (Hrsg.), *Present Time*, No. 28, Seattle: Rational Island Publishers 1977.

[32] L. C. Pogrebin, Housework – in the National Interest. *Ms. Magazine*, 1979 (Oktober), 83–84.

251

[33] L. Mitchell, Endowing the future. *Westways,* 1979, 71 (4), 43–45.

[34] Boston Women's Health Book Collective, *Unsere Kinder – unser Leben. Ein Handbuch von Eltern für Eltern.* Reinbek: Rowohlt 1981.

[35] B. L. White, *The First Three Years of Life.* Englewood Cliffs, New Jersey: Prentice Hall, Inc. 1975.

[36] D. Balser, R. C. and Feminism. In: K. Miller (Hrsg.), *Re-Evaluation Sisters,* No. 5, Seattle: Rational Island Publishers 1979.

Zusammenfassung

[1] J. Weissglass, How the economic class structure affects our learning. In: Classroom, No. 6, Seattle: Rational Island Publishers 1979.

[2] Th. Scheff, *Explosion der Gefühle. Über die kulturelle und therapeutische Bedeutung kathartischen Erlebens.* Weinheim: Beltz 1983.

...Eltern sein dagegen sehr

Erziehungsberater im <u>dtv</u>

Bruno Bettelheim
Kinder brauchen Märchen
dtv 35028

Bruno Bettelheim
Karen Zelan
Kinder brauchen Bücher
Lesen lernen durch
Faszination
dtv 35026

Rudolf Dreikurs
Erik Blumenthal
**Eltern und Kinder –
Freunde oder Feinde?**
dtv 35003

Kinder verstehen
Ein psychologisches
Lesebuch für Eltern
Herausgegeben von
Sophie von Lenthe
dtv 35017

Maria Montessori
Kinder sind anders
dtv 36047

Gerlinde Ortner
**Märchen, die Kindern
helfen**
Geschichten gegen Angst
und Aggression und was
man beim Vorlesen wissen
sollte
dtv 36107

Gerlinde Ortner
**Neue Märchen, die
Kindern helfen**
Geschichten über Streit,
Angst und Unsicherheit
und was Eltern wissen
sollten
dtv 35103

Jirina Prekop
Der kleine Tyrann
Welchen Halt brauchen
Kinder? · dtv 36050

Jirina Prekop
Christel Schweizer
Unruhige Kinder
Ein Ratgeber für beun-
ruhigte Eltern
dtv 36121

Lawrence E. Shapiro
EQ für Kinder
Wie Eltern die Emotionale
Intelligenz ihrer Kinder
fördern können
dtv 36121

Eva Zeltner
Mut zur Erziehung
dtv 36048
**Weder Macho noch
Muttersöhnchen**
Jungen brauchen eine neue
Erziehung
dtv 36123